重庆高校高水平科研创新平台项目资助

文物艺术品鉴定论要

易旻 著

以司法鉴定为范本

法律出版社 LAW PRESS · CHINA
北京

图书在版编目(CIP)数据

文物艺术品鉴定论要 : 以司法鉴定为范本 / 易旻著
. -- 北京 : 法律出版社, 2022
ISBN 978-7-5197-6698-6

Ⅰ. ①文… Ⅱ. ①易… Ⅲ. ①历史文物－艺术品－司法鉴定－中国 Ⅳ. ①K854.2②D918.9

中国版本图书馆 CIP 数据核字(2022)第 069477 号

文物艺术品鉴定论要
——以司法鉴定为范本
WENWU YISHUPIN JIANDING LUNYAO
—YI SIFA JIANDING WEI FANBEN

易 旻 著

责任编辑 董 昱
装帧设计 汪奇峰

出版发行 法律出版社
编辑统筹 法规出版分社
责任校对 张红蕊
责任印制 耿润瑜
经　　销 新华书店

开本 A5
印张 9.75　**字数** 240 千
版本 2022 年 6 月第 1 版
印次 2022 年 6 月第 1 次印刷
印刷 北京虎彩文化传播有限公司

地址:北京市丰台区莲花池西里 7 号(100073)
网址:www.lawpress.com.cn
投稿邮箱:info@lawpress.com.cn
举报盗版邮箱:jbwq@lawpress.com.cn

销售电话:010-83938349
客服电话:010-83938350
咨询电话:010-63939796

书号:ISBN 978-7-5197-6698-6　**定价**:49.00 元
凡购买本社图书,如有印装错误,我社负责退换。电话:010-83938349

序

从表面上看，文物艺术品鉴定本质上应当归属于科学技术问题，并找到了解决路径："目前，我们已经基本上解决了相关的架构体系与知识点，已经建立起了'艺术鉴定（经验鉴定）+科学鉴定+科学规范流程'的鉴定方法与架构。"①但事实上远非如此简单。在结构上，经验鉴定与科学鉴定相结合，是为社会所公认的科学的鉴定方式，但经验鉴定专家离不开传统的藏而研的养成路径，这意味着离开了艺术世俗氛围成就不了经验鉴定专家；而科技鉴定也离不开研究对象的资源支持与配合，否则将成为无本之木、无源之水。这样的鉴定结构体系如何建构、如何实现，牵涉的范围已超越了技术层面，应围绕文物艺术品鉴定的根本价值目标，如社会公信力而进行思考。

所以，在笔者看来，文物艺术品鉴定虽离不开科学技术的核心支撑，但首要的还在于中国艺术品鉴定体系的理念、规则、机制等问题的梳理和设立上。十多年来，笔者以司法鉴定人的身份介入文物艺术品鉴定领域，虽主要于技术层面进行研究和研发，但理论、政策、制度层面的思考从未中断。无论是主办全国首届文物艺术品物

---

① 西沐：《艺术品鉴定：从"人"转向建构体系》，载《上海证券报》2012年3月2日，第T06版。

证技术交流座谈会(2013 年年初),还是受聘为文旅部艺术品鉴证重点实验室学术委员会成员,或是于西南政法大学物证技术重庆高校工程中心设立“文物艺术品鉴证与保护研究所”,以及常态性地与全国各地文博与收藏友人们交流,无不反映出笔者“技术 + 制度”并重而求索的本心。

文物艺术品鉴定将如何拯救?人们通常会将希望寄托于司法鉴定,确实司法鉴定也有让人指望的特质,如特有的物证技术体系与结构、中立第三方的机制、服务于司法活动的终极鉴定保障地位等。然而,文物艺术品鉴定的特殊性,远非司法鉴定活动所能简单覆盖,尽管我们已有所实践,但文物艺术品能不能成为司法鉴定的研究对象,以及司法鉴定又是否能够承担文物艺术品鉴定的职能和目标,既是长期以来被咨询最多的问题,也是笔者于技术研究之余思考最多的问题。回答这些问题是困难的,问题本身跨越了诸多学科领域,历史、艺术、法律、科技、政策、制度乃至人们的经济和投资活动,笔者也基本没有查询到从体系角度进行探讨的文献或论著,故而有了抛砖之意,形成本篇文字以供抨评。

随着历史的演进、社会的发展和文明的进步,文物艺术品鉴定也应当与时俱进,跳出制约其发展的历史滞碍,从更高的层面、从中华民族伟大复兴的历史自信和文化自信角度审视文物艺术品鉴定的价值和意义。本书综合考量了文物艺术品的基本特性以及司法鉴定的性质与结构,侧重于文物艺术品鉴定的独立价值,思考文物艺术品鉴定的相关问题,提出在现行制度体系下,如何实现文物艺术品鉴定体系的构建,期待能对文物艺术品鉴定走向科学、客观、权威的理想状态有所裨益。

目　　录

第一章　艺术品界说

艺术品是一个边界不断扩大的开放性概念。

在维特根斯坦及其追随者看来,艺术品是无法定义的。尽管人们常用“艺术品”一词来指称某一对象,但不同对象之间可能或根本没有共同之处,因为每一件堪称“艺术品”的对象都会在我们心中产生独特的、无可替代的印象和经验,而这种独特性正是特定对象为我们所珍视的原因。通常情况下,一类集合冠之以特定的定义,应有一种渐变的纽带,以联结这一集合所独有的区别于其他集合的共同点,这是定义得以成立的基础,如书画艺术品、陶瓷艺术品、音乐、歌舞。但在众多的文化艺术形态中,寻找作为普遍性和共同点的“艺术品”定义,最终都会徒劳无功,盖因艺术品之“艺术”过于博大,且变换多样。

虽然如此,但是人们并未放弃努力。

当代美国哲学家、美学家简·布洛克(Gene Blocker)站在后分析美学的立场上,从“人的意图”“非功利性”“艺术习俗”三个方面进行艺术品的界定。创作者的观念、情感在“物品”成为艺术品的过程中“潜入”,以承载其审美主张,这也是艺术品得以成立的必要条件。现代美学鼻祖康德,自始就把艺术判断定义为“仅凭非功利的快或不快来判断对象的能力或者像它的方法”,即审美判断只能是主观上的,不涉及利害,不是欲望的满足,不关心对象的存在,只是对对象形式的观照。非功利性应当是艺术品的一个基本品格,尽管非审美、非功利等要素可融合于同样的对象之上,但审美判断于时序上一般总是先行的。艺术品不仅是人类意图的产物与表现,还必须为受众所理解,这正是艺术品之所以为艺术品的独特魅力所在,也是艺术为人创造并传递其精神的基本条件。在一人眼里视为珍宝,在另一人眼里未必尽然,当这些理解被一些从事艺术活动的机构和人员,如艺术家、艺术评论家、艺术哲学家乃至收藏家等群体对艺术的审视、标准、意见所影响时,就具备了习俗法则意义,决定着艺术品所能达到的审美水平。

在20世纪后半叶占据主流的分析美学派眼中,"艺术本体论"(Ontology of Art)是他们于哲学层面对艺术品本体意义的追问,艺术品究竟是如何存在的?艺术是"真实的实体"(Real Entities)还是"想象的实体"(Ideal Entities)?艺术品为人所创造,创作者与接受者之间,在内心状态的关系上以何种意义存在和联系?考虑这些问题,需要深入到人与人之间的交流方式中,不但需要考量交流信息获取所依赖的感观,如视、听、触、嗅,还受限于与人生长环境、职业、教育、爱好、兴趣等密切相关的语言交互、思维水平和能力。对分析美学派而言,艺术品应当是"公共的"且是"可知觉的",它们可以被不同的接受者所感知(看、听、触、嗅);它们依赖艺术习俗被"创造"出来,无论"存在"或"不再存在",作为艺术品的身份条件总是被特定时期艺术习俗价值所标定和辨识。故此,艺术品当然且必然是需要创制并被标识的对象,关涉艺术世俗及变迁。

跳出分析美学和哲学范畴,如何看待"何为艺术品",同样是一个没有终点的话题。艺术品最简单和最宽泛的定义为"是文化和艺术的载体"。杜尚将小便器挂在美术馆展厅,成为《泉》的载体;同样地,天然石块被放进雕塑展厅、坐在摇椅里的老祖母被送到美术展厅都可成为“艺术品”,成为“艺术家智力劳动成果的结晶”。这些现象在收获激烈争议的同时,让普罗大众甚至“家”们对艺术、艺术品的集合性特征更加迷茫。艺术家的智力劳动成果就一定成为艺术、艺术品？这种“想象的艺术品实体”的另一端,立法例必须有具体而微的界定,2016 年 1 月 18 日颁布,同年 3 月 15 日生效的《艺术品经营管理办法》第 2 条第 1 款规定:“本办法所称艺术品,是指绘画作品、书法篆刻作品、雕塑雕刻作品、艺术摄影作品、装置艺术作品、工艺美术作品等及上述作品的有限复制品。本办法所称艺术品不包括文物。”但这种列举式的定义基本上可以不被视为艺术品概念的定义,而是一种指明法规管辖对象范围的告知方法。

从市场角度审视艺术品,杜尚式的“极少主义”或“超现代主义”所带来的冲击可以说微不足道,因为纯艺术层面的尝试并不足以影响市场的运行轨迹。作为艺术市场的流通对象,艺术品同样具备普通商品的基本属性:使用价值和价值。不同的是,艺术品的使用价值体现在精神层面而不是物质层面,它是以满足人们的某种审美需要和精神需要为目的的。因此,艺术品的使用价值受主观因素的影响极大,其中艺术性是主要因素。

艺术品能反映社会生活和表达思想情感,因而体现出的、让受众感受到的美好表现程度,谓之艺术性,通常将其作为对艺术品或艺术作品之艺术价值的表征和衡量标准,其有诸多方面表现形式,如艺术处理、艺术表现以及在这些方面所达到的完美程度。在评价艺术性时,人们常从多种角度进行描述。例如,艺术形象的鲜明具体性和典型性,艺术情节的生动性和曲折性,艺术结构的严谨性和完整性,艺术语言的准确性和鲜明性,艺术手法的精当性和多样性,艺术表现的民族性和独创性,艺术形态的时代性和传承性等。对于艺术品和艺术作品而言,其艺术性的有无与程度高低,内容的高雅与低俗，思想表现的先进与反动，艺术表现形式的精细与粗陋，表现手法的温婉与宏大，往往表征着其在艺术世俗中的地位，一般而言，艺术品的艺术性越高，其感染力越强。

吸引力是艺术品主观因素的另一方面。美国经济学家哥德哈伯谈道："如果你用美元数量测量一个艺术家的生产力，你会发现，最引人注意的艺术家最赚钱。"在他的认知中，艺术的目的就是吸引注意力，成功地吸引注意力是艺术存在的全部意义。也就是说，从某种意义上讲，影响艺术品价格的决定性因素，实际上并不是艺术品本身所具有的艺术价值以及艺术品的存世数量，而是艺术品所能吸引的注意力。吸引力之说已经超越了单纯的艺术和美学范畴，融入了艺术品功能价值于社会层面的综合意义，是思考艺术品定义时不应忽视的方面。

审美情趣的差异对艺术品使用价值的影响是主观因素的第三方面。审美情趣既是具有一定客观性的社会标准，本质上反映了特定时期特定社会的艺术习俗状态，同时又与接受者个体的个性高度关联，体现出极为丰富的个性差异。对对象的选择各不相同，产生选择冲动的缘由也千差万别。创作艺术品的人所创制的作品承载了根植于其个体思想体系的自由精神，这种自由精神难以跳脱出客观社会标准，过分离经叛道，必然会远离其创制活动想要追求的初衷。相反，创作者自己认为的好，也并不一定能得到公众的认可，或在一段时间不能得到公众的认可。如梵高的画作在生前就没有得到社会的理解，在其有生之年仅象征性地售卖出很少的作品，而他去世后，审美情趣、艺术习俗的演变，结合艺术市场的神秘之手，梵高的画作价格暴涨，被奉为经典。

艺术品的产生过程既简单又复杂，有些门类的艺术品可由一个人完成，如书画；有些也可由多人完成，同样如书画；有些门类的艺术品必须经历多个环节方可成就,如交响乐,而且同一作曲家同一曲目,经不同乐队或同一乐队不同场次的演绎,都会给予受众不同的感受。按分析美学家古德曼艺术本体论学说,艺术品可以分为"autographic""allographic"两种,此两词本义为"亲笔写成的""代书代签的"。我们可以将其理解为,一件艺术品在其成就过程中,创作者(或之一)的行为具有独立全过程意义的,为前者所指向,如字画,即使多人合作,其每一人的书、画都具有全程意义,区别的仅是其所完成的部分在作品中,体现为整体与局部的关系;而如交响乐似的艺术作品,则表现为阶段性,作曲家完成作品,必须通过乐队进行演奏方可为接受者所感受,这种复合式、多元化艺术品,作曲家可称为前者,乐队则为后者。但无论如何,都非"赝品"所指称对象能够与之相提并论的,隔离其间的是两者于本真性的审美意义(aesthetic significance)层面所存在的巨大鸿沟。

定义艺术品,必然无法避免谈及赝品,尤其本书所讨论的文物艺术品鉴定对象为可移动文物艺术品时。"赝",从雁,从贝。"雁"本指人字形或一字形飞行队列,转义指"跟随"。"雁"与"贝"联合起来,"在价值或价格上紧随在后"。"赝"的本义为在价值或价格上紧随真品的仿冒品,引申义为仿冒的、假的、伪造的。①

艺术品的基本品格在于创作者将其理念、精神、情感赋予作品,并能为接受者所感受、接收。不同艺术形式,信息传递方式天壤之别,有些形式很难界定"赝"与"复制"之间的关系,譬如音乐。作曲家创作曲谱,乐队及/或歌唱家演绎,共同完成这一艺术品的全过程,所录制的原声母带虽然具有音乐原本意义,但据此而制作的用于传播的诸如 CD、LD(镭射影碟)等,在同等的重放环境中,给予受

① 360 百科。

众的音乐感受并无二致,甚至于对听音要求不高或不敏感的听众而言,MP3 格式用手机外放都可能得到同样的欣赏感受。对于这样的对象,存在的争议应当表现在版权方面,正版可有不同品质,盗版也可出现不错的“产品”,当正版与盗版之间音乐元素及重放效果无明显差距时,作为整体的艺术作品所传递的精神层面的价值与功能基本成就,而盗版这一行为本身几乎不对其产生影响,更多表现为知识产权、心理状态等非艺术层面。

如果物之本体即艺术品,则本真性将是其区别于他物的基本品格。约翰·施特劳斯的手稿,所记录的乐谱经乐队演奏成为音乐类型的艺术作品,而手稿本身,却是另外一种类型的艺术品,即具有名人效应的收藏珍品。乐队依谱演奏,无须手稿,不影响音乐艺术品的感染力;手稿收藏,不是约翰·施特劳斯本人直接记谱原本,则毫无价值可言。

不及物的艺术传播,无论是不可移动文物艺术品,还是可移动对象,通常不存在本真性之惑,盖因其明示的路径指向的原点具有本争性保证,如利用 VR 技术所呈现出的大足石刻千手观音,可能传递给受众比身临其境更为震撼的感受,与现场观看足球比赛重临场感受、看转播重精彩细节一样。

艺术品审美,本真性是可以多维度、多层次乃至多元的,关键在于本真的传导是否可在特定方向上得到有效追溯,不引人入歧途,不乱花迷人眼,一旦假作真时,真必亦假,艺术品审美的价值和意义大打折扣,对应的艺术品市场自然难以建立健康和谐的交易和流转基础。

在市场角度看艺术品,重在其价值以及作为其价值于市场层面所表现出的价格。匈牙利美术家阿诺德·豪泽尔曾说过这么一句话:“由于艺术价值难以与市场价格相比较,一幅画的价格很难说明它的价值。艺术品价格的确定更多地取决于各种市场因素，而不是作品本身的质量。”价格与价值的背离是艺术品市场极其常见的现象，创作者的知名度、时间意义、存世量、作品质量等相对隐含客观要素的影响因素，与时代历史背景、文化传承、艺术交流、审美心理、价值取向、经济状况、国家有关政策以及市场需求、媒介“炒作”程度等综合因素所交织，共同制约、决定着艺术品的价格走向。“价值或价格上紧随真品的仿冒品”——赝品，犹如幽灵一般，游荡于艺术品市场，不断地影响着市场的正常波动，冲击着艺术品审美、价值、价格认知的基准，制约着艺术品金融体系的形成。

艺术品市场的赝品，不等同于艺术审美、艺术传播层面的复制品、仿制品，也与偏重商品属性的精美高仿品不可同日而语。这两种情形，前者有明确的复制、仿制路径，具有本真表达的始点、原点；后者以本真的行为模式为基础，明示仿制行为，以精美的工艺、娴熟的技艺，甚至利用现代科学技术的进步成果进行创作，再融入新的审美理念和审美思想，这样的仿品，既有传承，又有创新，何尝不是一种具有全新意义的艺术品？唯有赝品，为追求价值或价格上的“真”，穷尽一切手段进行模仿，在交易、流通过程中“讲故事”“挖坑设阱”，以假乱真、鱼目混珠，以达到其牟取暴利的根本目的。

艺术品市场深受赝品之害由来已久，在古玩市场、收藏领域甚至于拍卖，都存在不保真的所谓“行规”，“打了眼”责任自负，对应地，“淘了宝”利益也独享。但是，对于一个市场，这样的“行规”只应该存在于以“考眼力”为乐趣的局部层面，至少从国家治理角度，“假冒伪劣”充斥，不是我国文化发展、文化自信应有的艺术品市场主旋律。

艺术品市场的管理体系是综合性的管理体系，涉及法律、道德、管理、服务、信息、科技、制度、体系、金融等多方面的统筹规划，极为复杂。理想的艺术品市场,应当具有从艺术品产生到交易以及再交易等多环节,且多主体共同参与,在相应的规范指导下,人人自律,公平竞争。但是,当社会的道德水准下降到影响社会正常发展时,法律就必须规定出道德的底线,否则道德滑坡和市场混乱就不可避免。法律规制是必要的,我国《民法典》《著作权法》《拍卖法》《艺术品经管管理办法》等法律法规,奠定了艺术品市场及艺术品打假的基本法律框架,但如同必须杜绝艺术品市场的浮躁一样,我们对艺术品市场的规范也不能失去冷静。期望短时间制定出行之有效的法律的想法是不切实际的。孟子曰:“徒善不足以为政,徒法不能以自行。”即使法律法规得以健全,艺术品市场的救赎还得靠自己,尤其是在涉及艺术品本真性确认的相关环节,诸如登记、鉴定、评估,最终的承担者还应当是参与市场的多元主体。

至此我们可以看到,在众多的文化艺术形态中,在艺术世俗及其变迁中,在市场因素的影响下,要寻找作为普遍性和共同点的“艺术品”定义,只能是徒劳无功的。我们需要从另外的角度审视“文物艺术品”这一对象,比如属性,以便展开随后的讨论。

第一节　艺术品的基本属性

在商业环境中,艺术品的两个基本属性,精神属性和物质属性,相辅相成、相得益彰,共同维系着艺术品行业乃至艺术品市场的兴衰、变迁,并在不同的艺术习俗环境和时期,衍生出丰富的其他相关次级属性,随着社会、经济、科技发展变化,丰富着人们的精神文化生活,影响着物质财富的配置。

一、艺术品的精神属性

恩格斯说过,古代人和中世纪人“对任何共同的利益和精神需求漠不关心,处在还没有生活、没有意识、没有活动的社会幼年时期”,这是恩格斯对人类“生活”与“生存”的理解和诠释。一百多年以来,文化人类学对原始部落人的考察证明,原始人对部落的共同利益是关心的,对美好事物也是有追求的。如1930年北京周口店龙骨山山顶洞文化遗址(距今2万年左右,旧石器晚期文化)的发掘,在一女性头骨旁发现随葬的七颗石珠,这七颗石珠经打磨钻孔,并染作红色,同时发现在身体周围,有人为撒的赤铁矿粉粒。从这些痕迹和物品可以推断,其时已经有了饰美的意识,说明那时的居民已经有了原始的宗教,有了“灵魂不灭”的思想萌芽。[①] 黑格尔明确讲过“人类是‘精神的东西’”,寓含着如下结论:精神生活是人类的根本存在方式和生活方式,是一个属人的世界。人类社会及人类自身的发展归根结底是精神生活的全面发展,人应当从精神生活中找到自己安身立命的根据,找到生存与生活的意义。[②]

生活状态的人,是有精神需要的,且这种需要具有本质性,为此他们愿意在精神层面投入并进行精神(文化)交流,创造精神文化,接受(消费)他人所创造的精神文化成果。这些人及人类社会的精神生活的决定因素应该是整个社会的发展状况和规律,既包括民族、经济、文化、科学、技术、社会结构和历史,也包括自然因素,如地理位置、自然环境、物产结构等。《管子·牧民》有言:“仓廪实则知

---

① 参见张同基、包哲兴:《精神生活:一个属人的世界——有关精神生活中若干问题的研究札记》,载《宁夏社会科学》1996年第6期。

② 参见张同基、包哲兴:《精神生活:一个属人的世界——有关精神生活中若干问题的研究札记》,载《宁夏社会科学》1996年第6期。

礼节,衣食足则知荣辱",百姓的粮仓充足,丰衣足食,才能顾及礼仪,重视荣誉和耻辱。生存之上的生活,重在精神生活,这也从另一个侧面体现了"盛世收藏"的社会学基础。文物艺术品于精神层面,为思想输出的载体,也为传递精神的物的表现,精神属性乃是其基本属性。

(一)艺术属性

具体而言,艺术品的精神以其艺术性得以展现。艺术性,是指人们反映社会生活和表达思想感情所体现的美好表现程度,为艺术品本身的第一属性,也是决定其他属性的始点。艺术品的产生源自于生活,源自于历史,源自于人类的思维和灵魂的深处。通过创作者对一些常见的或不常见的、具象的或抽象的、直观的或隐晦的东西进行吸收、消化、重组、再造、升华,始能凝聚成一件艺术品,期望这一艺术品能够表达并输出创作者的思想。好的艺术品会包含审美、情感、理解、思考、记忆、印象等因素,能够跨越空间和语言的障碍,传达一种信息和理念,经得起时间的洗礼和社会演变的陶冶,既能够满足人们浮华的虚荣,又能够闪现出浮华之下的光彩。

不同门类艺术的艺术性,有着特有的表现形式。在造型艺术中,艺术性主要表现在通过线条、色彩、光线效果、布局和对比度等表现艺术家审美意境所达到的程度。在音乐艺术中,艺术性则主要体现为一系列乐音所构成的旋律、节奏在抒发音乐情思时所具有的表现力和感染力。艺术性对艺术品来说是极端重要的,没有艺术性就没有艺术品。艺术性有高低之分、程度之差、雅俗之别。对艺术性的追求是艺术家的天职。艺术品的艺术性越高,其感染力就越强,也就越能发挥艺术的社会作用。内容与形式的和谐,真善美的统一,是一件艺术品艺术性的至高境界。需要明确的是,艺术性并非文物艺术品特有的基本属性，凡与人们生活相关的产成品，都或多或少地需要有美学设计和处理，只有当这种设计和处理达到一定高度时，人们才会评价说“宛如一件艺术品”，以此对其予以高度赞誉。物品的实用功能与欣赏审美功能并非一成不变，两者相互融合并可能随观察环境条件的变化（如时间）而发生改变，如古民用瓷器，于今而言，已是文物艺术品的主要构成类型。

（二）思想属性

艺术品的艺术性与思想性既相互联系，又各自独立；既有统一的一面，又有矛盾的一面。例如，有的艺术品思想性高，艺术性也高；有的艺术品思想性进步，而艺术性较差；有的艺术品思想内容落后或反动，但可能带有某种艺术性。由于意识形态是“全历史”的，就任何具体个人来说，意识形态总是先于他或她而存在；任何人出生以后，都必然首先被包裹在巨大的占统治地位的意识形态襁褓之中，受到形形色色的意识形态和国家机器的加工、改造、塑形，这从根本上影响着其思想和行为，这种方方面面的影响，同样必然会反映在艺术品和艺术作品的承载和映射上。

艺术品的思想性与时代的艺术思想深刻关联。如 20 世纪早期欧美艺术界出现的现代主义运动就对随后的艺术人类学研究产生了影响。布罗尼斯拉夫·马林诺夫斯基（Bronislaw Malinowski）、拉德克利夫—布朗（A. R. Radcliffe - Brown）以及其他学者在欧洲提出了社会文化的功能主义范式，功能主义者的关注点在于弄清楚传统的习俗和信仰如何组织起来形成统一的社会整体秩序，以及特定的实践如何促成了这一整合。然而，20 世纪现代主义艺术的理念走向了“为艺术而艺术”的道路，其最高观念就是艺术至上主义，认为将艺术视为工具，使其成为诸如宗教、意识形态等，为现实提供表征服务的想法,是堕落的,是对艺术的亵渎。可能因为这一观念在20世纪上半叶的欧美知识界占据了统治地位,使当时那些朝气蓬勃的功能主义者,很少花时间去思考艺术的功能和属性。但同一时期,也有着更为务实的人在努力实现对文化和艺术的拯救和保护,如博厄斯和他的学生们就正在记录被认为即将消失的文化细节,但他们的行为被淹没于"为艺术而艺术"思潮波涛中,并没有被关注。为艺术而艺术,代表着对艺术其他属性的淡化,思想性、民族性、历史性将不再成为同层次元素被安放。

不过,对艺术和美学的跨文化研究兴趣在20世纪60年代得以复苏,有些学者开始用功能主义视角来研究艺术。如罗伊·西贝尔(Roy Sieber)的《面具作为社会控制的媒介》和《非洲艺术与领导才能》等文章,都反映了一种日益增强的意识,即尽管有现代主义艺术原则,但不能否认艺术能够在人类生活中发挥重要作用。西贝尔是艺术史学家,他认为非洲艺术是"为生活而艺术"而非"为艺术而艺术"。正由于对人类文化的精神维度越来越感兴趣,才出现了人类学家对非西方艺术的众多新研究和著作。1971年出版了《人类学与艺术:跨文化美学读物》《原始社会的艺术与美学:评论文集》,每本书中都有24篇重要的文章,涉及从描述性的和考古学的到社会文化的内容,如弗兰克·威利特(Frank Willett)讨论了尼日利亚的早期雕塑传统,特别强调艺术的认知、象征和哲学维度;约翰·费舍尔(John L. Fischer)的"作为文化认知地图的艺术风格";詹姆斯·W. 费尔南德斯(James W. Fernandez)的"论非洲芳人美学中的对立与生命活力原则";厄娜·甘瑟(Erna Gunther)的"西北海岸印第安人艺术",等等。到20世纪80年代中期,人类学家们出版了三部关于非西方艺术领域的全面综合研究著作,每一部著作都试图总结截至当时历史上关于非西方艺术最重要的发现,论题涉及艺术家、风格传统、象征主义和艺术的功能。

在中国古代，艺术品的思想性历来与时代人文、统治阶级、社会生产力水平、艺术世俗的主流思想相关联，有着鲜明的民族特色，相关的文献极为丰富，多不胜数。古时中国，艺术品从来没有走向为艺术而艺术之路，在中国古代艺术品的创作过程中，审美、情感和思想性是非常重要的，甚至这些特征可以作为判别艺术品的重要依据。但是，中国古代艺术品，特别是田野考古调查和发掘得到的古代艺术品，无论是考古调查发现的艺术遗迹，还是从古代遗址或墓葬中出土的艺术遗物，都是直接或间接地与人类的生产、生活密切地联系在一起的，都具有或多或少的功利性实用目的。相比西方，艺术品的创制自始至终贴近生活，形成了独有的文物艺术品文化基因。如中国古代传统壁画，其基本功能在于纪念和宣教，大多有为统治阶级服务的本意，如周为中国宫室壁画真正意义上开始的时期，在天子宣明政教的明堂周围都画有壁画，描绘着古代圣明君主尧、舜等人的画像，古代残暴君主桀、纣的画像，每个人具有善恶不同的形态，这是对于国家兴亡的警戒。墙壁上还画着贤德的周公辅佐成王，怀里抱着幼主，背后排列着手执斧钺的仪仗队伍，正在面向南方召见各地诸侯的情景等形式的壁画。这些壁画是君王对大臣们的一种教化。[①] 再如古玉器，在史前社会，它是沟通上天的神器，而在王权主宰的社会里，它是最神圣的秩序代表，象征着庄严的礼仪，寓意着高贵的品格——仁、义、礼、智、信，在日常生活中，一直为祥瑞和人们对于圆满美好生活的追求的表形物。中国字画，寄情于山水，倡导美与善，这为自古以来的主流。

需要注意的是，艺术品的思想属性从未离开过艺术评论家、批

---

① 参见彭瑾:《中国古代艺术品是否是公共艺术》，载《西部皮革》2018 年第 16 期。

评家的视野，如社会主义的艺术，在艺术评论家和批评家眼里，是要求艺术品既具有高度的思想性，又具有高度的艺术性，达到深刻的思想内容与完美的艺术形式的统一。艺术品的创制，离不开这样的“世俗”社会环境，评价思想性自然可以成为鉴定判断艺术品的要素之一。

（三）文化属性

文化，从词源上讲，古罗马雄辩家、政治家和哲学家西塞罗（公元前106年—公元前43年）在《图斯库卢姆辩论》中首次使用了“文化”一词，并认为文化是“灵魂的耕耘，灵魂的再塑”，即人对自我修养提升而做出的一切努力。在中国古代，“文化”的本义是“以文教化”，表示对人的性情的陶冶，品德的教养。从中外古代对文化的阐述来看，提升人的道德品质和文化修养，乃是“文化”一词的最初本意，就如现代中国人常称赞读书人为“有文化”的人一样。马克思认为文化的本质仍旧是意识以及这些意识的产物。文化属于社会上层建筑，其发展方向和发展程度受生产力等社会基础动因的影响，正如文化唯物主义所认为的，人类文化产生于人类生活的物质环境，同时，文化又为人类的生存创造了条件，文化与人类生存的物质环境是辩证统一的，它们相辅相成。

文化是人创造的，文化人类学家认为人的聚居是文化产生的根源，在聚居过程中，相互照顾，需要物质基础，相互交流，需要精神基础。正因如此，不同时期、不同阶层、不同个体对物质、精神、社会的思考、探究的差异，表现在文化层面，就有了层次之分。越是深层次的文化，越是由复杂的人类行为和心理活动所引发。大众的生活，主要体现为民俗文化；而哲学家的思考，则体现为高级文化，这种文化等级之分，与文化思考的复杂程度和满足精神需求的层次有关。

民俗文化一般只满足人的衣食住行的基本需求,一般多体现为物质性,依附于各种生活用品,如住宅装饰、庭院布置、汽车文化、珠宝文化等;依附于各种祭祀用品,如香炉、方鼎等。高级文化可以满足人的价值观、人生观、世界观需求,依附于各种仪式活动和艺术产品,如做礼拜、祭奠先人、绘画等。物质层面的文化是显性的,可以被人的五官感觉到,如视、听、触觉等。人们可以通过味觉来享受食品文化、通过触觉来享受住宿文化等。精神层面的文化是隐性的,我们很难观察到一个参与宗教活动的教徒体验到了什么样的文化。民俗文化和高级文化、物质文化和精神文化有所区别,从不同的角度分析,可以比较它们的优劣,但它们在功能上没有高低之分,物质层面的文化和精神层面的文化在功能上,对人类而言,是同等重要的。

艺术品的文化属性,既体现在物质文化层面,也体现在精神文化层面,并往往根据受众的不同,体现出不同的以文教化功能。对于一个插花的家庭主妇来说,普通的花瓶与宋代官窑的梅瓶并没有多少差别;对于搬运工来说,一幅名画尚不及一台好用的面包车意义更为重大。也就是说,艺术品只有在其精神层面的元素被知觉时,才能成就艺术品的称谓,其物质场面的载体作用才能体现出来,成为艺术审美的对象,否则只是一个物件,更多地体现出其工具价值。捷克美学家希穆涅克作了如下解说:“艺术形象的特殊性要求有特殊的审美知觉,要求能从总的审美和思想特性上来解释它。所谓感受艺术作品,就是指认识它。”人们在欣赏艺术珍品时通常是凝神静观,欣赏的过程也是一个思考和升华的过程,是主动地探索的过程,每个人观看方式不一样,得到的信息也不一样,不同的视角、不同的思考角度会有不同的效果,欣赏变成一个再创作的过程。马林诺夫斯基就认为“文化的物质设备本身并不是一种动力……只有在人类的精神改变了物质,使人们依理智及道德的见解去应用时,物质才有用处”。这种接受者对艺术属性“知觉”的多样化，反映出对艺术品物质层面和精神层面之文化属性结构的认知多样化结果，曲高和寡由是有之，万众追捧也自无意外，由此影响着艺术品鉴赏活动特有的方式，彰显出独特的魅力。

（四）时间历史属性

第一代人类学家就回答这样一个问题：人类文化习俗或习惯是如何在过去几千年中深化成现在的样子？关于视觉艺术，美国人W. H. 福尔摩斯（W. H. Holmes）、弗兰克·库欣（Frank Cushing）以及奥蒂斯·梅森（Otis Mason）猜测人工制品上的最早装饰是技艺巧合导致的。这样的巧合可能在面上被视为始初人类艺术萌芽的诱因，如有些早期陶瓷壶表面上的交叉影线图案，是在篮子里面塑造黏土而形成。随着时间的推移，这些图案被逐渐赋予了更多的意义，最终这些有意义的图案和图形逐渐进入有意识的自我再创造状态，因此，抽象的艺术元素逐渐演化为再现艺术。另一些学者，如瑞典的哈吉马·斯托普（Hjalmar Stolpe）则持有相反的观点。斯托普认为，艺术首先具有再现性，但随着时间的推移，图案和图形逐渐被简化，最初的意义逐渐丧失，最终形成了跟我们周围世界完全没有关系的抽象图案。这些讨论证明了一个事实：根植于人类文化习俗或习惯中的艺术元素（或艺术符号），都有着一个发生、发展、演化的历程。换句话说，任何一件艺术品，都有着其特定的时间历史属性，承之于前、传之于后。

新中国成立之后的数次美展，就可清晰地触摸这种时间历史的演变。

1949 年 7 月 2 日，“全国文代会”主办“艺术作品展览会”（后被认定为第一届“全国美展”），展览的目的在于，“作近五年来美术工作之全面检阅”,同时为即将成立的新政权坚持延安文艺传统起“示范作用”。展出的作品在内容上可分为三类:第一类是反映战争、拥军、参军、欢庆胜利等与军事相关的作品,如古元的《人桥》、吴作人的《捷报》、董希文的《北平解放》、洪波的《参军图》等;第二类是描写生产生活、阶级斗争、土地和民主改革的作品,如莫朴的《清算》、姜燕的《翻身游行图》、王式廓的《改造二流子》等;第三类是揭露敌人的虚伪、弱小、残酷以及旧社会的民间疾苦的作品,如华君武的《这就是证据》、丁聪的《现实图》、朱丹的《伪总统府设防图》等。

在1955年3月至5月举办的第二届“全国美展”中,共展出国画、油画、年画、连环画、宣传画、漫画、版画、雕塑、插图、水彩、素描、速写等作品996件。从内容上看,革命仍然是被反复抒写的主题。但从表现手法来看,不少作品带有经“马训班”培训后的鲜明“苏派”特征。革命民族主义内容与苏式艺术形式的杂糅,成了第二届“全国美展”的突出特征。当然,艺术家在接受苏联艺术教育的同时,显然抱有一种复杂的心态。如林聆的《澜沧江畔》、李宗津的《双喜》、列阳的《行军途中》、艾中信的《通向乌鲁木齐》等油画作品,除了借鉴苏联油画的写实技巧外,还出现了艺术表现形式的民族化追求,如将油画的色彩冷暖明暗表现、三度透视空间、线描具象造型、写实性意境,改造成富有装饰性的色彩、较为平面化的空间、意象的简化造型和抒情式的意境,从而使油画产生“民族化”的效果。

如果说第三届“全国美展”中关于艺术的身份认同问题还徘徊于苏联与本土的二元对立之间,艺术的本土化、民族化倾向还未成为真正的主流,“两结合”的艺术特征并不突出,那么在第四届“全国美展”中,这一趋向已实现了根本性的转变。

1964年9月至1965年7月举办的第四届“全国美展”以“社

教”运动为主题，“在创作中运用了毛主席提出的革命的现实主义和革命的浪漫主义相结合的创作方法”，以反映社会主义时代工农兵群众的生产生活和革命斗争，群众化、革命化是其典型特征。如孙滋溪的《我们和毛主席在一起》，黎冰鸿、林以友的《周总理在新安江》等作品，表现了革命领袖的伟大和全国人民对革命领袖的热爱；翁逸之的宣传画《全民皆兵　保卫祖国》表现全民皆兵，誓与外国侵略者作斗争的决心。在艺术风格上，第三届“全国美展”反复渲染的“两结合”创作方法得到了突出表现，并被强化提升为“三结合”的创作方针。如卢沉的中国画《机车大夫》、金以云的年画《种子迷》、詹行宪的雕塑《新社员》、诸有韬的水粉画《我们是大地的主人》等都是运用“三结合”的艺术手法再现了社会主义时代工农兵群众的光辉与伟大。

1979 年举办的第五届“全国美展”虽然“主题先行”“题材决定论”的倾向仍然很突出，但作品出现了不同于第一阶段美展的艺术格调，悲剧性主题和灰色的调子成为其突出特征。高小华的《为什么》以作者在“文化大革命”期间的见闻为背景，讲述了几位风华正茂的兄弟姐妹之间的血腥杀戮故事，作品运用铅灰色调与厚重笔触，辅以带有压迫性的俯视构图，表达了对“文化大革命”的深刻反思和对现实的迷茫，在客观上起到了突破文艺创作禁区的作用。当然，这种作为实验性的现代主义艺术与受官方规约的主流艺术发展并不同步。

1984 年年底至 1985 年年初举办的第六届“全国美展”仍然流露出“题材决定论”的创作趋向，不同之处在于，艺术家基本上克服了创作中的“浅、露、直”倾向，而开始用符合主旋律的题材来探索艺术自身的形式和生活本身的美。因为时代的改变，那种曾经弥漫于五六十年代的教化现实主义艺术氛围，已移易为多种思想、多种艺术潮流杂糅的复杂情境。艺术家们意识到:一种充满理想与激情的现代主义艺术是危险的,艺术必须重新回到现有体制上来,它要么重新成为主流意识形态的政治图解,要么迎合市场经济浪潮而降格为后现代主义的艺术游戏,要么取中庸主义的姿态而游走于二者之间。

第七届"全国美展"虽然在表现手法上重风格、个性与语言,但由于多种现实禁忌而使其呈现出对客观世界的表现力度不够、缺乏生活的深度与思想的高度等问题。油画以古典写实为主,题材模仿严重;国画过分强调色彩,丢掉了笔墨传统。

第八届"全国美展"的突出特点是:"反映我们这个伟大时代的力作很缺乏,特别是反映主旋律、反映生活、贴近生活的作品不多,与我们这个时代不相称。"由于受商业文化和西方艺术的双重影响,艺术创作观念发生了变化,形式与技巧压倒了思想和内容,作品反映新时代生活的广度、力度与深度都不够,"淡化主题、疏离生活"的倾向比较明显。因为艺术必须保持一种对抗关系,以便投合商业意识形态而使自己获得生存发展的物质基础,但艺术还必须保持一种合作姿态,以便使自己始终站在主流意识形态的立场而获得合法性。这样,包括波普艺术、玩世现实主义乃至官方主流艺术在内的中国当代艺术,又同时必须重视生活内容和艺术意味的开掘,重新建立艺术与政治、社会、生活的紧密关系,使政治的威权性、商品的消费性、生活的浅表性、文化的大众性以一种通俗的、"游戏"的艺术形式表现出来。中国主流艺术必须在完成 20 世纪 80 年代的现代主义先锋艺术实验后,再次进行从形式到内容的转型。而转型的目的,则在于使其能够消弭民族性与西方性之间的张力,获得可与西方当代艺术"对话""交流"的当代性。

1999 年举办的第九届"全国美展",正是上述转型的尝试性实践。作为庆祝中华人民共和国成立五十周年重大活动之一的第九届“全国美展”,因其肩负了强烈的“庆典”与“庆祝”使命而使“主题性”“纪念性”“总结性”特征十分突出。作品无论在内容上还是形式上都展现了对新中国成立五十年来,特别是改革开放二十年来的回顾与总结,并能够吸纳西方艺术技艺、坚持民族艺术精髓,从而形成独有的“中国性”艺术特色——“全国美展”与中国当代主流艺术的身份认同。“按照艺术创作规律,歌颂改革开放的祖国,表现伟大时代的前进步伐,因而时代气息和生活气息浓厚”;同时,对于“美术创作如何更好地继承和发扬我们的文化传统”的中国美术当代性问题,也开始了常识性的探索。从传统与历史中寻求艺术观念的革新,借鉴西方绘画的新表现主义方法,重提绘画的表现性,改革中国画纤弱、幽雅的写意追求,代之以对自然、历史和时代生活的本真性描写,建立与大国形象相符合的具有“中国性”(中国风格、中国特色、中国气派)风格的艺术,是21世纪以来“全国美展”身份认同的基本特征。在第十、十一届“全国美展”中,追求“中国性”身份的作品主要表现为对以民族性艺术形式、艺术风格为核心的全球性艺术观念与艺术精神的确认与阐扬。①

如上所述,艺术品的时间历史属性非为单一存在的特性,而是与社会、政治、经济、文化密切关联,并体现出不为人意志而转移的规律性。这种规律性是可认识的,细微到创制者个体不同年龄阶段的思想和技艺变化,宏广到波澜壮阔的时代变迁,莫不如此。

(五)地域民族属性

创造、制作艺术品的人根植于鲜活的社会生活之中,他们必然

---

① 谷鹏飞于《文艺研究》所发题为《从民族性、西方性到中国性——“全国美展”与中国当代主流艺术的身份认同》,从全国美展作品变化勾勒出六十余年艺术创作的变迁,无论是民族性、西方性还是中国性,最终都在艺术品这一载体上凝结为时间历史符号。

将生活中的元素,诸如人种、宗教、意识形态、审美情趣、自然特色、环境等带入到作品之中,以内容、手法、材料等表现,呈现出深厚的地域民族特征。从大处讲,中国画的水墨丹青、明晚期青花瓷的写意与禅悦、避世风格等无不带有鲜明的"中国性",体现出中国风格、中国特色、中国气派。从小处讲,刘文西的画作,以其浓烈的西北风情获得社会的认可,宋五大名窑也无不具有各自的地域特色,并成为身份识别的标志之一。内蒙古中南部的阴山地区多山地草原,适合游牧民族从事放牧和狩猎,其史前原始岩画表现题材以动物图像最为常见,包括有马、牛、羊、鹿、犴达罕、狐狸、野驴、骆驼、狼、虎、豹,由此产生的行猎图、放牧图、车骑图、舞蹈图、神灵图、征战图等艺术作品与沿海平原地区的原始稻作农业为背景的艺术作品,呈现完全不同的地域民族风情。

艺术品是人类文明的象征,"人类文明多样性赋予这个世界姹紫嫣红的色彩,多样带来交流,交流孕育融合,融合产生进步"。[①]"正如中国人喜欢茶而比利时人喜爱啤酒一样,茶的含蓄内敛和酒的热烈奔放代表了品味生命、解读世界的两种不同方式。但是,茶和酒并不是不可兼容的,既可以酒逢知己千杯少,也可以品茶品味人生。"[②]文明是多彩的——阳光有七种颜色,世界也是多彩的。如果世界上只有一种花朵,就算这种花朵再美,那也是单调的。无论是中华文明,还是世界上存在的其他文明,都是人类文明创造的成果。文明是平等的——世界上不存在十全十美的文明,也不存在一无是处的文明,文明没有高低,优劣之分。文明是包容的——只要秉持包容精神,就不存在"文明冲突",就可以实现文明和谐。这就是中国人常说的:"萝卜青菜,各有所爱",艺术品的地域民族特性,

---

① 习近平在第七十届联合国大会一般性辩论时的讲话。

② 习近平在布鲁日欧洲学院演讲。

既反映在内在的丰富性，也反映在与外源性文化的交流与借鉴，如专门销往国外的陶瓷商品，绘有纹章盾徽，或者购买者的家族字母缩写，或依欧洲流行版画绘制，传承至今，就是这种地域民族特性交互的典型例证。

二、艺术品的物质属性

艺术品的物质属性，由构成物之物质基本属性以及作为载体和/或媒介的物之属性共同构成。任何文物艺术品都必须首先体现为物质存在，也只有具有实体意义存在的物才能承载为他人所感知的精神属性，也才有体现其陈列、展示、流转、交易等物质属性的机会和条件。所以，讨论艺术品的物质属性，尤其在我们的视线聚焦于鉴定与评估领域时，更宜从物质基本属性为起点展开，非如此，不足以形成共同的认识基础。

（一）物质及相关问题概述

我们所认知的艺术品，要么以物的形、色、质等存在状态传递其精神属性，要么承载于特定载体之中，在适合的展示条件下，以声、光、影等方式为受众所感知；或者二者皆存，供人赏鉴的方面不同。这一观察视角，实质上仅停留在经典力学层面，要深刻认识艺术品，尤其在艺术品科技鉴定领域，须摒弃将物质世界视为单个实物集合的简单思维模式，而应从各种具体的物质形态交互作用构成的有机统一体这一高度进行思考。

物质世界的有机统一体，反映在物质及其属性分置于不同的层次之上。

第一层次是物质的实体。实体即是指一切现实存在的属性、联系和运动形式的基质。任何属性和运动形式都不可能自在地存在，它们总是为那些作为它们基质的一定的物质实体所固有,所谓“皮之不存毛将焉附”,正在于此。这种物质实体代表着物质本身只能存在于具体的结构与形式之中,在物质的具体形式的任何一个结构中,不存在作为物质的一切属性的基础的、任何原初的、无结构的和不变的实体。列宁指出:“物的‘实质’或‘实体’也是相对的,它们只表现人对客体的认识的深化。”人、生物、非生物构成自然界,都是以物质实体而存在,拥有固有的特性、品质。

第二层次是物质的运动、空间、时间形式。运动是物质的基本属性,无论是自然界还是人类社会,任何现象和对象无不处于运动状态之中。运动着的物质形态的多样性表现为两种基本形式,即空间性和时间性。具有一定尺度的质上不同的物体和现象的共同存在、相互比邻以及在空间尺度的广延性谓之空间形式;物质状态的持续性、承继性和更替性则为时间形式。正如列宁所说:“世界上除了运动着的物质,什么也没有,而运动着的物质只有在时间和空间之内才能运动。”任何过程,亦即物质的任何运动、变化和发展,都离不开时间和空间。

第三层次是物质运动的规律。物质运动具有一定的确定不移的基本秩序,它遵循着自身固有的规律运动、变化和发展。这种有规律的运动,是支配并确定自然界和人类社会发展方向的客观的物质力量,也是人们认识自然、改造自然的基础。

这三个层次层层递进、渐次深入,既各有侧重,又相互联系,是指引人们认识自然和社会的基本思路。在文物艺术品鉴定、评估领域,同样需要以此为指导,以自然科学技术为基础,兼顾逻辑、统计、文化、艺术乃至法律各学科,构建科学、规范、系统的鉴定评估体系,抽丝剥茧、相互印证,方可达到证成而无疑的客观认知状态。尤其是文物艺术品鉴定,传统经验鉴定在走向与科技鉴定相结合的过程中,如果能密切关注经验鉴定中应依赖科技支撑的方面,可以发现,这些方面多数最终会汇聚到物质层面,文物艺术品的物质属性均建立于此基础之上。

1. 物质的概念

物质定义历来为哲学家们所关注。

德国哲学家薛普夫纳认为:“物质概念只应当同意识概念相对立,因此它包括那存在于我们的意识之外并作用于我们的一切客观实在……物质是存在于我们意识之外的一切东西,其中既包括一切联系、特性、方面、变化(能量),又包括实物等。”这一表述与列宁对物质的界定异曲同工:“物质是标志客观实在的哲学范畴,这种客观实在是人通过感觉感知的,它不依赖于我们的感觉而存在,为我们的感觉所复写、摄影、反映。”①

对这一理论问题的唯物主义理解,是建立在从抽象到具体的认识运动的基础上的。列宁在他的物质及其属性——运动、空间、时间——的定义中,着重指出了它们的特性是“客观实在性”,意即唯物主义的首要的、基本的和起始的原理是:不仅物质的物是客观实在,而且物的特性,运动、空间和时间、规律性等,也是客观实在的。恩格斯指出,唯物主义是“建立在对物质和精神关系的特定理解上的一般世界观”。在辩证唯物主义中,物质范畴已不是标志实物、标志原子的狭隘概念,而是包括一切客观实在的广泛已极概念。辩证唯物主义撇开仅为个别种类的物质所固有的具体特性,撇开它们之间的联系和关系,揭示它们之中最主要的、本质的特性,揭示出它们的客观性。马克思和恩格斯在论证意识和物质的关系问题是哲学的基本问题的同时,确立了物质第一性,意识第二性的思想;物质永

① 《列宁选集》(第2卷),人民出版社1972年版,第128页。

恒地存在,意识是物质发展的产物;感觉、表象、思维作为客观世界的主观映象的总和,其源泉就在于物质的唯物主义原理。

列宁根据这些原理,总结恩格斯以后最重要的科学发现,科学地、完整地制定了辩证唯物主义的物质范畴。列宁指出,定义物质范畴,或定义物质,不能运用逻辑上已有的下定义的方法。只有从物质对于意识的关系上,亦即只有科学地解决哲学基本问题——意识对物质的关系,才能给物质下定义。作为唯物主义世界观的起始范畴的物质,反映了最本质、最简单和确定的那些现实关系。在《唯物主义和经验批判主义》一书中列宁指出,给物质下定义,也就是重复这样一句话,"物质、自然界、存在、物理的东西是第一性的,而精神、意识、感觉、心理的东西是第二性的"。在展开的物质定义中,列宁指出:"物质是标志客观实在的哲学范畴,这种客观实在是人通过感觉感知的,它不依赖于我们的感觉而存在,为我们的感觉所复写、摄影、反映。"列宁是从物质和意识的对立统一关系中去把握物质,规定物质的。物质和意识是最普遍的哲学范畴。列宁在对物质作最本质的规定时,首先指明了物质对于意识的独立性、根源性,意识对于物质的依赖性、派生性。想要说明世界的本源,说明物质和意识的关系,只能把物质定义为"标志客观实在的哲学范畴"。只有这样,才能堵塞用感觉、心理要素和观念等对物质进行"普遍代换"的唯心主义的任何空隙。通过物质和意识的关系,揭示出物质的根本特性即客观实在性,这是辩证唯物主义对物质范畴所作的最本质的规定。

物质和意识作为哲学上最终的抽象,它们反映整个世界和一切对象、特性及其关系的最简单同时又最本质、最基本的方面。在作了这种抽象之后,指明了物质和意识之间的关系,指明了物质的普遍特性,即"它是客观实在,又存在于我们的意识之外"。这种从具体到抽象的认识运动,是辩证唯物主义制定物质范畴的第一个逻辑进程,在这一进程中确立了物质的特质——客观实在性。

20世纪初,随着量子力学的创立,由经典力学确定的对自然界的理解逐步被量子力学的世界图景所取代。物理学在深入探究物质客体时,揭示了微观粒子的波粒二象性,重新提出了关于微观粒子及其属性的物质性的哲学问题:由于微观粒子只有当它与仪器相互作用时才能被发现,那么还能否说它不依赖于认识的主体而存在;由于微观粒子不同于宏观物体的属性,它的客观性如何表现,等等。正如哥本哈根物理学派的首领维·海森堡所说,量子力学不仅是研究微观客体运动规律的理论,而且它还觊觎重新考察认识论问题,觊觎原则上重新提出主客体的关系问题;认为量子力学的真正内容在于研究微观客体的"实在性程度"。不同的哲学结论源于人们对量子力学中主客体关系问题的不同理解,这业已表明,必须从主体性这一更深的认识层次上来理解物质的客观性。量子力学表明:在微观领域中,主客体的相互作用构成了待认识现象的一个不可分割的部分,主体因素已成为认识中无法分离出来的一个内在要素。根据量子力学,主体对微观客体的认识,必须借助一定的测量仪器才有可能,这就使我们认识到的客体状态已不是本来意义上的客体状态;而且,主体使用不同的测量仪器会得到关于微观客体的不同认识结果。

爱因斯坦提出的质速关系和质能关系,近一个世纪以来得到了大量实验的严格验证,这两个关系是质量、能量概念史上伟大变革的里程碑,揭示出质量概念全新的内容。具体体现有两点:其一,质量有静止质量和运动质量两种形式,质量随速度而变化;其二,质量与物质所具有的能量有确定的比例关系,一同增减。考虑到随后提出的量子理论,把质能关系应用到其中,则质量随着能量的量子化而量子化。由此可见,在经典物理和近代物理中,质量概念的区别在于:经典力学中的质量与物质的属性相联系,与物体的状态无关,与能量无关;相对论中的质量与物体的状态相联系,与物体的状态有关,与能量有关。

物质及物体的客观实在性—实在性的程度,是物质及物体能够于终极意义上具有客观可认知性的基础,而意识对物质的反映,终将决定这种客观性的反映程度,能否反映、如何反映,联结的纽带唯"信息"而已。经典物理学与量子力学在此点上最浅显易解的区别就在于:经典物理学获取信息,从形式上讲,基本不代入;而量子力学获取信息,获取方式和手段本身可能会代入而成为最终信息的扰动因素。

2. 信息与反映

艺术品总是以物质形式存在和/或承载,对艺术品的鉴定与检测,无论是宏观层面,还是微观层面,目的都在于获取有利于对艺术品进行判断与分析的有效信息。

宇宙间信息现象的总体考察,完全意义的信息,包括两个方面:一是它必须包含一定的内容;二是必须从它原属的事物,以某种形式,传输给另一个事物。这两个方面的统一,才是信息的完整含义。

可以想象,无论什么样的信息都不能没有一定的内容,没有任何内容的信息是压根就不存在的。信息的内容来自信源,即物质世界存在的一定事物。同时,一个情况,一种状态……总之,某项具有一定内容的事物之所以能够变为信息,正是由于它拥有的内容以某种形式传输出去,并被另一事物所接收。否则,它就是它本身,而不能转化为信息。所以,信息作为一种运动过程,要包括信息的发出和接收,至于信息的发出者和接收者是人还是物,那没有关系。假如世界上根本没有这种传输现象,那么尽管存在无限多个内容丰富的事物，也没有信息产生。所以，信息就其本义而言，不仅包含一定内容，而且反映两个事物之间的一种特殊关系，即信息的传出和接收关系。信息的内容，无论多么纷繁多样，必定来源于物质世界的某一运动、变化、状态，表征某一事物的某一具体属性。

属性，既包括相对稳定的性质、功能，也包括暂时的态势、状况、变化。信息的传递，无论采取何种形式，无论经过多少种不同的编码，信息的内容在发出点和接收点之间，必须具有一定程度的相似性、一致性，没有这种相似性、一致性，就失去了信息的意义。因此，信息从信源到信宿的传输过程可以看作一种反映过程。

反映，就是一种事物的特性在另一事物的特殊过程中，以另一种形式再现出来，而不发生本质性的歪曲、改变。信息传输的要求与哲学上广义的反映正相符合。客观存在的事物属性是产生信息的本源，没有多种多样的事物属性，就没有信息。可是如果光有五颜六色的事物属性存在，还不是信息，而只有变为信息的可能性，唯当它们以另一种形式在另一事物中被反映出来时，它们才转化成为现实的信息。

诚然，现代科学与主体能动性有密切的关系，有大量的主体因素进入了认识活动，但结果是科学对自然界的认识更深刻、更全面了，而不是否定了认识对象的客观性。主体能动性发挥得越充分、越正常，认识事物的客观性就越高，越接近于按照事物的本来面目反映事物。

文物艺术品鉴定活动，本质上的关键环节是信息的获取，传统经验鉴定主要依赖人的感觉器官获取信息，科技鉴定主张更多依赖构筑于科学技术原理基础之上的仪器设备获取信息。但无论采取何种方式，信息获取的有效性、准确性、客观性、全面性都是很难达到理想状态的，这也是人类认识自然的客观规律所致。如古时的滴血认亲,到现代的血型酶型检验,再到DNA检验,就是一种人类认知能力和认知方法递进式演变的典型范式。但即便如此,认知活动仍然不可避免地需要克服一些认知障碍,如信息变异。

3. 变异

特定的由物质构成的物体,自有其固有的特性,这些特性可由物体属性得以反映。信源到信息的反映过程,是一个极为复杂的问题,涉及信源到信息之间的一致性、全面性、有效性,一旦反映过程出现偏差,必然会出现变异,而变异是客观性的大敌。

反映所不能引致的信息变异:事物属性反映成为信息,通常是一种多对一的传递过程。任何一个事物均有着不同的属性,如一颗钻石,重量、硬度、形状、大小各为其不同属性的表现,分别需要不同的方法和手段才可反映为对应的信息。如果方法或手段不当,自然无法得到正确的信息,"刻舟求剑""缘木求鱼"式的做法在现实中并不少见。

缩减所引致的信息变异:尤其在鉴定活动中,对事物的认知必须达到与认知目的相对应的全面性,缺乏足够的信息支撑,信源到信宿就必然会偏离一致性,"盲人摸象"式的认识方式所得到的信息使判断结果千差万别,就是例证。

增扩所引致的信息变异:信源到信宿的反映过程,与反映手段有着直接关系,任何方法和手段都有着边界,超出边界而得到的信息实质上是伪信息,是不能客观反映事物特性的。人眼观察事物,既不可能无限远,也不可能无限小,这就是边界。天平不能用于称量汽车,同样汽车不能用于衡量微小对象,这也是边界的体现。任何方法和手段的超限应用,都意味着伪信息的进入,引致信息变异。

反映不能、缩减、增扩为信源到信宿的传递常态,其程度伴随科学技术的发展变化而变化。以法医物证为例,在DNA技术发展起来之前，通过血型和酶型进行个体识别，在有限的对象中是可以在一定程度上达到准确识别效果的，但一旦对象集增多，其发生偏差和错误的概率就远远大于 DNA 鉴定。这并不意味着相对先发的技术手段就毫无价值，血型、酶型不同必然对应不同的人，用于排除，既简便又快捷还经济。所以，就信息反映而言，关键在于，我们需要什么样的信息，采取何种方法和手段获取并能确保其有效性和一致性，如何减少、降低反映过程中的信息变异。艺术品鉴定领域由于长期以来的弱技术路线，尚未形成系统的鉴定理论与技术体系，相关的技术方法、仪器设备是否能够真实全面有效反映出信源的特性、信息变异程度如何，都还需要大量的探索和研究。遵循物质的实在、运动、规律等基本属性，选择及评价反映手段，合理评价并应用信息，是包括艺术品鉴定在内的科学研究和实证检验的必由之路。

将物质及信息于讨论文物艺术品物化属性之前进行简单的梳理，其意义和目的是显而易见的。文物艺术品的精神属性依附于物质载体，即文物艺术品这一具象化的物品，无论是经验鉴定还是科技鉴定，都以这一物质实体为对象，都需要基于物，通过信息运动过程而达到认知的目的。由于两者各自存在信息运动的跨领域短板，并延伸到政策、制度、机制层面的规则差异，研究解决实践难题，将视线沉降到物质、物品层面，方可找寻到共同的交合并进基准点，即承载人文价值需要保护可以认知的一类物质实体，并由此展开包括治理在内的一系列思考，根本目的还是在于切实理解文物艺术品的物化属性，释放其应有的功能和价值。

（二）文物艺术品的物化属性

文物艺术品载体和/或媒介的物化属性，是相对于人而言的，整体上作为物品的功能和价值的属性集合。文物艺术品既为人所创造、存续,也为人所传承、利用,从不同层面、不同角度发挥文物艺术品之物化功能。莎士比亚说:“一千个观众眼中有一千个哈姆雷特”,同样地,一件文物艺术品在不同人眼里也具有不同的价值和意义,这些价值和意义是由不同的物化属性所构成,侧重方向不同,物化功能的体现就不同。所以,评价文物艺术品的物化属性,首先得分析梳理其不同的表现方面。

1. 文物艺术品的记录功能

作为物的文物艺术品,能够给人们带来的信息,更多地体现为具象方面。具象与抽象相对应,语言—文字—文本信息属于抽象信息,人们必须首先能够解读特定的语言,才能理解文字所表达的意义,并会因解读人的文化背景、文化程度、生活经历的不同,而产生不同的理解。文物艺术品等实体物作用人的感官后,通过“形象”(形状、样式、色彩等)、“触感”(表面形态、质地等)、“嗅觉”、“声音”等获取感受,从而了解其要表达的思想、态度、情绪、观点、节奏、韵律、理念等内容,并提炼为接受者对该物品的功能认可和人文体验。

具象式记录相对于语言文字记录更为直观、形象,所传递的细节更为丰富,是历史、文化得以传承的主要方式之一。比如,中国文化历来有诗书画一体、塑绘相融的传统,水墨丹青的中国画景、诗、书、印浑然相谐,意境悠远;中国雕塑塑绘相长也独具特色,如敦煌莫高窟,从南北朝开始,佛教造像就已成为中国传统雕塑之主流,佛教在传入中国后,官方与民间的深入倡导,带动了佛教艺术的高度发展,在广阔的历史时空中创造出令人叹为观止的雕塑和壁画,绵延千里,优美壮丽。这些都是通过物这一载体将其记录下来、传承下去。

“坐时衣带萦纤草，行即裙裾扫落梅”“粉胸半掩疑晴雪”等描述盛唐女性穿衣打扮的诗句，诗韵盎然，给人丰富的唯美想象空间。但如果结合永泰公主墓东壁壁画中“梳高髻、袒胸露臂”的唐代妇女形象，则图文并茂，更为真实地提供人们认识历史的丰富信息，还原那时女性的着装特点。

文物艺术品的记录功能，既是考古学者解读“历史密码”的信息源头，也是人们走进历史了解历史的品鉴对象，同样是文物艺术品鉴定的研究对象。

2. 艺术品的装饰美化功能

生活，是需要美化的，这是古今中外人类社会共有的价值取向。艺术品的使用价值就是满足大众人群审美的需求，这是艺术品最基本的功能之一。包括艺术品的艺术价值，都与其满足人们审美需求的程度相关，艺术品来源于我们的生活但它又高于我们的生活，当艺术品能够符合人的审美需求时，那么会给人带来一种积极的态度和愉悦的心情。艺术品审美能够充实人们的精神生活，其经济和商业价值也就顺应而生，并主要以审美价值和文化价值为基础而得以评价其价值大小。

在中国瓷器生产历史中，装饰审美的需要可以说是最为强大的推动力之一，不但促进了材料端（如瓷土、釉果、釉灰、青花料、彩料）的发掘、改良，工艺环节（制胎、器型、纹饰、上釉、装烧等）的不断进步，而且将审美需求提升到专门的高度，生产出了唯装饰审美的陈设用瓷（如瓷板画、瓷塑、瓶、尊）、兼顾教化功能的宗教与祭祀用瓷（如各种礼器、佛像等）和兼顾实用功能的把玩用瓷（如鼻烟壶、压手杯等）。室内外装饰、陈设，个人配饰均是艺术品装饰美化功能得以展示的空间和舞台，艺术品除了可以给人一种主观的意识，还对客观存在产生一定的影响。一些艺术品可以广泛地运用到平面、装饰等设计领域之中,例如,现在艺术文化产业领域中很重视对于艺术衍生品的开发及运用,设计师们可以把艺术家们的作品延展运用到现代人们日常所接触到的物品之中,这也体现了艺术品的一种实用性。

艺术品本身就是独立创造出来的劳动产品,具有不可替代性,市面上价值不菲的艺术品都具有其独特的风格和审美价值,它们的一些元素可以被其他工业品所借鉴并满足人们的装饰美化追求,但独立的文物艺术品之装饰美化功能却与此不同。艺术价值越高的文物艺术品,越具有画龙点睛、众星拱月般的独特地位,不同于普通的具有装饰美化功能的商品,会因时间的消磨而逐渐贬值,它们因珍贵而得以呵护,生命周期远超一般商品,历久弥珍。

3. 艺术品的传承教化功能

文物艺术品承载信息、记录文明、传承文化,对人类的发展、文明的传播具有不可替代的促进作用。艺术品的精神属性须依赖于物质载体才有可能存在、延续,也才能被人所感知、鉴赏,才能实现流转、收藏、陈设、交易等艺术品的社会功能。通过人们的行为,文物艺术品的审美价值得以体现,其传承与教化功能润物细无声般影响着大众,潜移默化人性中内在的审美与文明需求。

我国历代文人雅士多热衷于对书帖和名画的临摹,一代代的学子们对字帖的学仿,无不出于对文物艺术品所承载的历代大师、前人先辈们艺术风格和技术手法的欣赏与认可,学仿的过程知其精髓,才能体会传自于前人的精湛的绘画技巧、独特的叙事方式、神奇的工艺手段、具有时代烙印的美学思想和人文气息。学仿造就了无数承先启后的大家、大师,不断积淀着人类人文艺术宝藏。

习近平总书记强调要让文物艺术品活起来,言中之义的重点正在于要更充分的发挥文物艺术品的传承教化功能,以此增强中华民族的文化自信。

4. 艺术品的经济功能

文物艺术品的产生天然具有经济属性。艺术家、创作者、手工艺者都是生活在不同时代、不同环境中的活生生的人，他们需要通过自己的劳动，获取报酬，养家糊口，在创作艺术品的时候，思想艺术的表达与获取利益的诉求相交织，也正因为这种交织，艺术品使用价值和价值并存的特殊商品属性才得以体现。因为经济利益的考量，创作者势必了解市场需求，努力提高自己的艺术水准和能力，运用自己所擅长的艺术语言形式，创作出满足市场需要的作品。这一过程，正是艺术品能够承载历史、反映社会生活的渊源，只有真正将思想根植于生活的艺术品，才具有顽强的生命力，才能经久而不衰。艺术来源于生活，诚然如是。

艺术品的拥有者，对经济价值的评价和追求更为敏感（博物馆院因其特有的性质和模式，对文物艺术品人文价值更为显性，不在讨论之列）。以藏养藏、捡漏、打眼等一系列方式和行为都基本建立在价值与价格等经济指标之上，一切交易、交换都是以一般等价物——货币——为衡量标准。

西方国家，文物艺术品市场是较为成熟的市场，所催生的艺术品金融也相对成熟。在中国，当代的油画在过去十年中，每年的年均投资收益，或者说是价格都会上升19%。这个结果似乎令人担忧，十年平均每年上涨19%，是非常高的数字。但同时，在对比国家统计局公布的过去十年的广义货币供给的数据，结果发现过去十年中国的广义货币供给每年平均增长速度是18%。由此得出结论，即使中国艺术品市场有泡沫，这个泡沫也并非想象中的那样大。人们普遍认为，艺术品投资将会在不久的将来成为投资主渠道之一，而相应的艺术品金融在解决当下结构性问题后也会迎来爆发。伴随着大国的崛起，每个国家都会诞生一些具有长远影响力的艺术大师以及艺术作品，比如意大利文艺复兴时期的达·芬奇、拉斐尔，西班牙的戈雅、埃尔·格雷考，荷兰的梵高，英国的特纳等伟大艺术家及其作品，都与大国的崛起同步。我国改革开放以来取得巨大成就，大国崛起已是不争的事实，文物艺术品作为文化自信、文化传承的主要载体，其经济功能必然会得以彰显。

文物艺术品的经济属性是大众、投资人、艺术家都十分关心的属性，在这个经济主导的世界里，任何事物都会自然的被人用货币来定位并作为衡量其价值的标准。一般而言，艺术品的商业价值和艺术价值是成正比的，但是在某些情况下，艺术品作为商品流通的时候，也会有一些非正比的情况，例如一件拥有艺术价值的艺术品被时代、地域或社会埋没了其商业价值，或者通过商业运作将一件没有艺术价值的作品运作成一件商业价值很高的作品。

艺术品的经济价值，本就与一般商品使用价值不同，它的经济价值通过市场的交易或通过对作品的欣赏实现，欣赏者所消费的不是作品物性的一面，而是蕴含在艺术品中的精神。

与欧美市场以收藏为主不同，很多中国人将艺术品视为能够保值增值的资产，市场上充斥着大量的以追求财务收益为目的的短期投机资金。但我们应该注意，这种对文物艺术品进行投资的商业模式，只有重复交易的艺术品才能够获得收益。在我国，除拍卖外，重复交易囿于各种因素，尚无适当的机制支撑。

虽然“凡勃伦效应”（Veblen Effect，商品价格定得越高，越能受到消费者的青睐。商品价格越高消费者反而越愿意购买的消费倾向，最早是由美国经济学家凡勃伦注意到的）引发的是对艺术品的炫耀性消费，表现为藏品对占有者的效用，凭此增加荣誉和吹嘘的资本。但与一般金融资产不同，艺术品的稀缺性、不可替代性及审美属性使价格形成机制面临较高的信息不对称性，进而弱化其流动性，提升其市场交易成本。同时，艺术品独特的个体特征使其通常缺乏明确统一的价值衡量标准，还存在真假等风险。理性地说，很多艺术品具有消费价值，但是只有少数的艺术精品具有金融属性，大量的普通艺术品于投资收益和资产配置效应方面的空间并不大，这其实是经济规律的一种体现。

任何一件文物艺术品，都以其精神属性和物质属性承载并彰显其个性、体现其功能和价值，而精神属性和物质属性是不可分离的同一物品的两个方面，两者所构成的整体方是表征文物艺术品基本品性的指标，离开这一基础，任何功能和价值都毫无意义。文物艺术品鉴定不同于包括司法鉴定在内的其他检验鉴定行业的地方，正因如此，对人文元素的探寻为文物艺术品必不可少的组成部分，并且这种探寻还体现出针对不同文物艺术品类型有着不同的特点和表现，前提是以鉴定角度合理进行对文物艺术品的类型划分。

第二节　艺术品的分类

基于维特根斯坦的著名演讲——“艺术不可界定”，消解艺术界定的思潮仍在流动。而“杜尚难题”，让小便池一类的现成品已然成为艺术品，更是让人们错愕不已。现代主义开始，艺术的发展渐渐脱离了人们习惯性的审美方式，艺术品的界定日益模糊。现代和后现代艺术将旧式的创作经验和内容打碎、研磨、重构，成就了一个新的艺术世界，这其中，为艺术而艺术的投影仍然在徘徊。关于艺术品，不仅早已不能从审美的角度去判定和分析，甚至到底需不需要艺术家本人的亲手制作和技术积累也不可妄论。按照这种虚无主义式的路径，讨论艺术品分类将陷入深深的困境。

随着美学的发展,分析美学家乔治·迪基(George Dickie)提出了新的理论,其从艺术的“非显明性”特征、人文与社会惯例角度给出了何为艺术品的解释:艺术品必须是人工品;并由代表特定社会惯例(“艺术世俗”中)的人赋予其供欣赏的艺术地位。迪基的理论并不深奥,相反其以人为中心的理念可以说是真正契合了艺术的本质:由人创造、创设,满足人的精神需求。艺术源自生活,任何由人创造、创设的对象都可能成为艺术品;艺术高于生活,只有被特定“艺术世俗圈”的人认为具备“欣赏资格”的对象,被社会惯例所认可,才可成就为艺术品。就如杜尚从外界带进来一个现成品时,他直接做出了“这是艺术”的宣称,如此,杜尚的小便池在被授予“欣赏待选者”之后又得到了社会惯例的认可。最终,它进入艺术馆,被各种艺术理论研究,成为名副其实的艺术品。

乔治·迪基理论对艺术品分类概念的形成同样具有参考价值:第一,创作者、创设者可以宣称其作品是否为艺术品,也可以不宣称,这并不影响由艺术世俗所确定的社会惯例是否接受其为艺术品的结果;第二,创作者、创设者的成果,与被何时期的、何种类型的艺术世俗所接受和认可,其间可能间隔着可观的历史长河和/或艺术世俗的时代变迁,使其命运波谲云诡、变化无常。

在重庆,有一个白鹤梁水下博物馆,可说是这一理念的典型例证。

白鹤梁是重庆市涪陵区长江江中心的一处砂岩天然石梁,其得名,一说是早年常有白鹤群集梁上;一说是唐朝时尔朱真人在此修炼得道,乘鹤仙去。白鹤梁与长江平行,背脊标高约为 138 米,比当地常年最低水位高出 2 米至 3 米,随着每年长江四时水位变化,夏隐冬现。梁上的 18 尾石鱼雕刻,记载了 1200 多年来长江 72 个枯水年份的水文情况,系统地反映了长江上游枯水年代水位演化情况,为研究长江水文、区域及全球气候变化的历史规律提供了重要的实物佐证。白鹤梁题刻中有一尾标注最早的枯水题刻的石鱼,它的眼睛正好是长江中上游的零点水位,比 1865 年长江上设立的第一根水尺——武汉江汉关水尺的水位观测记录,要早 1100 多年。白鹤梁题刻是世界上已知时间最早、延续时间最长、数量最多的水文题刻,当地有“石鱼出水兆丰年”之说,据称如果石鱼在冬天枯水期露出水面,则第二年必是丰收年。“石鱼出水”乃当地人民期盼丰年的“吉兆”。这样一处固定场所,吸引了历代文人墨客来此一游,兴之所至都喜欢在白鹤梁上题刻,逐渐使其成为集文学、书法、绘画、石刻艺术为一体的“水下碑林”。梁上汇集的 300 多名文人墨客以 8 种书体留下的 3 万余字的题刻,具有令人惊叹的艺术价值,其中尤以宋代大文豪、书法家黄庭坚的“元符庚辰涪翁来”题刻最为著名。这些题刻始于唐广德元年(公元 763 年),终于 1963 年。现存最早明确纪年的是北宋开宝四年(公元 971 年)。从这些题刻的形成来看,此处在长达 1000 多年的历史中,只是一个记录水位、观赏江景之所,文人来此,题刻表记;贩夫走卒、总角小儿来此,拾鱼弄虾、戏水打闹。何曾想,造就出在科学、历史和艺术等方面都具有极高的价值,被誉为“中华瑰宝”的白鹤梁题刻。现在,此处已成为水下博物馆。

此类不可移动的,同时具有丰富人文和历史的对象,如白鹤梁题刻、龙门石窟、大足石刻、敦煌摩崖雕塑等,被人们普遍称为不可移动文物。在我国,对不可移动文物的研究主要始于 20 世纪 20 年代。著名历史学家罗香林先生(1906—1978 年,字元一,号乙堂)的古物十三类分类中,谈及的不可移动文物类型有古雕塑和古建筑两类;蒋复璁先生在罗香林先生的基础上增加了古铭刻这一类型;李济先生在《古物》一文中将古物分为十二类,对文物类型进行了综合概括,其中不可移动文物具体类型为史前遗物、建筑、雕塑;新中国成立后,郑振铎先生分别在《祖国文物的价值》和《基本建设与古文物保护工作》两文中提到不可移动文物类型。在《基本建设与古文物保护工作》中,他明确提出古代文物根据性质和范围可以分为可移动文物和不可移动文物。其中不可移动文物又可分为两类:(甲)地面上的,像革命建筑物、古代建筑物、纪念物(宫殿、城墙、园囿、庙宇、名人住宅、民居、牌坊、石柱、石窟、摩崖雕刻、石阙、碑碣、陵墓等);(乙)地下的,像古文化遗址(被烧毁或被水、沙淹没的古城、古宫殿、古庙宇的遗址,被废弃了的、无人居住的、荒芜的古城市等),古墓葬等。2007 年,秦海琦结合博物馆数字化、《革命文物分类办法》及自身工作经验将我国近现代文物分为二十二大类,其中第二十二类为不可移动文物类,在其下结合“人物类博物馆”的文物分类方法将近现代不可移动文物分为十四小类,为故居、旧居、会址、窑洞、监狱、看守所、集中营、水井、地道、崖刻、陵墓、园林、寺庙和殿堂。其分类采用了多种属性,包括功能、形式等,采用的是列举法,而且分类属性处于平行位置,并不互斥。

不可移动文物可否视为艺术品的组成部分,学界存在不同的意见。但依据乔治·迪基理论,集众多创造者知识和智慧、历经历史沧桑,仍能为后人所赏析并引人思考的不可移动文物,当然具备被艺术世俗认定为艺术品的条件。但是,不可移动文物正因其不可移动性,其诞生、演变、存续都发生于特定的空间环境里,除非发生意外(如重庆大足石刻佛头被盗案),基于文物艺术品基本品性的“鉴定”活动必要性并不大。因此,我们在讨论艺术品分类时,通常是不包括不可移动文物艺术品的,仅针对可移动对象而言。

分类是一种把握事物共性,同时辨识事物特性的逻辑手段,通过分类,不仅能使人的认识条理化,而且能实现处置上的目的性和有效性。目的性不同,决定了分类逻辑结构的不同,也直接影响到分类方式的设计(如开放式、封闭式)。可移动文物艺术品涉及博物馆院陈展、研究、教育、收藏、交易乃至金融等诸多环节,其分类思路必须兼顾不同受众的理解和接受程度,充分考虑古今中外约定俗成的分类理念和习惯,符合艺术世俗的语言和思维环境。因此,从博物馆院和收藏两个方面考查可移动文物艺术品的分类,不失为合理的选择。

一、博物馆院文物艺术品分类

信息化时代对博物馆院功能发挥提供了广阔的舞台,各大博物馆院都在尝试数字博物馆的建设,故宫博物院就上线了数字博物馆(https://www.dpm.org.cn),该数字博物馆的馆藏文物体系分类导航,基础为树状结构的体系分类。

文物艺术品分类采用树状分层的体系分类,经国内外实践证明其是较为合理的分类方式,符合人类认知图式理论。人类个体先天或后天的差别,群体民族的、文化的、历史的等原因,使他们在接受同一或同类媒体信息时会将其表征为不同的认知图式。层次性意味着,受者认知图式按其表征事物内涵的深浅、含量的多少,由低到高逐次排列组合形成解体递进的网络,并以整合的认知结构形式表现出来。

2001 年国家文物局颁布的《博物馆藏品信息指标著录规范(试行)》,A0201"藏品基本部类"开列出文物藏品、标本藏品、模型藏品、复制品藏品、其他藏品等五种类型。任何一件藏品都必然属于其中的一种。故宫博物院是在明、清两代皇宫基础上建立的综合性国家博物馆,现收藏各类文物 180 余万件,以明清宫廷文物类藏品、古建类藏品、图书类藏品为主。根据 2020 年 4 月故宫博物院官网的分类,故宫博物院藏品共分二十五大类六十九小类。大类计有:陶瓷、绘画、法书、铭刻、青铜器、珐琅、漆器、雕塑、金银锡器、玉石器、玺印、织绣、文房用品、家具、钟表仪器、玻璃器、竹木牙角匏、宫廷宗教、首饰、武备仪仗、音乐戏曲、生活器具、外国文物。钱币类未在该分类中体现(尚未上线)。

图 1 -1　故宫数字文物库分类

(图片来源:故宫博物院官网)

二、以收藏视角进行的文物艺术品分类

收藏世俗界对藏品的分类,既考虑了时间尺度,又考虑了材料属性,还融入了足够分量的表现形式要素,从而形成了以表现形式为主的一级分类+列举式的以相似材料属性归并为线索的二级分类+三级小类所构成的复合性分类体系,分为以下几类:

(1)文物类,包括历史文物、(古人类、动植物)化石、古代建筑物实物资料、字画、碑帖、拓本、雕塑、铭刻、舆服、器具、民间艺术品、文具、文娱用品、戏曲道具品、工艺美术品、革命文物及外国文物等。

现代物品虽不具备历史时间属性,但可并入上述小类者,均归入此类,下述单列者除外。上述所列项目其中均包含较多内容,如器具中包括金银器、锡铅器、漆器、明器、法器、家具、织物、地毯、钟表、烟壶、扇子等;工艺美术品包括料器、珐琅、紫砂、木雕、牙角、藤竹器、缂丝等,其他亦然。

(2)珠宝、名石和观赏石类,包括珠宝翠钻,各种砚石、印石,以及奇石与观赏石三类,均以自然未经人工雕凿者为主。

(3)钱币类,包括历代古钱币及现代世界各国货币。

(4)邮票类,包括世界各国邮票及与集邮相关的其他收藏品。

(5)文献类,包括书籍、报刊、档案、照片及影剧说明书、海报等各种文字资料。

(6)票券类,包括印花税票、奖券、门券、商品票券、交通票证、月票花等。

(7)商标类,包括火花、烟标、酒标、糖纸等。

(8)徽章类,包括纪念章、奖章、证章及其他各种徽章。

(9)标本类,包括动物标本、植物标本和矿物标本等。

(10)其他类,凡以上九类均未能包括者列入此类。

此种分类法主要依据我国及世界的收藏实际情况。上述各类藏品不仅拥有较多的爱好者，而且多是约定俗成，能得到较多收藏者的认同。当然这种分类法也不是一成不变的，它将随着收藏情况的发展和变化而不断调节，以期既能反映当代收藏的状况，具有一定稳定性，又能对民间收藏起指导和引导作用。

三、基于技术鉴定视角的文物艺术品分类问题的思考

文物艺术品类别的划分，取决于观察者视角以及处置目的及有效性。无论是文博领域还是收藏界，在对文物艺术品进行分类时，基本上沿袭多层列举式分类的传统做法，足以维系艺术世俗内、外的交流、沟通。虽然还存在其他的分类方式，但要么过于概念化、抽象化，并不足以支撑艺术世俗日常交流，比如分析美学家古德曼艺术本体论学说所指称的艺术品可以分为"autographic"（亲笔写成的）、"allographic"（代书代签的）两种；要么所根植的是不同的逻辑体系，如艺术家作品、工艺美术作品、民间手工艺作品、工艺品等按创制者及产生方式进行的区分，原本（品）、复制品、仿制品等按本真距离进行的划分。无论是出于艺术世俗的交流目的、文物艺术品使用价值以及价值的评价目的还是其他相关处置目标，不同的分类方式都有其存在的合理性，各种分类方式之间也并非平行关系，在实际运用中，相互交错、互相借鉴是常态。那么，如果将艺术世俗与技术鉴定相结合，会出现什么样的结果呢?

这里所讲的"技术鉴定"，特指依据自然科学技术的方法、手段，对文物艺术品基于物的专门性问题所给出的判断意见，我们可以将其视为与传统经验鉴定相并列的概念（尽管二者并非完全平行的两个概念），这两个"鉴定"观察世界的眼光是不同的。比如，对水的研究，基于自然科学技术的研究者可能需要关注水有哪些形态，如

液态、气态和固态,分别是液态水、水蒸气和冰,了解他们的化学性质氢二氧一等就可以了。而人文化的对水的描述,比如,《老子》说:"上善若水。水善利万物而不争……故几于道";子曰:"逝者如斯夫,不舍昼夜",这并不在自然科学家关注的范围之内。道德哲学家对水的分类和自然科学家对水的分类是根本不同的。同样,技术鉴定注重对文物艺术品之"物"的层面的研究,抽象于美学、历史、经济视角。

这里的"物",是"物质"也是"物品"。

对物质的解析,在于物理属性和化学属性,在于空间属性和时间属性;系统性的物质解析结果,作用于物品,体现为一系列的证明本真与否的专门性问题的解答方法和技术路径。在技术思考线路上,以物品存在的文物艺术品,首先就物之本体而言,被分为天然物和人工物两类。珠宝玉器、竹木牙角匏、名贵家具、金银器等类型的文物艺术品,未经加工,其材料既有固有的价值,也有区别于其他物质固有的特性,艺术加工凸显其使用价值,时间积淀更赋予其价值的提升。字画、陶瓷器等,更多的价值来源于人的赋值以及时间流逝的加权。对于天然物,既需要关注材料本身的共性特性,也需要聚焦艺术加工的个性体现以及其生命周期与历史人文相对应的规律性;而人工物,从文物艺术品承载客体材料的生成,到创制的程序、工艺、方法以及随时间流逝所发生的变化及规律性,都是需要关注和研究的范围。由此,文物艺术品技术鉴定研究和实践,应当侧重于两个方面:

(一)物质材料的基础性研究

自然生成的物质是不以人的意志为转移的,人工仿制也极难达到"天成"的境界。

2018 年 5 月 29 日，全球最大的钻石生产商戴比尔斯（De Beers）公司的一条 Twitter 刷爆了整个珠宝朋友圈，大概内容为：戴比尔斯集团宣布推出一家名为 Lightbox Jewelry 的新公司，该公司将于 2018 年 9 月正式开始销售合成钻石（实验室生长的钻石）首饰，为消费者提供更便宜的高品质合成钻石。戴比尔斯公司还指出，Lightbox 将是旗下唯一使用戴比尔斯子公司 Element Six 钻石实验室提供的技术用合成钻石的珠宝品牌。1893 年，诺贝尔奖获得者法国化学家亨利·莫桑（Henri Moissan）博士在代亚布罗峡谷发现了五万年前掉落在亚利桑那州的陨石残骸，1905 年，国际上以莫桑（moissan）的名字命名这种新宝石，作为亨利·莫桑对莫桑石科技研究所作贡献的荣誉。莫桑宝石十分稀有，只能在极端环境下才能找到，例如陨石，地幔岩石，甚至要在小钻石中的夹杂物中提取。莫桑钻和钻石有几个共同之处：它们都是无色透明的，摩氏硬度高达 9.25（钻石摩氏硬度则为 10），高折射率 2.65（钻石是 2.41）。一颗莫桑石经过打磨之后，将会成为一颗非常闪耀的莫桑钻，在外观上和钻石分不出来，甚至其火彩亮度（0.104）高于钻石（0.044），更为炫丽。莫桑钻最初是由美国 C3 公司投资 4500 万美元开发、研究，1998 年 6 月推出的专利产品，其专利保护已到期，目前世界各国都在生产莫桑钻。莫桑石化学成分为 SiC，近于无色，折光率 2.56—2.69，色散 0.104，双折射率 0.043，硬度 9.25，密度 3.22 克/立方厘米。尽管这种人工钻石几近于钻石的特性和使用感受，但仍然与天然钻石存在如下差异：（1）莫桑石是碳化硅，钻石是碳元素；（2）用二碘甲烷（密度 3.32 克/立方厘米）液测，莫桑石上浮，金刚石下沉；（3）莫桑石是双折射宝石，钻石是单折射宝石；（4）莫桑石火彩是暖光，钻石火彩是冷光；（5）莫桑石多为导电体，钻石少为导电体。

再如，中国人尤为喜好的翡翠、玉石行业，在巨大利益的驱动下，以伪充真、以劣充优、鱼目混珠等“手法”层出不穷。在翡翠行业有“一月不摸翡翠，即是外行”的说法，翡翠原石作伪，就有造假皮、造假色、造假口、造假象等手段，以貌似翡翠的玉石，如葡萄石、水沫石、拨龙石、未江石、不倒翁石等冒充翡翠原石。翡翠B、C货手法更是千奇百怪，胶质充填、注色做成的B货，好歹其基质还是翡翠；而以玻璃、硬塑料或其他矿物岩石做成的C货，则彻头彻尾与翡翠压根不沾边。

犹如魔道战争，造假与鉴定之争难有终局之时，系统研究艺术品物质材料，形成有效的技术方法体系以及建立仪器设备支撑，是技术鉴定必须完成的“基本功”，无此，不足以奠定文物艺术品技术鉴定的根基。因此，从技术鉴定角度考虑艺术品分类，理当超越艺术形态，从物质材料角度重视利于检验鉴定体系化的分类方式，如金属材料、矿物材料、动植物材料，连通自然科学技术中相关材料学理论与技术方法与艺术品检验鉴定之间的通道，逐步形成针对性强、架构合理、机制有效的文物艺术品基础材料检验鉴定技术体系。

（二）文物艺术品创制工艺的研究

对文物艺术品创制工艺的研究，在一定程度上代表了文物艺术品技术鉴定的逻辑基准：任何行为必须在特定的时间、空间、人物条件下进行，也必然会通过物质载体（艺术品本身）承载相应的信息，并成为鉴别其本真与否的重要方面。

文物艺术品创制工艺，是实现物质材料到成品的必由之路。劳动者利用各类生产工具对各种原材料、半成品进行加工或处理，最终使之成为成品的方法与过程谓之工艺（technology/craft），通常由设计和流程两方面构成。工艺设计考虑的是目标拟制、材料选择、工具与设施、能源与动力、人员等资源条件的合理安置；工艺流程则侧重于条件协作、技术经济指标等。“无工艺，无艺术品”，创制者的思想、审美必须通过符合于时代社会经济技术水平的工艺实现，某种程度上，工艺可称为“艺术品之母”，且从文物艺术品技术鉴定角度，工艺角度的考查具有系统性价值。

1. 时空内在规律的统一性

艺术品源于生活，也忠实地承载着特定时期的时空“密码”，隐含着地理环境、经济条件、文化技术水平、民族习尚和审美观念等不依人们意志为转移的，既相互联系又相互印证的系统层面的统一性。

在人类制造第一把石斧摆脱自然状态之前，根本就没有什么生产力，那么，这制造第一把石斧的智慧从何而来？普列汉诺夫认为，给予人类制造和使用生产工具智慧的是“地理环境”，是自然界本身的力量。自然界本身，亦即围绕着人的地理环境，是促进人类社会生产力发展的第一个推动力。对于地理环境这种类似牛顿关于宇宙运动“第一推动力”的观点，普列汉诺夫后来不再加以坚持，而是把地理环境看作对社会历史发展始终起作用的永恒力量。他说：“总之，地理环境的特性决定着生产力的发展，而生产力的发展则决定着经济关系以及随着经济关系之后的其他一切社会关系的发展。”

早于古希腊时代，希波克拉底（Hippocrates）就认为，人类特性产生于气候；柏拉图（Plato）认为人类精神生活与海洋影响有关，诸如此类的讨论持续不断，渐次形成了西方社会学“地理环境决定论”学派，主张地理环境在社会生活和社会发展中起决定作用。如16世纪的法国思想家J. 博丹主张地理环境决定着民族性格、国家形式和社会进步。他认为，北方寒冷，使人们的体格强壮而缺少才智，南方炎热，使人们有才智而缺少精力。因此，统治国家的决定因素也应当有所不同:北方民族依靠权力,南方民族依靠宗教,中部民族依靠正义与公平。18 世纪法国的孟德斯鸠在《论法的精神》一书中系统阐述了关于社会制度、国家法律、民族精神“系于气候的本性”“土地的本性”的观点。

到了 19 世纪,地理环境决定论主要代表人物是德国的 F. 拉采尔。他认为,地理因素,特别是气候和空间位置,是人们的体质和心理差异、意识和文化不同的直接原因,并决定着各个国家的社会组织、经济发展和历史命运。在拉采尔思想影响下,19 世纪末 20 世纪初在德国产生了以 K. 豪斯霍费尔为首的地理政治论学派。该学派鼓吹“优等民族”有权利建立世界“新秩序”,地理政治学可以为每个国家规定“生存空间”,从而为法西斯主义向外扩张和侵略制造理论根据。

地理环境决定论在 18、19 世纪是流行的自然主义思潮的一部分。这种思潮曾在反对宗教神学、探索社会发展的客观性方面起过一定的历史作用。但它夸大自然环境对社会生活和社会发展的作用,以自然规律代替社会规律则是错误的。地理环境是社会存在和发展的经常的、必要的外部条件,对社会发展具有影响作用,但它不是社会发展、国家制度的决定因素,不能决定社会性质和社会制度的更替,而且它的作用和影响还受到社会的生产水平和社会制度的制约。但如果我们摒弃地理环境决定论学派生拉硬套式地将社会制度与地理环境相捆绑的做法,将目光停留在艺术品的生成上,则可以发现其无时无刻不受地理环境的影响。

诸如孟德斯鸠“气候的本性”说、“土地的本性”说之类的地理环境决定论所体现的“自然主义”思潮,其合理性应体现在物产的环境决定性以及人们眼光、性情乃至艺术习俗的环境影响性,这两者不可分割、有机统一,深入影响甚至决定着人们的生产与生活。在认识到这一点之后，地理环境决定论正在经历着一种新的变化。以福柯、列斐伏尔、哈维、苏贾等为代表的马克思主义地理学派正在发动一场“空间转向”的运动。其实质就是承认社会化的地理环境或空间取得了与历史或时间一样的、共同对人的行为和活动起决定性作用的地位。这种地理环境时空决定论，是诠释文物艺术品时空内在规律性的哲学基础之一，也是支撑文物艺术品鉴定理论与实践体系的支柱。

艺术品的创制与社会经济条件之间的对应性，比地理环境更为敏感。动荡不安的岁月，一般意味着大众以安身立命为第一需求，精神文化生活被极度压制。只有在社会稳定、经济发达的社会时期，代表文化兴盛的文物艺术品创制才能达到高峰。无论中外、古今，社会经济对文物艺术品的决定作用，与社会周期性、螺旋式发展与演变正相关，这在文物艺术品鉴定体系中，同样具有极为关键和重要的指导意义。人们在谈古论今之时，离不开唐朝、宋朝、元朝、明朝、清朝，自是因为这些朝代对应于社会经济的大发展，也同样对应于文化艺术的昌盛繁荣，理应成为追溯体系构建的骨架和主干。

相比于地理环境和经济条件，民族习尚和审美观念在艺术品创制活动中尽管也是极为显性的影响因素，但促成其形成的渊源更多的在于当时的政治制度、意识形态乃至国家管理等方面，尤其统治阶级的审美观念、倡导与抑制、鼓励与打击，对民族习尚和审美观念具有强大的引导和范式作用。例如，“环肥燕瘦”“楚王好细腰，宫中多饿死”反映了统治者个人喜好对社会审美风尚的引导；再如，大金改称大清（1636 年 5 月）之际，制定的宫廷服饰制度中，对贵族及其家眷的冠帽、服装、配饰等详加规定，强调“其衣服、马鞍、辔头、马鞧、翎管、坐子，有仿上越分备用五爪龙、凤凰、黄缎者，概行禁止。不得穿用黄衣，倘有先制成者，俱令拆毁。上述各项，倘有仿御用式样仿造者,着严行禁止”,直接通过制度方式,约束臣民习尚禁区。这样的事例无论中外,多不胜数,口口相传、文献记载,皆为例证。

文化技术水平的发展与演变,虽与地理环境、经济条件、社会变迁有关联,但从宏观角度审视,文化技术水平整体上总是不断向上并呈加速发展态势。科学技术是第一生产力,高效、高性能、成本低廉的新技术取代落后技术,既是经济规律使然,也是人类认识自然、改造自然内在需求的必然结果。技术发展与演变的地域性、历史性、民族性可作用在艺术品创制的方方面面,包括物质层面(原材料发现及加工、创制工艺、存续手段和方法)、工具层面、工艺层面。技术的迭代,既可能是代表陈旧技术的消亡、灭失,也可能是在一定时期内,新、旧技术并列或出于特定目的复刻业已失传的技术方法和手段。技术交流,使地域性、民族性出现融合、交错,为艺术品创设出更为丰富的内涵展示空间。

如果我们以数学的量化概念来考查以上诸因素,以不同层级的变化值为纵轴、以时间为横轴,必然会出现长短不一、形状不等的复杂的线组,但在特定的时间纵线切割,线组切割点的相对位置自有其规律性,在一定程度上是独一无二的,这正是从系统层面构建时空规律性技术鉴定框架的理论基础。只要由检验鉴定技术所决定的信息反映足够客观且无变异,对照这一时空规律图谱,给出的检验对象基本品性的安置足以令人信服。

2. 工艺研究的系统性

时空规律性是指导我们构建检验鉴定框架的理论基础,但要真正建立起科学的检验鉴定体系,还需要系统性思维的支持和介入。

何谓系统性思维?亚里士多德把各个学科系统化,得出“整体大于部分总和”的早期命题,形成了古代的整体系统性综合思维,当代的系统性思维在此基础上发展而来。社会的不断进步逐渐开阔了思维体系的新思路，形成了一种崭新、科学的现代系统性思维。它是将物质系统作为一个整体来思考，将系统内的形式、方法和程序进行累加。通过思考系统中的变量、各种要素之间的关联，能够使人们更加了解整个系统模式，尤其是当一个系统涉及多种要素时，系统性思维就可以发挥其重要作用。系统思维另一个层面的含义是任何系统之间相互影响和作用，存在时空的平衡。不管系统大小、从属或关联关系，没有任何系统是独立和封闭存在的。人类从原始社会发展到今天的商业社会和互联网时代，人造系统始终处于社会系统、自然环境系统中，人造系统如果不考虑对周围社会和环境系统的影响，反过来势必会破坏人造系统的平衡，并影响系统的核心——人类，使其处于危险和不可持续发展的状态。

世间万物无论大小，都可自成系统，而其自身又可以成为大的系统中的一部分，或是包含了作为其元素的更小的系统。比如，在绿化工程中，就可把自然资源、社会资源看作一个大的系统，某些子系统的废弃物，可能会成为另一个子系统的资源。时下被广为称道的“鱼菜共生”系统就是一个例证：在传统的水产养殖中，随着鱼的排泄物积累，水体的氨氮增加，毒性逐步增大；而在鱼菜共生系统中，水产养殖的水被输送到水培栽培系统，由细菌将水中的氨氮分解成亚硝酸盐然后被硝化细菌分解成硝酸盐，硝酸盐可以直接被植物作为营养吸收利用。鱼菜共生让动物、植物、微生物三者之间达成一种和谐的生态平衡关系，是可持续循环型零排放的低碳生产模式。鱼菜共生对消费者最有吸引力的地方有以下三点：第一，种植方式可自证清白。因为鱼菜共生系统中有鱼存在，任何农药都不能使用，稍有不慎会造成鱼和有益微生物种群的死亡和系统的崩溃。第二，鱼菜共生脱离土壤栽培，避免了土壤的重金属污染，因此鱼菜共生系统蔬菜和水产品的重金属残留都远低于传统土壤栽培。第三,鱼菜共生系统蔬菜有特有的水生根系,如果鱼菜共生农场带着根配送,消费者很容易识别蔬菜的来源,避免消费者产生这个菜是不是来自批发市场的疑虑。

从系统性角度审视文物艺术品工艺,首先需要明确的是,这样一个系统的特点是什么?这也是系统思维的起点。不同历史时期,不同民族、国家,艺术品的创制总是会受到物质经济水平、社会与意识形态、科学技术发展状况以及社会结构及其稳定程度的影响,因此具有不为人们意志为转移的、能够系统反映艺术品工艺变化的系统性的演变、承继、变化特点。

系统思想在中华民族文化思想构成中溯源颇深,阴阳八卦与《周易》的系统思想、阴阳五行说和《黄帝内经》的系统思想、道家的系统思想、宋明理学的系统思想,《孙子兵法》的系统思想等,都足以代表和证明。在西方,古希腊的系统思想走向近代科学的系统思想,到莱布尼茨和狄德罗的系统思想;德国古典哲学中的系统思想,近代工业技术中的控制装置和逻辑机,发展到现代的系统科学和系统论。

现代系统论的基本规律中,结构功能相关律、信息反馈律、竞争协同律、涨落有序律、优化演化律为文物艺术品检验鉴定工艺系统构建的指导原则。

结构是系统内部组成要素之间的相对稳定的联系方式、组织秩序及其时空关系的内在表现形式的综合。这样的综合导致了系统的一种内在的、整体性的规定。功能是指系统与外部环境相互联系和相互作用中表现出来的性质、能力和功效。系统的功能是与系统的结构相对应的范畴。没有内部的联系,就不会形成系统的结构,而没有外部的联系,就谈不上系统的功能。我们构建文物艺术品工艺方面的检验鉴定系统的原动力在于对系统功能的追求,以期能够建立起科学、客观的检验鉴定体系，推动文物艺术品各种功能和价值的实现。因此，深刻了解艺术品工艺系统的结构就成为必由之路。

相对于功能发挥的“瞬时性”“灵活易变性”，系统的结构具有相对稳定性，与时空相联系的要素更具有不可更改的规律性，非理性的、玄幻性质的“时空穿越”式演绎手段自然为系统结构所不容，这也正是强调检验鉴定体系需要系统性思维的价值体现之一。需要注意的是，结构的稳定性并不代表其组成要素的同质性，不同艺术品工艺系统结构要素自有不同的价值等阶，部分要素侧重于证伪、部分要素侧重于证真，这就意味着在构建系统结构时，应当针对不同的艺术品类型，进行不同的结构优化，以此实现功能的优化。

战国时期齐王和他的大将田忌赛马，田忌采取了军事家孙膑的策略而取胜，实际上也就是通过结构优化获得了功能优化。早期电子计算机的研制，以图灵理论为基础，以冯·诺依曼计算机结构为样本，是一种对人的思维功能的形式化的模拟，尽管已经取得了极大的成功，但进一步的发展也遇到了极大的困难，这就促使人们进一步去研究大脑神经元的结构，以求制备出人工神经元，更好地模拟人的思维。系统的结构对于系统的功能具有决定性作用，而且系统的功能又可以反作用于系统的结构。尽管一定的结构具有一定的功能，但功能的表现则是与具体的环境条件相关的，环境条件不同，系统可以表现出不同的功能，这就使同样的结构可以表现出不同的功能，不同的结构也可以表现出同样的功能。这使系统的结构与系统的功能之间的关系呈现出非简单一一对应的线性关系，而是错综复杂的非线性的关系。科学前沿的探索，离不开对于物质结构及其功能的探索。认识发展是一个由表及里的过程，因而也就是一个由功能到结构并深入认识结构与功能之间对应关系的过程，这也是文物艺术品工艺检验鉴定体系构成需要经历的必由之路。

人的认识过程,无论是对于一个具体的认识还是对于整个认识过程,都可以从信息反馈的角度来加以理解。人的认识是对外界的能动的反映,就是在接收外界的信号的基础上对信息处理和加工,并把经过处理和加工以后的信息,再反馈到输入端重新作为输入信息进行再一次的加工、处理,进而再一次的反馈,直到达到一个具体的认识为止。达到一个具体的认识,也就是达到一个认识的稳定状态。对于整个认识过程来说,从实践到认识,从认识回到实践,不断扬弃错误的认识,接近正确的认识,具有了更大的稳定性,也就是通过不断的反馈,得以不断深化接近真理的过程。在构建艺术品工艺检验鉴定体系过程中,要想形成稳定的系统结构,同样需要通过大量的认识,反馈,再认识的递进过程,事实上,有效的为人们所认可的一些检验鉴定方法,包括"眼学"方法,也是在这样一种模式下逐渐成形的。

一般而言,信息反馈存在两种形式:正反馈与负反馈。"锦上添花果真广,雪中送炭本然孤"道出了正反馈有两种不同的情形:一种是使得到放大的进一步得到放大,另一种是被抑制的进一步被抑制。生物控制论的研究表明,的确存在两种不同趋势的正反馈。第一种是控制者与控制对象相互促进,例如,来自胎儿方面的刺激使子宫不断增长,而子宫也刺激胎儿的生长,两者互相促进。第二种是控制者与控制对象互相阻抑,例如睡眠抑制和感官、交感神经系统活动机制,中枢神经系统疲劳引起睡眠抑制,使感官、交感神经系统活动减少,而感官和交感神经系统活动减少更加深了睡眠抑制,这就是一种相互抑制的正反馈关系。它们都可以推动系统偏离正常状态,是正反馈的不同表现形式。正反馈和负反馈都是客观存在的,它们都对系统具有重要的控制、调节作用。通常而言,负反馈能够保持系统的稳定性,使系统表现出合目的行为,而正反馈能够使系统失稳,推动系统的演化发展。正反馈和负反馈是互相区别、互相对立的,但值得注意的是,这样的相互区别、相互对立也是相对的,它们之间实际上又是相互制约、互相转化的。信息反馈的辩证法,体现了系统稳定性和发展性统一的辩证法。正负反馈相辅相成,根据对象和功能需求而发挥作用。如果系统中仅仅存在负反馈,系统只是一味地稳定、稳定、再稳定,那么,系统的发展演化就不可能发生。相反,系统中仅仅具有正反馈机制,那么系统的稳定存在只能沦为空想,这在日常生活中就有例证,如会场话筒的啸叫过程。以生命系统来说,正负反馈的存在,不仅保证了生命系统的稳定,而且保证了生命系统的积极活动。对于生命体来说,正负反馈控制都是必要的,茹科夫指出了两种反馈对于生物活动的重要意义:“因为反馈不仅保证有机体内部的原状稳定,而且也保证它的积极行为(但是前者服从后者),所以对它的生物意义怎么估计也不会过高的。不善于使用正反馈的有机体,在很大程度上易受随机环境偶然现象的有害影响。”文物艺术品工艺检验鉴定体系就应如同一个生命体一样,通过各个层面的不同强度的负反馈机制,实现其稳定的运行,通过不同程度的正反馈,实现自我革命性的重构,使其不断持续进步和发展。在笔者看来,如果在构建文物艺术品鉴定体系之时,不从系统性角度思考文物艺术品关于鉴定及相关问题,可能形成自始的潜在隐患。

既竞争又协同是系统演化的真正动力源泉。竞争是自然界中普遍存在的规律之一,是系统或要素之间差异性的表现。竞争导致了资源的充分利用和物种的多样性,促进了生态系统的演化,增加了生态系统的复杂性和稳定性。协同同样也是自然界中普遍存在的规律之一,是系统或要素之间同一性的表现。协同使系统具有和保持整体性、稳定性、和谐性。生态系统中常见的和谐合作、互惠共生现象就是协同的表征。竞争和协同不仅相互依赖,而且在一定的条件下可以相互转化。竞争之中有协同,协同之中有竞争;竞争以协同为基础,协同也以竞争为前提。竞争和协同通过竞争达到协同,在协同之中又进行新的竞争,新的竞争又导致新的协同。它们就是这样紧密地联系在一起,交换着各自对于系统演化的主导地位或发生相互转化。作为人类精神生活的主要载体,艺术品的创制、流转、存世、交易各环节均自然形成异常丰富的形态,竞争与协同贯穿古今中外艺术品生态圈,影响到艺术品工艺的方方面面,其检验鉴定技术体系需要在竞争协同律指导下构建,也需要在竞争协同律指导下进行运行,如经验科学与自然科学之间的竞争与协同、文博体系内外的竞争与协同、收藏与交易平台的竞争与协同等。

涨落有序律是系统论中的另一个重要定律,所揭示的是:一个远离平衡态的开放系统,当外界条件或系统内部的某些因素变化到一定的临界值时,由随机涨落触发突变,自发地形成新的宏观有序结构和功能,并且不断进行优化。该理论的主要观点包括:系统必须开放、非平衡是有序之源、存在非线性相互作用、通过涨落达到有序。1977 年诺贝尔化学奖获得者普利高津说:“非平衡是有序之源”,这句话中的非平衡,本意是指远平衡区。远平衡区的真正含义是开放、非线性和临界值,因为只有远平衡区的开放性最强、非线性最强,并且存在临界值。远平衡态也有可能会退化成近平衡态。如何才能使系统持续保持在远平衡态呢?这不但要加强对外开放,也要深化对内改革,创新求变,采取多元化的措施增强系统的非线性关系。

我国文物艺术品检验鉴定,受社会需求和政策导向牵引,在渐次显露的各种事件(包括正面的、负面的)的刺激下,已被推向远平衡状态:传统经验鉴定受到前所未有的挑战;科技鉴定理念虽形成共识,但技术和体系尚处于萌芽状况,鉴定及相应管理监督机制几乎空白;艺术品鉴定体系的缺位成为文物艺术品功能价值实现的“卡脖子”环节。开放、交流、创新、求变,势在必行。需要注意的是,非平衡是有序之源,但同样也是无序之源。由于非平衡系统的对外交换、内部各组分之间的竞争和协同,在尚不满足有序的条件、还没有形成规则的运动时,非平衡就只能表现为无序。文物艺术品现今的状态,正是无序、并向着更为无序的方向滑落的状态。由此可见,非平衡也只是有序的一个必要条件,还需要其他条件相互配合;关键时刻要密切注意系统的发展动向,防止它向无序方向退化。这时,非线性相互作用的存在就成为形成和保持有序的内在根据。

系统各元素之间既不能相互孤立,也不能仅仅是简单的线性联系,只有非线性的相互联系相互作用,才能促使它们产生复杂的相干效应和协同动作,进而形成新结构。以文物艺术品传统经验鉴定与科技鉴定为例,经验鉴定历时悠久,无数先辈的付出凝结出了经验鉴定的坚实根基,但其具象性、离散性、主观性的特点,使其在一致性、可验证性、可重复性、关联性等方面存在天然的劣势;而科技鉴定,则是从物质、材料、工艺等角度,探寻更具客观性、稳定性、关联性和规律性的要素,从方法角度构成具有体系性质的检验鉴定系统,合理吸纳法律领域证据与证明理念,以技术、手段、判据、程序、主体等新质的合理安置,实现在更高层面的有序局面。

整体突现性是典型的非线性效应。有序和进化的新质只能出现在非线性系统中,而且要有足够强的非线性关系才行。开始时弱小的新质需要系统的自我放大自我激励促其生长壮大,但它不能一直生长下去,到一定程度就要由系统的自我抑制自我衰减机制迫使它稳定下来。能够同时容纳正负两种反馈的只有非线性系统,而不是线性系统。也只有非线性系统才有可能同时容纳稳定轨道和不稳定轨道，甚至同一轨道的部分稳定部分不稳定，使旧模式逐渐失稳，同时新模式逐渐稳定下来。这一过程中，非线性相互作用的存在，是形成和保持有序的内在根据。如果我们将科技鉴定视为文物艺术品鉴定领域的新质，那么其与传统经验鉴定之间的非线性效应，将会以相当长时间的稳定与不稳定状态反映出来，一旦达到新的稳定状态，我国的艺术品行业将会迎来新的春天。要达到这一目标，系统性研究思路必不可少，尤其对工艺的系统性研究更是具有“纲”举之意义。

文物艺术品鉴定，虽说源自人的需要，但文物艺术品的鉴定视角理应抽象于其他观察视角，勾画出投射于鉴定这一方领域应有的形貌。当我们从文物艺术品精神与物质属性的整体性出发，明确了作为物的文物艺术品所有价值均依赖于其基本品性之时，自当更为深刻地理解为何社会会对文物艺术品鉴定寄予强烈期待，也会认同文物艺术品鉴定需要直面的只有物、物质、物品以及附随其上的人的活动，而其他，诸如市场价值、名人效应、珍稀程度等，只能成为文物艺术品鉴定体系构建中对鉴定活动行为模式的约束性规则的来源，唯有如此，才有可能破除文物艺术品因神秘而阻碍认知活动得以施展的思想约束，真正集合全社会之力，构建出让文物艺术品活起来的广阔空间。

第二章 鉴定通说

在文物艺术品领域中，无论是代表文化艺术的艺术世俗圈子，还是代表经济金融的投资圈，“鉴定”都是为人们所关注的重要概念，也是寄予厚望，但又少有人能具体而深刻地了解其属性、规律、结构的事项。事实上，尽管笔者从事司法鉴定工作数十年之久，涉猎文物艺术品理论与鉴定也超过十年，但对两者相结合的一些关键问题也是历经多次反复方才形成较为清晰的看法，单就复杂程度而言，文物艺术品鉴定已超越单纯的司法鉴定，涉及更为广阔的空间和领域。要想真正理解这种复杂性，需要建立在对“鉴定”一词有足够深入了解的基础之上。

第一节 鉴定的基础构架

古汉字中，“鑒”，盛水器也，流行于春秋战国时期，初为陶质，也就是陶盆，春秋中期出现青铜鉴，春秋晚期和战国时期最为流行，西汉时仍有铸造。其功用一是盛水以为镜子之用，所谓“以人为鉴”“以史为鉴”，即其功能性作用的引申。二是盛冰，《周礼·天官·凌人》中载：“春始治鉴”，注中解释：“以盛冰，置食其中，以御温气。”可见与后来的冰箱功用是一样的，最著名的要数曾侯乙冰鉴。

三是沐浴洗澡用。

“鉴定”,据现代汉语《辞海》,其基本词义有二:鉴别并确定事物的真伪或优劣;同“审定”,都有评价、确定的意思。“鉴定”一词在明人的著述中已有使用,指“鉴别评定”之意,如明朝袁宏道的《袁中郎集·尺牍》有“朱鱼六尾,专人赍上,俟明鉴定”之语。利用CNKI(中国知网)工具书库“辞书”检索“鉴定”一词,检出97条结果;CNKI总库检索“鉴定”关键词,共找到357万条结果。利用网络信息查询“鉴定”一词词义,百度百科、360百科给出了一样的解释:“鉴定是指本人工作、学习、劳动一个时期或工作调动以及参加临时工作结束时本人写的优、缺点总结和组织上做的评语;鉴定是指为了查明案情,解决案件中某些专门性问题,由侦查机关指派或聘请具有专门知识的人,就案件中的专门性问题进行科学鉴别和判断的一种侦查行为;鉴定,是指具有相应能力和资质的专业人员或机构受具有相应权力或管理职能部门或机构的委托,根据确凿的数据或证据、相应的经验和分析论证对某一事物提出客观、公正和具有权威性的技术仲裁意见,这种意见作为委托方处理相关矛盾或纠纷的证据或依据。”不同领域、专业和范围考查“鉴定”一词,其内涵和外延虽各有不同,但都不外乎于从“鉴别”“评价”“确定”基本词义引申而来,只是侧重点不同而已。“鉴定”一词在生活中被大量使用,尤其在市场经济环境中,主体适格、独立性强、公信力高的鉴定活动,是经济社会运行与发展的重要支撑力量,也是纠纷裁定、诉讼开展不可或缺的支持和保障。

任何鉴定活动都是因需求而产生。因上级或组织的需要,就个人一段时间的工作学习进行总结并接受评价,为个人自我鉴定;因培育、保护、发展需要,对特定动植物对象品种、分布、特性进行鉴定,为科研活动过程中的研究方法;因交易、流转的需要,对特定对象的真伪、品质、性能等鉴别和进行符合性判断，为产品质量鉴定；因医疗纠纷，对医疗活动进行的鉴定，为医疗事故鉴定；因诉讼活动需要而开展的鉴定，为司法鉴定。如此等等，不一而足。不同的应用场景，“鉴定”的内涵和外延自是不同，某些情况下，如个人鉴定、研究方法等，拥有足够大的自由度，主体、对象、内容、方式等基本不受约束，可以随意选择。一旦鉴定活动及其结果关涉他人权益，将会形成一种构筑于知识、经验和特殊地位基础之上的“权力”，这种权力既非社会治理“公权力”，也非公民所拥有的能自我处置的“私权力”，而是介于两者之间的“第三方权力”，这种权力的行使一旦失控，会对社会、对公民利益带来“恶”的效果。因此，基于权威的鉴定认可机制和/或基于社会管理目的的鉴定规范和制约机制自然会应运而生。

一、鉴定权的渊源

《艺术新闻》(*The Art Newspaper*)杂志撰稿人乔治·斯托兹(George Stolz)于2013年发文《毕加索鉴定权之争：儿女为此长期以来关系紧张》(朱洁树翻译，刊登于《东方早报》)，文中案例无意中成为描绘“知情人鉴定”模式的典型案例，全文如下：

毕加索去世40年，他的艺术作品在市场上频繁现身并屡创高价，但其鉴定问题始终未能解决。毕加索5位在世子女似乎继承了艺术家的刚强性格，对于鉴定亲力亲为，却又彼此不买账。多个权威并立的局面让市场人士苦不堪言。而今，他们联合署名宣布了鉴定程序，却将艺术家的长女排除在外。

鉴定自己的作品时，毕加索常常显得反复无常。有一次，他拒绝在自己的油画上签名，并且半开玩笑地说，“论起伪造毕加索，我也是行家”。另一回，一位女士带来一幅毕加索真迹请他署名。“如果我签字了,就等于在创作于1922年的作品上署了1943年的名字。”艺术家彬彬有礼地表示,“不,我不能签字。女士,我很抱歉。”还有一次,也许是因为对鉴定的工作不堪其扰,毕加索往作品上署了很多很多名字,“成功”地将其艺术价值损毁殆尽。

即便到了今日今时,毕加索去世整整40个年头之后,他的后代如何在法国法律下行使鉴定工作,依然是个颇为棘手的问题。

“我们只需要一个权威”

据估计,1973年毕加索去世时,他已成为世界上最富有的艺术家。20世纪80年代早期,关于艺术家身后的遗产纠纷和法律诉讼逐渐告一段落,他的继承人成立了一个委员会对其作品提供官方鉴定。然而,1993年,委员会内部就一套素描作品的真实性问题产生了争论,这场争吵导致委员会解散。自那以后,继承人中的女儿玛雅·惠特迈耶·毕加索和儿子克劳德·鲁伊兹·毕加索分别开始对毕加索作品提供鉴定。交易商称这一情形“耗时而尴尬”,拍卖行对作品鉴定的需求一日更甚一日,这一过程不仅重复,而且双方的态度似乎又彼此对立。

2012年9月,这一状况终于发生了改变。毕加索5位在世继承人中的4位克劳德、帕洛玛·毕加索、伯纳德·鲁伊兹·毕加索和玛丽娜·鲁伊兹·毕加索联合发表了一份声明,宣布了鉴定毕加索作品的新程序。声明中表示,从此以后鉴定请求只需要向克劳德提出,“他的意见会得到以下署名者充分和正式的认可”。而在“以下署名者”之中,唯有一个名字缺席,艺术家的长女,玛雅。

根据伯纳德的说法,指定克劳德为唯一鉴定者是为了简化鉴定程序,这是为了毕加索艺术市场考虑。随着毕加索作品市场风生水起,越来越多作品在进入市场时需要这一纸凭证,即便是那些已经著录在案的作品也是如此。另外,又有大量前所未闻的作品出现在市场上。在这种情况下,伯纳德认为,两个不同的鉴定者已经造成了不必要的、有害的混乱。

“尽管玛雅是毕加索的女儿,但艺术世界已经今时不同往日”,伯纳德在接受采访时表示,“人们一直在问为什么鉴定一幅作品要去两个地方,因此我们决定向艺术世界发出这份声明。家庭理事会是唯一的权威”。

“鉴定是一个大问题,正变得越来越复杂,特别是过去几年里,有大量伪造、仿冒作品,或是未经著录的作品出现在市场上。”克劳迪奥·安德里厄表示,他是毕加索管理委员会的法律顾问,同时也是克劳德的亲密伙伴,“这一问题非常重要,我们只需要一个权威,这样才能保护毕加索作品”。

另外,玛雅表示她此前对于这一决定毫不知情,“当我一个朋友告诉我这件事情时”,她说,“我差点就死掉了”。其他毕加索家族的亲近者透露说,因为作品鉴定的问题,玛雅和克劳德之间长期以来关系紧张,而在克劳德的努力游说下,不少人开始支持他成为“唯一鉴定人”。与此同时,77 岁高龄的玛雅不久前不慎跌倒,加之其他健康问题,她已经逐渐减少了鉴定活动。根据其儿子奥利弗的说法,她这些天真的不怎么管鉴定的事儿。

一些交易商和拍卖行对于毕加索作品鉴定的新程序持谨慎的欢迎态度。

“这会让事情明了吗? 我不知道。”阿奎维拉画廊总监麦克·芬德雷表示,“只有时间会告诉我们答案”。

“作为毕加索作品的经营者,我们会遵循这一指示”,芝加哥理查德·格雷画廊总监保罗·格雷表示,“玛雅也许此刻不再被视为权威。但她之前所作的鉴定依然是有效的,会被尊重”。

彼此疏远的5位血亲

1973年4月8日,毕加索以91岁高龄撒手人寰,抛下妻子杰奎琳·洛克,以及在各种关系中结下的累累硕果大量儿辈和孙辈。1986年杰奎琳去世,毕加索的儿子保罗则去世于1975年。出生于1921年的保罗是毕加索和第一任妻子奥尔迦的孩子,也是艺术家唯一的婚生子女。毕加索另外3位子女分别是玛雅、克劳德和帕洛玛,前者是艺术家和长期伴侣玛丽·特蕾莎·沃尔特在1935年的爱情结晶,而后面两位的母亲是毕加索的另一位情人弗朗索瓦·吉洛,他们分别出生于1947年和1949年。另一方面,毕加索还有两位孙辈,出生于1950年的玛丽娜和出生于1959年的伯纳德都是保罗的孩子。

毕加索的5位血亲辈分不同,生长环境不同,长期以来彼此疏远,甚至和艺术家本人也并不亲密。而今,他们共同守护着毕加索的遗产。1989年,为了结束旷日持久的争端,法国法庭指定克劳德为毕加索遗产的合法管理者。克劳德此后创立了毕加索管理委员会,委员会管理毕加索的遗产,而继承人共同拥有艺术家遗产的利息和版权,包括追续权和复制权。根据安德里厄的说法,近年来,毕加索的追续权每年可以产生大约15万欧元的收益,作品交易产生的收益可达500万欧元。然而,这些收益差不多都用来打官司了,特别是他们正在与未授权复制品进行持久的斗争。

鉴定毕加索作品的权利,被视为一种可继承的精神权利。当克劳德运用他的精神权利去鉴定父亲作品时,他是以个体继承人,而非遗产管理人的身份。因此玛雅也可以享有这一权利。根据法国法律,艺术家后裔对于祖先所创作的艺术品有一种天生的认识或者至少是第一手的熟识因此他们有权对作品提供鉴定。

玛丽娜、帕洛玛和伯纳德并不参与鉴定一事。伯纳德只是出版了一本关于毕加索瓷器的研究著作,玛丽娜则写了一本关于爷爷的回忆录。这些年来,玛雅和克劳德分别开始对毕加索作品进行鉴定,并偶尔会对彼此的鉴定结果质疑。

在所有的继承人中,玛雅与毕加索相处时间最长。她对于艺术家的素描作品有深刻了解,不过她也对其他媒介的作品提供鉴定。她将鉴定过程描述为一种直觉的驱使,她说:"我就像大侦探波洛。"一些毕加索专家曾经提及她不学术的鉴定方式,并对其缓慢的鉴定过程颇有微词,但他们对她的谨慎和诚实表示认可,并赞赏她的经验和对于其父作品深刻的理解,她曾忆及儿时父亲如何手把手教她素描,而今这已发展为一种真正的鉴赏力。

克劳德的方法全然不同。作为毕加索管理委员会的主席,他是所有继承人中抛头露面最多的一位,也执掌着管理委员会的文档、资料和联系人。克劳德助手克里斯汀·皮诺特透露,克劳德每年接受大约500个鉴定的请求,其中只有少量是真品,大部分都是被收藏者误以为是原作的复制品,另外有一些是其他艺术家的作品,还有少量是伪造的作品。皮诺特和安德里厄表示克劳德经常会向其他专家咨询,但他们拒绝透露专家的姓名。"他的研究非常广泛",皮诺特表示。

"这是一个痛苦的过程",一位不愿透露身份的国际拍卖公司欧洲区主管表示,"当你需要鉴定一件作品,你得得到两个人的同意,他们彼此看不对眼。这事非常复杂,而且没有可操作性。你往往得等上几个月时间才能得到答案。但如果这幅画是某位藏家想在拍卖会上出手的,长期的等待显然不是合适的程序"。

"市场总是会认可来自毕加索家族的鉴定,它很有分量,"米切尔·因斯和纳什画廊的大卫·纳什表示,"这不是唯一的方式,但却是市场运作的方式。"

2010年,一位名叫皮埃尔·勒吉尼科的退休法国电工拿来一箱闻所未闻的毕加索作品要求鉴定。总共271件作品估计总价超过8000万美元,创作日期介于1900年至1932年间,包括立体派绘画、版画、一幅蓝色时期的水彩画和一套罕见的立体派拼贴画。勒吉尼科表示这套作品是毕加索和杰奎琳在20世纪70年代早期赠送给他的,当时勒吉尼科曾为夫妇俩安装防盗报警系统,并对电器进行维修。此后40年,电工一直将这些作品放置在戛纳家中的车库内。

克劳德检视了这些作品,对其真实性做出了认可。但法国警方以持有赃物为名对勒吉尼科夫妇提出了起诉。

情况很快变得更为复杂起来。勒吉尼科和此前案例的联系逐渐浮现。毕加索已故的司机、保镖和模特莫里斯·布鲁斯诺在20世纪80年代晚期也开始大量出手毕加索的作品,他声称这些作品是艺术家作为友谊的象征赠予自己的。数百件作品在画廊、拍卖会上转手他人,更多作品在私底下成交。当时,毕加索的继承人并未对布鲁斯诺是否合法获得这些作品提出疑问,而司机已于1991年去世。

佳士得在1998年甚至专门推出了"布鲁斯诺收藏",他们邀请到毕加索传记作家约翰·理查森为拍卖目录撰写序言。然而,诺伊尔和大量报道指出,勒吉尼科案件调查过程中,揭露出布鲁斯诺也甚为可疑。勒吉尼科是布鲁斯诺已故的妻子杰奎琳的表亲,正是布鲁斯诺介绍勒吉尼科到毕加索家中帮忙,电工并未在一开始的诉讼中透露这些细节。当杰奎琳·布鲁斯诺2009年没有留下子嗣撒手人寰后,布鲁斯诺家的遗产由勒吉尼科及其兄弟姊妹继承。

布鲁斯诺的律师古汀告诉记者,毕加索的继承人希望将布鲁斯诺和勒吉尼科的藏品联系在一起,这是无法做到的。他表示,毕加索的继承人从未正式宣称布鲁斯诺的藏品是偷得的，他们甚至还公开支持这一作品，“人们会想，艺术品不可能这么简单就到一个电工手中”，古汀通过电话从波尔多接受了采访，“但同样不可能轻易被证实为赃物。如果布鲁斯诺曾经拥有这些东西，他肯定会很快卖掉。它们比其他他曾拥有过的艺术品更有价值。”

实际上，正是在“布鲁斯诺事件”的早期章节中，毕加索的一个签名引发了当初毕加索认证委员会的解散。布鲁斯诺拿出44张拥有毕加索署名的素描以供出售。玛丽娜·毕加索的代表扬·克鲁吉尔支持素描是真的，克劳德认为这些是赝品，而玛雅认为素描是真的，但签名是伪造的。最终，玛雅的意见占了上风。有趣的是，最终签名被抹去了，素描才被认可为真品。这批素描成功转手，而毕加索鉴定委员会自此以后不复存在，分别鉴定的程序自此开始。

鉴于商业和艺术史两方面的考虑，艺术界的很多人常常质疑，为何毕加索的继承人（无一是训练有素的艺术史学家）至今依然没有建立起专门的学术委员会处理鉴定问题，因为毕加索的研究已经拥有丰富的成果和系统的成就。

“这是一个继承人组成的委员会，完全是一团乱”，纽约交易商伊曼纽尔·博纳多表示，他曾任职于代理“玛丽娜收藏”的克鲁吉尔画廊，“最好是有这么一群人，即便只是少数几个，他们真正懂得毕加索的作品，同时可以组成稳定的团体一起工作。”

研究丰富，但远非完整

毕加索作品鉴定的复杂因素是缺乏全面可靠的作品目录。尽管毕加索的生活已经“连每一个喷嚏都精确记录”，但根据艺术交易商迈克尔·芬德雷的说法，对于他巨大的作品数量而言，却没有一份完整的目录在长达75年的创作生涯中，毕加索据估计留下了高达5万件作品，只有不同时期、不同媒介，或多或少的编目。

克里斯蒂安·泽沃斯(Christian Zervos)编写的33卷本目录通常被简称为“泽沃斯”,是最接近完整的一本目录。泽沃斯是出生于希腊的法国艺术书出版商,他从1929年开始与毕加索密切合作,在工作室中逐一拍摄下每件作品。第一卷诞生于1932年,恰逢毕加索的第一个回顾展,最后一卷出版于1978年,两位作者都已经不在人世。

“泽沃斯”是人们最常引用、参考的毕加索作品目录,对其有效性的评价各不相同,有专家认为它“相当完整”“不太完整”,另一些专家甚至认为其“非常不完整”“严重不完整”。一般来说,人们认可它是系统而全面的关于毕加索作品的收录,呈现方式部分参考了艺术家本人的意愿。但与其说这是一套恰如其分的作品目录,不如说它是一套索引,缺乏尺寸、流传这类信息,1.3万件收录作品远非完整,特别是数以千计他留给自己的作品(后来被其后人所继承)。约翰·理查森在《毕加索的生活:胜利年代》中将泽沃斯描述为“学问稀松,常常不太可靠”,但同样也称目录为“学者、收藏家、博物馆馆长、交易商、学生,更勿论那些伪造者的天赐宝典”。

“我们真的需要更新‘泽沃斯’,”瓦伦蒂娜·卡斯特拉尼说,她是高古轩画廊的一位总监,曾在去年组织“毕加索和弗朗索瓦·吉洛”展览。“完整的作品目录是基本工具,对于交易商和学者都是如此。但‘泽沃斯’不是完整的目录,很多作品都未列入其中。”

其他还有一些专家信任的研究成果,尽管它们只涵盖了部分时期,或是部分媒介:皮埃尔·戴克斯(Pierre Daix)对早期作品的研究堪称“完美”;布里奇特·拜耳(Brigitte Baer)六卷本的“平面作品”被很多交易商视为“圣经”;大卫·道格拉斯·邓肯(David Douglas Duncan)在毕加索工作室中留下的摄影记录被认为可以同“泽沃斯”媲美;温拿·斯派斯(Werner Spies)关于雕塑的目录也被认可，尽管这位前蓬皮杜中心的总监因错误认证了伪造的马克斯·恩斯特作品而染上了污点。

另外，拍卖行和交易商也频繁地提及旧金山的“毕加索计划”，这一计划正在不断完善毕加索完整作品的照片。“毕加索计划”至今已出版了28卷中的25卷。2012年出版的是“粉色时期”和完整的麻胶版画作品，而“非洲时期”也即将推出。

根据编辑艾伦·海曼的说法，“毕加索计划”已得到毕加索后人的许可，发布毕加索作品的完整目录。但毕加索的后人似乎事后反悔了，他们试图废除协议。这一事件直到2000年才有结果，毕加索项目以前所未有的全面许可继续出版毕加索的复制品，但也留了一条免责声明，表示这一图书并未获得毕加索后人授权。

另一个被提及的毕加索目录是“毕加索在线计划”，这一计划开始于1997年，是得克萨斯州的萨姆休斯顿州立大学推出的。这一计划搜集各种出版物的内容，并将之整理在网络上。项目负责人恩里克·马伦表示，毕加索管理委员会起初试图关闭“毕加索在线计划”，但鉴于它是一项学术的、非营利的平台，因此毕加索管理委员会的尝试没有得逞。借助学校获得的融资和赞助，“毕加索在线计划”已经收集到毕加索近2.5万件作品的资料，并以每年大约1000件的速度继续增长。

近年来，玛雅的女儿戴安娜·惠特迈耶—毕加索也似乎成为毕加索作品鉴定的权威，她正在制作一个毕加索雕塑的作品目录。戴安娜是一位科班出身的艺术史学家，在索邦大学获得了硕士学位，此后她曾在纽约大都会博物馆和苏富比任职。据悉，戴安娜已经完成了其外祖父的雕塑作品目录的第一卷，这一目录总共将会有四卷。戴安娜表示，在过去10年，她已经完成了毕加索作品的完整数据库，包括毕加索不同媒材的27,000件作品资料。

据悉，一些拍卖公司和交易商而今经常向戴安娜咨询有关毕加索雕塑的问题，她的意见通常被认为是可靠的。然而，根据一些熟悉毕加索家族的人透露，戴安娜日益增长的权威已经引起了克劳德等其他家族成员的不安，并推动了他们在9月关于鉴定过程的决定。

尽管毕加索作品鉴定的问题依旧悬而未决，但所有人都同意毕加索的市场非常蓬勃。毕加索的绘画作品在拍卖市场上屡屡以破纪录的价格成交。2010年，创作于1932年的《裸体、绿叶和半身像》在佳士得拍出1.065亿美元的价格。毕加索的交易商相信艺术家的作品市场是全球性的，根植于欧美，但巴西、中国的收藏家也对之趋之若鹜。特别是毕加索某一些时期的作品尤为受到喜爱，比如20世纪30年代的具象作品受到热烈追捧，还有他的晚期作品也非常受欢迎。但是总体而言，毕加索的作品全部都受欢迎，芬德利表示："每一幅毕加索作品都可以找到买家"。

毕加索对于自己的签名始终保持着特别的迷恋。"我曾经看他签下自己的名字，"理查森说道，他正在完成毕加索传记的最后部分，"我们常常会草草签下自己的姓名，毕加索却不一样，他的每一次签名都好像是第一次"。

毕加索后裔对毕加索作品的鉴定权虽源于法国法律"艺术家后裔对于祖先所创作的艺术品有一种天生的认识或者至少是第一手的熟识因此他们有权对作品提供鉴定"，但在其他国家，尽管没有法律规定，但知情人鉴定仍在社会得到一定程度上的认可，只是这种认可更多地融入了"证明"含义。

从上述事例中可提取出"知情人鉴定"的几个特点：其一，"知情"是前提。知道内情的人方可称为知情人，离艺术品创制距离的远近，直接决定了知情程度的高低。创制者本人最清楚创制过程，参与创制的人员次之,其他知情人员再次之。其二,知情人之所以能够鉴定艺术品,在于其与艺术品创制的距离较非知情人近,更易获取信息,且占有的信息量更大,能够形成足以支撑其鉴定活动的信息集合。其三,知情人鉴定在感性层面易获得“身份”认可,“知情人”身份所具有的“证人”效应为其判断意见提供背书,符合公序良俗、诚实信用基准构建下的公民社会价值认知。

然而,毕加索后裔的知情人鉴定模式,最终走向了尴尬的境地,这是这种模式的天然弊端使然,非“药石”可救。后裔为知情人,身边工作人员、亲密朋友是否也可认定为知情人？儿女、孙辈存在同“时空”知情基础,再往后呢？知情人所知的“情”,有角度、印象、记忆、程度上的差异,出现判断上的差错在所难免,出现冲突又当如何解决？尤其对一些(甚至是绝大部分文物艺术品)时空跨度大的对象,根本就不存在所谓的知情人,知情人鉴定的起点无从安放,直接导致这种模式无法发挥效能。

在现代法治国家,知情人这一角度通常被归为“证人”范畴,而“鉴定”则为中立,独立,以其专门知识、经验和技能提供判断意见的人才是适格的主体。这样的鉴定活动,因为鉴定人“不知情”,势必要求其对鉴定对象有超出普通人的认知能力,能够提供具有“专业”高度的意见。知情鉴定人拥有被认可的鉴定权,源于其与艺术品创制者乃至创制活动的距离和/或专属身份关系,非知情鉴定人鉴定权的逻辑起点则是围绕“专门知识”“经验”“技能”等关键词而生成,并因管理制度的有无和强弱,分为自由鉴定人和授权鉴定人两种形态。

一个人到底有多少精力可以做很多事情并且把它做好呢？在此,并不是质疑人的能力问题,而是从整个社会的角度出发,从整个人类发展史的角度来观察,就可以明确知道社会欲整合成一个庞大的有机体,那么对于每一个细胞的要求都是相对较高的,社会分工就成为必然。不同社会历史阶段,社会分工以不同的方式呈现,在自然经济时期,以人的依赖关系为主线,形成“自然分工”模式。自然经济中的物品流通不成规模,生产农产品的目的是满足个人需要,极少或者根本不进入市场流通。在此种情况下,自然分工仅仅是由于个人需要、个人天赋或性别、家庭、继承等因素而产生的,表现为较强的人与人之间的依赖关系。在商品经济时代,人的生存需要体现为对物的依赖性,但人具有独立性,不再依赖于他人,这时候社会分工表现为“自发分工”模式,随着物质劳动与精神劳动的分离,“真正的分工”的出现,使意识能够真正的独立出来,成为纯粹的单独的东西,而且从人类的历史可以看到,就是意识的独立性的实现,为人类的哲学、神学、道德、音乐、自然学等这些“精神劳动”的实现和发展提供可能性,而且这种可能性也被事实所证实。到产品经济时代,以个人全面发展为基础的自由个性,使社会分工走向“自觉分工”阶段,涂尔干在他的《社会分工论》中指出,分工并不是说要人们只能被动地工作,而是需要他们能够对自己的工作有所了解,并逐渐完全掌握它,突出的是人的主动意识。因此,个人“并不是毫无感觉和意识,只知道循规蹈矩的机器,他应该对自己的工作取向有所了解,对自己的工作目的或多或少有一个清醒的认识”,这才是自觉分工体现的特征。

因为人的主动意识的加持,社会分工中的精英个体,在知识、技能、经验方面为世人所认可,被誉为“专家”,人们相信其判断意见具有专业水准。当这种影响力在社会一定范围、一定领域成为共识时,在有需求时人们愿意委托其“掌眼”,希望其意见对特定事实的认定可以发挥帮助和支持作用,这种因“影响力”和“信赖”而成就鉴定资格的人,我们可称为自由鉴定人。

自由鉴定人，有的以个人身份开展活动，如文博专家应邀参与品鉴、鉴赏或经人引荐接受咨询；有的以企业（如鉴定评估类、古玩店等）方式开展运营，为不特定的社会公众提供服务。经验是自由鉴定人赖以从业、成名的基础和支撑，所谓“成也萧何，败也萧何”，过度信赖个人经验，也是自由鉴定人难以致远的痼疾，因为个体经验是存在增长“瓶颈”的。在哲学上，经验是指人们在同客观事物直接接触的过程中，通过感觉器官获得的关于客观事物的现象和外部联系的认识，感官知觉而成的观念可为经验，内省而知的观念同样可为经验。感官知觉和自我反思都是极为自我的，也就意味着，经验在本质上，是自我的。“一千人心中有一千个哈姆雷特”，有人说，读《红楼梦》，理学家看到的是逆，哲学家看到的是乱，韵律学者看到的是混，文学家看到的是满，社会学家看到的是短，每个人的立场不同感受就各异。每个人成为自由鉴定人的方式不同，有专事文物考古研究、著录考释皇皇者也；有擅长美学研究，理论与实践并重而成“大咖”；也有以淘宝为乐，兼收并蓄，于实战中摸爬滚打而形成独到眼力之“大神”。这些依附于个人并融入个体特性和思考路径的经验，个性化鲜明，在不断的交流、探讨和再实践中去芜存菁，积沙成塔，铸就了现今文物艺术品鉴定与鉴赏的知识体系。博大、纷繁是这一知识体系的一大特点。基于经验的总结且总体偏感性是其另一大特点，任何人要掌握这样的知识体系，考验的不只是个人的悟性，还受限于知识吸收的环境、条件乃至验证和实践的氛围。

自由鉴定人或多或少立足于这样的知识体系，结合自己的经验积累和判断能力，渐次形成具有“个性”的鉴赏、评价乃至鉴定的“专门知识和经验”结构，从而成就鉴定人的基础条件。这样的环境下所造就的鉴定人，其知识和技能呈现共性与个性相交织的现象，对艺术品对象的爱好与情感投入也是参差错落、各有不同。反观社会层面,文物艺术品真伪、年代、价值(价格)的判断始终是被“一揽子”加附于鉴定与评估环节的根本需求,这一需求在遭遇自由鉴定人群体的“多样性”结构时,对“稳定”“一致”结果的希望注定无法得到满足。因为,无论是在群体,还是在个体,由自由鉴定人为主体所构成的鉴定与评估活动,都不足以形成满足“根本需求”、体系严密、可验证、自洽的鉴定与评估方法体系。毕竟,鉴定是一项科学认知活动,应当具备“理性客观”、“可证伪”、“边界条件”(存在一个适用范围)以及“普遍必然性”等科学特性,由此也才能视为合乎科学的学问。

鉴定的根本目的在于对鉴定对象的客观认识,而关涉人的活动,总是存在感性与理性、主观与客观的格局与分布问题,并在一定程度上左右着包括制度、体制、机制等国家治理层面的顶层设计的方向。感性与理性统一于实践的螺旋式上升是人们认识活动的一般规律,理性虽以感性为基础,但代表着对事物的本质、内在联系和规律的深度认知,并朝着与客观世界的一致而逼近。这一过程中,主观和客观这一认识的基本矛盾,同样贯穿于始终,并推动人们的认识不断发展、思维不断进步,也使这种主客观矛盾在不同的认识阶段呈现不同的结构,成为在更高的水平上达到与客观世界的一致的内在动力。知情鉴定人格局下,对艺术品的鉴定基于“知情”、具象化为“见多识广”,感性成分占比大。个别清醒且睿智的“知情鉴定人”虽也进行研究、梳理,走向理性之路,但很难跳出“知情人”这一主体要件,形成符合科学精神的学问体系是几乎不可能的事。自由鉴定人模式,充任鉴定人的,首先是“圈内”人士,因工作性质、收藏爱好、交易流通等而形成独有的鉴定技能,虽感性与理性并存是其一大特点,但面对庞大的艺术品对象,更多信赖于自身学习、实践和理解能力乃至机遇的个体,常有力不从心之感,因涉猎的深度广度和情感所系的不同，个体之间的认知能力差异很大，由此导致鉴定结果出现偏差甚至千奇百怪。姑且不考虑鉴定活动中的主观动机，自由鉴定人的形成机制及鉴定活动机制决定了出现这样的局面是必然的结果。长期以来全社会渴盼艺术品鉴定职业化、专门化的原因之一，正是人们深刻认识到知情鉴定人、自由鉴定人模式均无法解决我国艺术品鉴定的现实需求，现有的鉴定评估状况难以实现党和国家以及全社会对文物艺术品价值与功能发挥所寄予的期望。

走职业化、专门化鉴定道路，是文物艺术品行业迈向“周行而不殆”至高境界的必然选择，也是全社会在历经混乱、付出惨痛代价之后渐已取得的共识，势必成为鉴定权渊源主渠道。如何理解、如何构建文物艺术品职业化、专门化鉴定格局，是一道考题，考验社会的智慧，更考验国家治理的决策能力。

二、证据化语境中的鉴定理念

鉴定，本质上是一个“判断”问题。基于个人的情感、爱好甚至本能、无厘头，可以进行判断；基于归纳、总结、记忆、分析，可以进行判断；基于单纯的感观，看、闻、触、听，可以进行判断；基于知识、经验、技能，同样可以进行判断。作为思维的基本形式之一，判断，本义上就是指肯定或否定某种事物的存在，或指明它是否具有某种属性的思维过程。因“判断”而得出“意见”，这种意见性的结论，对自己、他人、社会有无作用，作用的范围、层次、大小、效力，则天差地别，不可同日而语。对自己行为产生影响的判断，通常是“各负其责”，如股市投资，判断正确，自然回报不菲，判断错误，血本无归也是常事；如果判断失误损害到他人和社会，触犯法律，自会承担相应的法律后果，承担相应的法律责任。当基于个人判断，为他人提供意见时，一般性的建议，具有权威或行政性质的意见，具有证明、裁定、公证性质可支持执法活动的意见、司法鉴定意见，层层递进，效力和作用各不相同，但有一个综合判据可供识别，即社会公信力。

社会公信力是指国家机关或公共服务部门在处理社会公共关系事务中所具备的为社会公众所认同和信任的影响能力，也是公民在社会生活中对社会组织体系、社会政策实施以及其他社会性活动的普遍认同感、信任度和满意程度，是公民对社会组织及其政策的一种评价。鉴定活动基本上可归属于需要社会公信力背书的公共服务活动，如产品质量鉴定，食品、药品、环境检验鉴定，刑事技术鉴定，司法鉴定等。任何一个成熟的、为社会所公认的鉴定行业，都应当具备以下几个基本特点。

（一）正当的鉴定权渊源

尽管社会存在诸多不同的鉴定行业，但讨论鉴定权的渊源，司法鉴定是具有代表性的一个领域。

只有在事实认定的前提下，才能适用法律；认定事实，靠的是证据。社会发展的不同历史阶段和不同性质的国家，有着不同的证据制度。

在奴隶制、封建制的刑事诉讼中，实行过神示制度，即依靠神的示意来判断案件事实，包括：神誓，即以对神宣誓方式来证明案件事实；神明裁判，即以当事人接受神的考验来证明他们陈述的真伪；司法决斗，即以当事人决斗的胜负来证明他们陈述的真伪。13 世纪，欧洲大陆通常认定被告人罪责的方式依然是诸如火审、水审等神明裁判的方法，这种裁判方式是建立在上帝无所不在的信仰基础之上的，当时的人们认为只有万能的上帝介入疑难案件的审理才能够保证判决的准确无误。事实上，这种理念至今有着影响，如美国在防控新冠肺炎疫情时，民众所持的近乎反智的心态。

当 1215 年的第四次拉特兰宗教会议废除了在刑事审判中采用神判法后，一种完全由人而不是神进行审判的新制度诞生了。在中世纪后期的欧洲各国刑事诉讼，实行的是法定证据制度，由于人毕竟不是神，所以难免犯错误，那么该如何保证结果像神明审判的那样不生谬误呢？人们认为唯一而又彻底的办法就是完全剥夺司法者确定罪责时的自由裁量权。根据中世纪基督教和罗马法的传统观点，客观而又可信的证据就是目击犯罪现场的两名证人的证言，如果没有这种证言，法官不能擅自根据其他的情况证据（circumstantial evidence）认定罪责，而只能无罪开释。当时的人们普遍认为，让法官诉诸内心自由判定罪责太容易发生错误。

这个时期的刑事审判必须要遵循以下三项基本原则：首先，任何法院都不得认定被告人有罪，除非有两个目击犯罪现场的证人的证言证明其罪行；其次，如果被告人自愿供述罪行，法院可据此定案；最后，无论情况证据多么有说服力，法官都不得直接据此定案。例如，有人看见一个嫌疑人从被害人的家中跑出，后来在嫌疑人家里发现了一把带血的匕首和盗窃的赃物，不能仅仅根据这些证据就判定嫌疑人是真凶。这就是法定证据制度的基本内容。

14、15 世纪以后，英法两国大革命之前，欧洲经历了一段开明专制主义时期。各国那些有名无实的国王，要统一民族国家，削弱封建领主的独立性，就必须组成等级会议和城市联盟来巩固王权。于是，议会制度逐渐形成。议会的成员既包括封建领主，也包括城市代表。后来，议会逐渐成为新兴阶级和平斗争的舞台。17、18 世纪的英法革命，议会都是斗争的中心，议会的演进史也即是其所包含的成员不断扩大，民主权利逐步下沉的历史。

在这样一种时代背景下，以洛克（John Locke）、卢梭（Jean - Jacques Rousseau）为代表的资产阶级启蒙思想家登上了历史的舞台，他们张扬人性，反对神性，提倡人权，摒弃专制，倡导理性思想，拒绝盲从崇拜。他们旗帜鲜明地提出“天赋人权”的主张，宣扬人生而平等，并强调在法律面前人人平等。人的“理性”和“良知”是他们关注的焦点。个人的理性认知能力在这时得到充分肯定，人民迫切要求将裁判者从僵化呆板的法定证据规则下解放出来。显然，法定证据制度是与汹涌澎湃的新思潮背道而驰的，也与资产阶级的经济政治原则相悖，顺应历史前进的步伐就必须将之废弃，这就为自由心证走上历史舞台埋下了伏笔。

其实，早在中世纪，教会法就要求法官依据理性和良心对当事人和证人进行询问，“教会法学家倡导理性和良心原则，正是将它们作为抵制日耳曼法的形式主义和魔法巫术的武器”。如德国 1235 年的和平法令中规定：高级法官应“发誓不得出于爱或恨、偏爱或报答、畏惧或仁慈而作出判决，唯可根据一己之良心、无欺无误之良好信念及所知所信为正义者来审判”，此即为自由心证制度萌芽的明证。当然，该制度的形成及取代法定证据制度还需要等到资产阶级建立自己的政权之后。

自由心证制度取代封建时期的法定证据制度具有一定的历史进步性。自由心证制度的建立，引发了诉讼结构的变革，否定了法定证据制度形而上学的形式主义，抛弃了法定证据制度中的封建特权，废除了刑讯逼供的证明方法，确定了举证责任由控诉方担任的原则，使被告人获得了辩护权。自由心证制度还实行双方当事人对等辩护的原则，能使法官根据当事人双方的举证辩论，形成其内心确信，然后对案件作出裁判。这是历史性的进步，对诉讼制度是一个重大的革新，它推动了诉讼制度的民主化进程。

自由心证制度的建立，使法官摆脱了法定证据制度那些繁琐规则的束缚，有可能按照自己的经验和良心对证据和证据的证明力进行自由判断,从而为查明案情和正确处理案件提供了可能性。它推动了证据科学的发展和证据理论的进步,自由心证制度确认了有审判权者即有真理的原则。但是,自由心证证据制度,在评价证据价值及其价值的选择上,给法官和陪审团很大的自由裁量权,如果不加以一定程度的规制,事态将会走向另一个极端。因此,当今世界各国无论是在立法上,还是在理论上,对法官依良心、理性"自由"地判断证据都有一定的限制,比如对"口供""人证"的警惕,对物证、对科学证据的应用引导等。

鉴定制度也就是在这一过程中渐次形成,并根据诉讼制度的不同,采取了不同的制度构成。

大陆法系国家普遍采取"鉴定权主义"制度,也称鉴定行为权主义制度,规定专家必须具有较高层次的教育水平,并且从事专门性职业活动的行为获得了国家行业行政管理机构或有关法律的认可,具有固定的行业资格。也就是说,只有经过有关法律或权力机关明确规定和授权的自然人或机构,才具备实施鉴定的权利,也只有这样的自然人或机构,才能向司法机关提供鉴定意见。具体实施中,主要有以下三种不同的方式:(1)法院将司法鉴定资格直接授予个人。例如,法国通过建立鉴定人名册的方式,让法官在委托鉴定时,必须从名册中挑选。如果因特殊情况必须在该名单外挑选的话,法官应在作出决定时说明理由。(2)法律规定将司法鉴定资格直接授予专门的司法鉴定机构。如在俄罗斯,刑事案件中的各种鉴定主要由司法部所属的司法鉴定研究所、内务部下属的刑事技术部门、卫生部下属的法医鉴定研究所和司法精神病研究所等承担,只有在上述机构无法进行鉴定时,法官才能授权其他机构进行鉴定。(3)法院将司法鉴定资格授予个人和集体。如德国的法院中既有以个人名义从事司法鉴定的医师鉴定人,也有以集体名义主要从事复核鉴定、重新鉴定等司法鉴定活动的法院医师委员会。此外,还存在专门从事司法鉴定活动的行政机构(如联邦刑事警察局物证技术鉴定中心)、民间机构和个人。

英美法系国家,因其诉讼制度的不同,采取的是“鉴定人主义”制度,该制度对充任鉴定人的条件没有细节性的规定,仅作出原则性的要求。英美法系国家的法学家认为,专门性问题包括案件中所涉及的各个学科、职业乃至生活领域中的非常识性问题,因此,从事鉴定的专家也不一定要受过高等教育或具有较高的专业技术水平,即使普通技术工人也可以以专家身份出庭作证,只要他们对案件中的某一专门性问题具有一般人不具有的专门知识和经验就行。正如《布莱克法律词典》所定义的“专家”一样:“在某个专业领域内具有知识的人,其该种知识的获得为既可以是通过正式教育,也可以是通过个人实践。”因此,在英美法系国家,有关的法律或权力机关并不明确规定哪些人或机构能够成为鉴定人,这意味着任何人都有成为鉴定人的可能性,只要审理该案件的法官和陪审团认为其具备该案鉴定人的资格,这又称为“无固定资格原则”。需要指出的是,在美国的许多行业都有比较完善的从事专门行业的资格要求和标准,行业协会也经常向符合要求并提出申请的人颁发行业资格认定证书,这代表了尽管没有明确的规定,但行业,以其自身组织性而维护行业声誉的行为,仍在相当程度上起到了管理的作用。只是这些资格证书对法院、法官、陪审团以及案件当事人并没有绝对的约束力,法庭上并不看重鉴定人资格证书,而更看重鉴定从事的与鉴定相同内容的经历和经验。作为例外,对于专业性比较强的领域,如法医、物证类,这种专业协会推荐的作用还是比较关键的。如英国,对初级鉴定人实行登记准入制度。尤其在2000年,英国成立了全国性的鉴定人执业登记委员会(CRFP),这个机构的建立标志着英国在鉴定领域中迈出了重要的一步，该机构的职能是对所有的司法鉴定人进行登记管理，其中包括警署内部的现场勘验鉴定人和社会鉴定机构的鉴定人。2001 年，登记工作正在逐步推开，英国从事鉴定工作的有 1 万人，现有 4000 多人申请执业登记，未进行登记的人员将不能从事司法鉴定活动。

诉讼活动中各种专门性问题非事实裁判者能够认知，制度设计也尽量避免事实裁判者超出“经验法则”去主动发现、认知，否则有违居中裁判的原则。所以，根据不同的诉讼制度所形成的“鉴定权主义”“鉴定人主义”等各有特点的鉴定制度，本质源于不同诉讼制度下对“专家”地位的安置不同。

英美法系国家当事人主义诉讼制度，强调当事人间的对抗，以庭审的“直接”“言词”原则的有效施行，通过对抗推动程序的发展并发现真相，因此，“专家”定位于证人的角色，并形成特有的专家证人制度。当事人可以自己决定是否聘请专家证人、聘谁为专家证人（当然，专家证人出庭是否需要法庭的审查和许可，视各国具体规定而定），而专家证人也是在保证科学客观的前提下，如律师一样服务于当事人。这种对抗的演变在一定程度上超出了制度设计的预期，时间长、代价高，迫使英美法系国家借鉴大陆法系国家鉴定中立的理念，限制专家证据的不必要使用。如 20 世纪 90 年代英国新《民事诉讼规则》正式生效，关于专家证人的规定做了许多修改，主要包括进一步强化专家的公正职责，限制专家证据不必要的适用；法院有权强制运用单一的共同专家（单一联合专家证人），鼓励专家证人之间的合作等，集中表现了对专家证人的限制。该规则第 35.7 条规定，当双方或者多方当事人希望就某一特定的问题提交专家证据时，法院可以指定只由一个专家证人就该问题提交专家证据。当事人就专家证人人选不能达成一致时，法院可以从指示方当事人准备或者提出的专家证人名单中选择一个专家证人,或者按法院所确定的其他方式选择专家证人。由于当事人不太可能就单一的共同专家达成协议,故法院有权强制当事人使用单一的共同专家。这一典型的法院职权行为是英国证据规则的重大改变,它集中反映了民事诉讼程序经济性的价值目标。

大陆法系国家采取的职权主义诉讼模式,比较重视诉讼中的安全价值,强调对犯罪的控制与打击。法官和控方一样也承担着查清案件真相以有效惩罚犯罪的任务,被告方处于被处置的地位,这就是"主动的法官,消极的当事人"一说的来源。故此,鉴定人一般都由司法官而非当事人聘任,其地位自然要高于普通证人,这种情况下,鉴定人可以拥有普通证人没有的一些权利,如鉴定人有权了解必需的案件材料,必要时还可以参加勘验、检查活动。

大陆法系国家的法律一般都明确规定把鉴定人同证人区分开来,赋予鉴定人比证人更高的诉讼地位。有的国家将鉴定人作为审判官的辅助人,有的国家将鉴定人视为法官的助手,有的国家甚至将鉴定人定位为"科学的法官"。譬如,德国有学者认为,鉴定人乃法官"事实发现上的当然辅助者"而非当事人的辅助者,即使在少数情况下鉴定人是由当事人所选任者亦同。德国著名法学家埃·施密特曾给鉴定人下了个定义:"所谓鉴定人,就是根据审判官在诉讼上的委托,根据某一专门知识提出带有经验性的报告,或者对法院提供的事实资料以及法院委托调查的事实资料,运用他的专门知识和法律上重要事实的推论相结合的方法,来帮助法院认识活动的人。"日本学者则认为,鉴定人是接受法院或审判官的命令,依照专门知识和经验法则,对具体事实进行判断和报告的第三人。鉴定人为了弥补法官知识和经验的不足,而被要求独立于双方当事人,其地位与证人有别。一般认为,鉴定人与证人的区别可以从以下几个方面来理解:(1)鉴定人是司法官根据案情的需要、依凭鉴定人所具有的专门知识指派或聘请的,因而是可以挑选的,也是可以替代的;而证人是由案件本身决定的,既不能被任意指定,也不能别人替代或更换。(2)鉴定人向法院或司法机关陈述的内容,是对案件中的专门问题通过科学的检验与分析而得出的结论性意见;而证人则是向法院或司法机关客观陈述自己耳闻目睹的与案件有关的事实。(3)鉴定人必须具有解决案件中问题的专门知识或专门技能,而证人不需要具有专门知识或专门技能。(4)鉴定人如果与案件有利害关系或其他法定情况,则需要适用回避原则;而证人无论是否与案件有利害关系,均不需要回避。(5)鉴定人因鉴定需要,经有关部门同意,可以查阅案卷和有关材料,必要时还可以参加勘验、检查,可以直接询问有关证人;而证人则不具有这些权利。

在我国,鉴定制度总体上类似于大陆法系国家,无论是"2·28决定"[①]之前,还是之后,鉴定人从事司法鉴定活动,都必须取得有权管辖部门的授权。"2·28决定"前,司法鉴定未纳入统一管理,最高人民法院、最高人民检察院、公安部、国安部、司法部等部门均可开展管辖范围内的司法鉴定授权活动,且一般情况下体现为"一揽子"授权方式。如1987年司法部在回复西南政法学院司法鉴定中心(现西南政法大学司法鉴定中心)的《对关于请求授予司法技术鉴定权报告的批复》中明确:"经研究,根据《中华人民共和国刑事诉讼法》第88条规定,同意授予你院司法鉴定中心司法鉴定权,并正式启用西南政法学院司法鉴定中心技术鉴定专用章","鉴定人

---

① 2005年2月28日全国人大常委会审议通过,同年10月1日起实施的《关于司法鉴定管理问题的决定》(以下简称"2·28决定")(根据2015年4月24日《全国人民代表大会常务委员会关于修改〈中华人民共和国义务教育法〉等五部法律的决定》修正)。

资格由你院自行审核，具有讲师以上职务的人员方具备资格。鉴定工作应严格按照国家法律和有关规章的规定进行，严肃认真、科学细致，确保质量，不得滥用鉴定权”。

“2·28决定”实施带来的重大变化：

其一，明确界定了司法鉴定的边界：“国家对从事下列司法鉴定业务的鉴定人和鉴定机构实行登记管理制度：（一）法医类鉴定；（二）物证类鉴定；（三）声像资料鉴定；（四）根据诉讼需要由国务院司法行政部门商最高人民法院、最高人民检察院确定的其他应当对鉴定人和鉴定机构实行登记管理的鉴定事项。”

其二，明确了“国务院司法行政部门主管全国鉴定人和鉴定机构的登记管理工作。省级人民政府司法行政部门依照本决定的规定，负责对鉴定人和鉴定机构的登记、名册编制和公告”。

其三，规定“侦查机关根据侦查工作的需要设立的鉴定机构，不得面向社会接受委托从事司法鉴定业务。人民法院和司法行政部门不得设立鉴定机构”。

其四，对申请从事司法鉴定活动的机构和个人均设立了准入条件（《关于司法鉴定管理问题的决定》第4条、第5条）。

随着司法鉴定管理制度改革的深入，全国部分地区已经实行考试准入制度，并呈扩大趋势，是否会走向如法律行业一样的资格证+执业证双证制度，有待观察。

2019年，司法部在进一步深入推进司法鉴定管理过程中，要求严格依法开展审批工作，将管理范围严格限制在“四大类”，即法医类、物证类、声像资料类以及环境损害类。① 过去部分地区司法行政

① 2015年12月21日，最高人民法院、最高人民检察院、司法部联合印发了《关于将环境损害司法鉴定纳入统一登记管理范围的通知》，系依据“2·28决定”第2条第1款出台的第一次将三大类之外的事项纳入司法鉴定管理范畴的文件。

部门授权的“四大类”之外的项目,如建筑工程质量、司法会计、知识产权等,均属于清理之列。这些项目常于司法诉讼活动中涉及,清理之后,逐渐走向行业推荐之路。所以,综观我国司法鉴定,将会在相当长时间内由鉴定权的依法取得与行业推荐并行的格局所构成。

从这一证据制度演变历史中,我们可以清晰地认识到,鉴定机构、鉴定人是否通过适当的途径取得鉴定资格,是衡量鉴定行业是否为社会所认可、被司法活动所支持的重要指针之一。司法鉴定权的取得,无论中外,主要有依法取得和行业推荐两种模式。文物艺术品鉴定,是否也会殊途同归,走向这种制度化、规范化、科学化的道路,笔者认为其是大概率事件,因为只有鉴定权渊源正当,才能开启文物艺术品鉴定公信力建设之门。

(二)系统化的体系支持

鉴定权是由一系列权利/权力所构成的、具有层次结构的概念,如鉴定申请权、鉴定决定权、鉴定实施权、鉴定管理权、鉴定监督权、鉴定结论的使用处置权等,它们相互关联、相互依存、相互制约、相互促进,这种多形式、多类型、多领域的权利/权力配置,具备从系统化的角度进行分析、梳理的条件,这样才能在一定高度上审视满足这一系统构建与发展的制度、机制等体系性支持条件的设置问题。我们可以大体上将这些权利/权力分为三类,即需求方、实施方、管理方。

1. 鉴定需求的特性分析

商场上有句名言,“需求决定价值”,这对人类社会而言,具有“普遍必然性”的启示意义。没有需求,就没有供给,也就没有资源的投入,自然也就不可能有细分行业的存在,各行各业的兴衰起伏、演化变迁均会支持这样的规律性。

鉴定活动不同于商业活动，形式表现为“专家”提供服务，供需求方审查、判断并进行决策或行为。社会对这种以知识、技能、智力为显性特征的服务需求遍及社会生活的方方面面，大到国家治理的智库支持，小到诸如衣食住行、灾病纠纷的咨询，多数情况下，这些服务是由需求方主导且由需求方自主判断，并最终决定是否采信的点对点的行为。但是，鉴定并不都是如此，鉴定意见的适用可能甚至多数情况下会影响到第三方的权益，典型如“金缕玉衣”案，就导致了某银行数亿元人民币的损失；司法鉴定更是如此，哪怕没有明确结论，也可能对特定当事人造成损失，包括程序上的失权、实体上待证明对象仍然处于真伪不明状态而承担证明责任分配的风险等。因此，凡涉及鉴定，均应当对需求态势进行预判、分析，根据对象的特点去思考应当关注的节点，以避免出现不可控的风险和隐患。

从广义上讲，产生鉴定需求均与权利/权力的确认和处置相关，包括私权利和公权力。

在我们这个高度强调和推崇“公益政治”的国度里，直到改革开放以后，尤其是“公私法”的划分得到确立以来，私权利才逐渐为法学界所认同和重视。私权利（private right），意指个人权利，因与“公权”或“公权力”（public power or state power）相对应，具有“私人”（个人）性质，故常被称为“私权”或“私权利”，它涵盖了一切不为法律明文禁止的个人行为。根据其是否为法律明文规定和认可，私权可分为法定私权和非法定私权，前者是私权的主干部分和重要内容，并受到宪法和法律的确认、规定和保护，通常称为公民权利或宪法权利、法律权利；后者是对私权的必要补充，不受法律确定但也不应受法律惩罚，常指那些个人自由或纯私人行为。

权力作为一种社会控制力量，存在于一切社会形态之中。作为人类社会普遍存在的一种现象，权力从来就不存在一个能统治一切的定义,权力关系存在于人与人的关系中,但这种关系是不平等的,它是管理—服从关系;权力是一种力,是一种支配力或影响力,这种力能使受方的意志受到影响进而服从权力行使方的意志;权力具有强制性,这种强制力在权力受方不服从时表现出来。公权力(public power or state power)正是指以维护公益为目的的公团体及其责任人在职务上的权力,它是基于社会公众的意志而由国家机关具有和行使的强制力量,其本质是处于社会统治地位的公共意志的制度化和法律化,它可以具体分解为立法权、司法权、行政权、军事权、监督权等。其中每一项权力又可再分解为一些子权力,如立法权可以分解为中央立法权和地方立法权,司法权又可分为检察权和审判权,行政权又可分解为审计权、税收权、监察权等许多权力。所以,公权力是一个权力层级体系。

私权利和公权力是紧密相连的两个概念。公权力是相对于统治者、公共机构和社会组织所具有的社会组织和管理属性而言的,泛指国家管理权;私权利则是指以市场为代表所使用的权力、为用于执行个人所有的权力(这里的个人,包括自然人、法人、社团、组织、政府乃至国家,只要不以公权身份出现,其参与民事活动同样拥有私权,如企业的财产权和商誉权,社会组织的财产权,国家的国企财产权、国家债权等)。

公权力和私权利之间存在一种内在的、对立统一的辩证关系,归纳起来,主要表现在以下几个方面:

第一,公民权利是国家权力的本源,即无权利便无权力。“任何国家权力无不是以民众的权力(权利)让渡与公众认可作为前提的。”卢梭从社会契约论的观点出发,认为国家权力是公民让渡其全部“自然权利”而获得的。公民权利是国家权力的基础,国家权力是公民权利的保障。权利不是来自于国家的恩赐,而是国家权力存在的合法性依据。也正是从这个意义上来讲,权利应当是权力的本源,权力是为巩固、捍卫权利而存在的,没有了权利,权力也就失去了存在之必要。

第二,国家权力是私权利的后盾,即无权力的保障便无从享受权利。权利虽然是权力的源泉和基础,但是,人们相互之间的认可和承诺,又是非常脆弱的,最易受到来自外界的侵害。因此,个人权利离开了国家强制力的保障难以实现。

第三,公民权利与国家权力既此消彼长,又相依共生。权力并非完全独立于权利之外的东西,无论从每一社会的运行机制还是从人类社会发展的历史长河来看,二者都是相互联系并互相转化的,因而从事实表现上,二者之间既有此消彼长的一面,又有相依共生的一面。比如,个人的受教育权、环境权、社会保障权等权利的实现,就离不开相关公权力的扩张与行使。当然,在许多特定的领域里,私权利与公权力确实又相互对立、此消彼长。只有公民具有强烈的权利意识与权利观念,才能在一定程度上抵销公权力的非法扩张与恣意滥用。

公民权利与国家权力必须严格界分,这种界分是实现法治的基本前提。无论是公权力还是私权利,都应当有着明确的界线。"法不授权不得为,法有授权必须为"这条原则不仅适用于所有的公权力主体,而且适用于拥有一定权力的社会组织。这条原则不仅体现在立法中,更是执法、司法、法律监督等法制环节的运作依据。而对于私权利,"法无禁止皆权利,法无禁止不得罚"应为渗入我们立法、守法、执法、司法、法律监督等法制建设各个环节的基本原则。

私权利的确认、处置,公权力的运行,常涉及事实认定问题,进而产生不同类型的鉴定需求。根据权利/权力运行的基本特性,我们可以从宏观层面上将鉴定需求分为以下三类:

第一类,非职责自主型。社会生活中,公民及市场主体,时常因为消费、确权、人身关系、经济往来等生活生产活动的需要而求助于鉴定。淘古玩请人掌眼,买音响找人指点之类,可视为具有辅助性质的“轻”鉴定行为;购买到的商品存疑找质检部门进行检验鉴定,怀疑合同造假到司法鉴定机构进行鉴定,此类为具有确认性质的鉴定行为;为上户口、出国进行亲子鉴定,为贷款等而进行的不动产、汽车等资产鉴定与评估,此类为权利处置前置条件型的鉴定行为;不一而足。这些鉴定需求有两个显著的特点:一是定位于私权利的确认和处置,与公权力履行的职责性要求不同,且一般不直接涉及他人利益;二是需求主体具有完全自主权,可以决定鉴定事项的整体走向,如是否鉴定、委托谁进行鉴定等。

第二类,非职责申请型。此类鉴定需求同样基于私权利的确认或处置,但其不具有自主决定权,只具有申请权,决定权掌握在有权管辖的主体手中。比如,处于程序中的民事诉讼鉴定、医患纠纷鉴定、交通事故鉴定、环境损害鉴定等。其特点是,如果不通过鉴定,事涉当事人的权利就可能得不到确认或保障,但因涉及其他利益和价值,启动鉴定必须由有权管辖的主体(如法院、医疗纠纷人民调解委员会、公安交警等)因申请而决定,不能单方自主决定。

第三类,职责型。公权力的运行,需要依法依规依授权进行,也有赖于制度政策环境的保障,其中就包含鉴定。侦查机关的刑事技术部门(含司法鉴定)始终为政策所支持,并由国家财政予以保障;执法活动需要鉴定,全社会相应的鉴定机构和鉴定人均须予以配合;司法活动中,司法鉴定的诉讼保障制度地位不断得到加强,等等。职责型鉴定的需求,本质上因国家治理过程中,执法、行政、司法等不可放弃的权力运行而产生。与公权力运行相关的鉴定活动,其公信力得到规范化的主体、周密的程序、严格的管理、全方位的监督等要素的加持，为社会所广泛认可。

2. 职业化、专门化的鉴定实施主体

毋庸置疑，鉴定人是进行判断、出具意见的鉴定实施主体，尤其是知情鉴定人和自由鉴定人，更是难以替换的最为重要的鉴定资源。然而，这种“万千宠爱集一身”式的鉴定实施主体，从“可证伪”和“普遍必然性”的科学理性角度，从社会的选择性角度，从市场经济的平等性、竞争性、法治性、开放性角度，都是不可持续且难以受控的，不可能成为国家政策所支持的主流模式。职业化、专门化是所有检验鉴定行业从无到有、从小到大最终成就规范行业的必由之路。

支持公权力运行的职责型鉴定需求，对能够承担鉴定委托的实施主体有着相对更为严格的要求，并通过相应的法律法规进行规制。司法鉴定，特种设备鉴定，食品、药品、环境检验鉴定，进出口检验检疫等检验鉴定，均依据《行政许可法》的相关规定，并通过相应的法律法规设立了行政许可制度，如“2·28 决定”就具有司法鉴定行政许可性质。依据行业性质，如果系法人或者其他组织能够自主决定的；市场竞争机制能够有效调节的；行业组织或者中介机构能够自律管理的；行政机关采用事后监督等其他行政管理方式能够解决的四种类型，可以不设行政许可。但实践中，不需要行政许可即可进行的经营或服务活动极为少见，也根本不可能成为公权力运行过程中可“购买服务”的对象，甚至存在因科技发展、立法司法执法环境乃至市场环境的变化被违法归责的风险。因此，无论什么行业性质的鉴定实施主体，都不能无视职业化、专门化的基本条件设置，毕竟要获得社会的认可、取得广泛的社会公信力，必须展现出足够的制度化、规范化和标准化建设程度，而这些正是职业化的基本内涵。

是否存在一个体系明晰、概念清楚、具有适度包容和扩张性的语言环境,是评价职业化程度的主要观测点之一。一个学科、一个行业自有其特有的概念、定义、语义等基础的语言交流环境,还有通过业内业外交流合作而持续产生并不断发展变化的语言表达和沟通方式,这些都代表着作为一个学科或一个行业应有的思想交流基础。另外,还要看该学科或行业能否形成并确立共同的价值观念。行业成员尽管各有其不同的利益诉求,但集中到特定对象,树立一致的价值取向,才有可能达到"众人拾柴"的共识与合力效果,推动行业的职业化进程并共同维护。缺乏共识的行业,很难走向规范化、制度化,除非由国家政策强行推动。

对研究对象的系统化梳理是否客观、合理,是反映行业职业化进程的另一观测点。如同学科一样,研究对象、研究内容、研究方法、研究手段等共同构成学科专业的骨架,一个行业也需要在同样的思维模式指导下,厘清方向、结构、目的、路径、边界等关键节点问题,所有这些,均是在不同角度、不同层面体现职业化进程的建设内容。

基于上述理念和认识,想进入或已进入的机构主体以及鉴定人,至少可以明确他们将会从事的行业有什么样的特点、需要做什么样的准备、能够为社会提供什么样的服务以及可能面临什么样的困难、挑战和风险。这一过程实际上也同时起到了一定程度的导引作用,再通过培训、学习、交流,自然会逐步形成职业化、专门性的行业思维与行为模式。

3. 合理的管理与监督环境

鉴定活动交织着各种权利和权力,权利、权力本身内含着利益性,因而出现扩张和变异,为人所追求在所难免,这其实也是鉴定行业能够吸引社会资源进入,促进行业发展的必备性因素。但是这种追求一旦偏离了正当程度，超出了一定的限度，权利之间的冲突就很难避免，巧取豪夺甚至直接的抢夺或剥夺就有可能如毒瘤般滋生和蔓延。与鉴定相关的权利冲突，涉及不同领域和不同层次，有社会生活生产层面上的具体而微的各种权利，有社会治理层面的执法司法权力。就权利理论和实践而言，冲突会使社会的不满情绪由于权利难以得到实现和满足而不断增加，从而对社会秩序构成威胁。正是认识到权利的扩张和冲突所带来的种种消极影响，法学家们设计了多种方案力图对其进行消解。在思考这一问题时，出现了两种各有特点的思路：一种是依靠市场力量进行平衡，如著名的科斯定理就是这种设计方案。科斯定理的精华在于产权安排与交易费用的关系上，该定理认为只要财产权是明确的，并且交易成本为零或者很小，那么，无论在开始时将财产权赋予谁，市场均衡的最终结果都是有效率的，能够实现资源配置的一种理想状态，即帕累托最优（也称帕累托效率，Pareto Efficiency）。另一种则认为应当由政府力量进行控制，如德·沃金就认为，这种冲突的判断应由政府承担："我们必须承认，如果政府有理由相信对立的权利中有一方是更为重要的，它就有理由限制另一些权利"。

政府对特定领域的管理，最为常见的方式是通过行政管理，以实现计划、组织、协调以及控制等管理目标。权利冲突的一般原因也大多集中于权利的自因性、涉他性、排他性、边界的模糊性等，这些矛盾单靠行业自律是不可能消解的，尤其是涉及不同的价值交织时，对权利的认识和行使，没有更为中立、更具权威的政府进行协调，公共权利与个人权利、基本权利与非基本权利，以及价值比较原则、衡平原则、有限限制原则等都将无从取得共识并得到合理安置。另外，关于权利边界也是应当深思的问题，即使是对权利冲突的存在持否定意见的学者也承认，权利边界既不是向义务本位的复归，也并非否定权利本位，而是权利本位的完善和深化。其目的在于搞清楚权利本位和权利神圣的边界，以防止权利本位和权利神圣的异化，如权利的绝对化。对权利边界的探讨虽主要落在理论层面，但个案分析、实证研究中也有大量的对权利边界的讨论，且很多时候与权利本位的探讨是紧密相连的。比如，鉴定所涉权利、权力的分布，委托权、决定权、实施权、管理权、监督权等这些具象化的表现形式，实际上深层次反映的是财产权、人身权等私权利以及司法权、执业法等公权力，权利无边界、权力不受限，必然会带来灾难性的后果。比如，在司法鉴定活动中，人民法院拥有调取材料的权力，但调取的材料应当通过质证后方可供鉴定使用，否则就可能对当事人的权利形成不利的影响。

政府在管理根源上，本质上注重于行业的良好状态和自我推动，自律、自强才是最为重要的内在因素，正如法学理论家在评价权利时所提出的：轰轰烈烈的革命和冠冕堂皇的典章未必能够在权利中带来同等程度的进步，而由表及里的自发秩序却更能使权利在无声无息中悄然进步，如英国的令状制度就是这种情形的典型代表。尽管权利的扩张在总体上是社会发展的必然产物，但是应当控制其扩张的速度与社会发展相一致，更应当限制其冲突的程度，也就是“防微杜渐”，这也与司法立场的“静悄悄的革命”理念相一致。

因此，政府对特定领域的管理和监督，在设定行为模式和行为空间后，理应交由相应的主体自主推进行业的发展，其更多的职责在于监督这种推进活动不至于形成偏离，由此构成的管理与监督环境方为合理和友善的。

文物艺术品鉴定应当以一场“静悄悄的革命”来构建符合社会发展需求的行业体系，这一体系不能离开中国国情而生造硬搬，要体现中国特色，管理制度是必不可少的关键所在。时至今日，可以说中国还没有建立起称得上文物艺术品鉴定管理制度的制度体系，正因如此，适时思考制度当如何构建，为文物艺术品鉴定筑构良好的发展氛围，是极为必要的。

4. 价值与原则体系

制度建设的原点在于价值体系，原则为保障。

客观真实，理所当然为鉴定行业所追求的最重要的价值目标之一。无论什么类型的鉴定，理想状态都可以用一句话，8 个字来表述，即"应鉴必鉴、鉴必精准"。但事实上，正如辩证唯物主义对人类认识自然所持观念一样，人类对客观世界的认识是实践—认识—再实践—再认识这样一个不断实践、新的认识指导再实践的过程。具体而微的鉴定活动，是在特定期限内、基于有限条件下的认识活动，其覆盖的广度和深度都只能与特定社会时期人类整体科技发展和认知水平相适应，要达到理想状态，即使对于相对成熟、发展较好的领域，在目前看来也只是一种奢望。正因如此，秉持客观、追求真实，作为所有鉴定行业公认的基本价值，历来为鉴定人奉为圭臬，无论制度、机制、程序、规范、标准、监督，还是技术、设备、方法，无不都是为了向客观、真实逼近这一永恒的目标而进行。

客观真实价值的实现，是公平正义这一价值赖以实现的基础，但不是唯一。英国法谚"迟来的正义非正义"（justice delayed is justice denied），体现了对司法程序正义而非实体正义的格外强调，即司法裁判的结果即使是公正的，如果过迟作出裁判，或者过迟告知当事人，程序上的不公正将使裁判成为非正义的。最大的司法正义理应是司法制度的正义，即基于保障人权和限制权力的普遍道义而形成的司法制度，在正义的司法制度基础上才能产生真正的司法公正。鉴定同样如此，我们不但要追求客观真实的实体正义，还必须关注效率、程序、代价等价值目标，让公平正义能够通过制度、机制的设立和规制成为“看得见的正义”。

客观真实、公平正义两大价值目标,落实到实践中,是由不同的原则予以承载的,其中,具有普遍适用性的原则包括:科学性、法律性、中立性、独立性。

(1)科学性原则。

第一,决定科学性与否的首要判据在于科学精神。

科学精神是人类精神中不朽的旋律,它激励着人们祛除愚昧,求实创新,并不断推动着社会的进步。无论是西方近代的文艺复兴,还是中国现代的五四运动,都充分展示了这种可贵精神的巨大作用。科学精神是与科学直接联系在一起的。科学既是关于自然、社会和思维各个领域事物的具体规律性知识的理论体系,又是探索世界奥秘和追求真理的科学实践和认识活动。科学精神则是指由科学性质所决定并贯穿于科学活动之中的基本的精神状态和思维方式,是体现在科学知识中的思想或理念。

科学活动是一个复杂的系统,它包括科学精神、科学研究的具体方法、科学认识的物质手段、科学成果等诸环节或方面。科学精神不同于具体的科学知识,是获取科学知识的主观条件,以及凝结在科学知识中的思想。科学精神也不同于科学研究的具体方法,属于更高层次的方法论原则或探求真理的精神境界。科学精神是科学认识活动主体的内在的精神要素,它受制于科学认识活动的规律。换句话说,人们在科学认识中所必需的精神状态和思维方式,是由科学认识的主体与客体的内在联系决定的,是由探索和追求真理这一活动的性质决定的。科学精神具有丰富的内涵和多方面特征,至少可以从以下几个方面来认识:

其一,追求认识的真理性,坚持认识的客观性和辩证性,是科学精神的首要特征。

追求真理,必须首先坚持认识的客观性。这一特征与唯物主义精神是一致的。英国近代唯物主义哲学家培根曾经就把“要追求真理,要认识知识,更要信赖真理”看作是“人性中最高尚的美德”。工人出身的德国唯物主义哲学家狄慈根说过:“科学就是通过现象以寻求真实的东西,寻求事物的本质。”科学认识的主要对象是客观世界,承认对象的客观实在性,避免主观任性,是科学认识的前提。正是由于具有渴求和崇尚真理这一特质,科学精神引领着科学的昌盛,极大地促进了社会文明的发展。在今天看来,世界历史曾经发生过的一系列标志性的科学进步成果,从蒸汽机到电动机,从热气球到宇宙飞船,从钻木取火到使用核动力等,印证了人类从愚昧野蛮走向光辉灿烂的文明世界的漫漫征程中,始终贯穿着求真求实的科学精神。科学精神要求辩证地思考一切,这里面也包含联系与发展这一客观世界的基本特征,包含对客观世界进行认知的认识活动。司法鉴定之所以为世人所普遍认可,因素之一在于其本源性的科学精神,在对鉴定对象进行检验鉴定过程中,始终将联系和发展作为基本指导理念之一,深层次解读其因果关系,从而达到认知的目的。

同时,科学精神容不得片面性和思想僵化。恩格斯曾经高度评价过康德的“星云假说”,指出它在近代形而上学的僵化的自然观上打开了第一个缺口。17、18 世纪欧洲的自然观被形而上学所笼罩,天体被认为是永恒不变的,而且天体的诞生及运行被解释为上帝之手的“第一次推动”。康德将辩证的思维方式引入自然科学,第一次用天体内部的吸引和排斥的矛盾来解释天体的发生和发展,用辩证的观点描绘了宇宙的图景,否定了牛顿的第一推动力。这种辩证的自然观对 19 世纪下半叶物理、化学、生物学的新发展产生了积极而深刻的影响。追求真理之路布满荆棘,科学精神同时意味着勇敢的献身精神。马克思曾经借用但丁的诗句来说明这种献身精神:“在科学的入口处,正像在地狱的入口处一样,必须提出这样的要求:‘这里必须根绝一切犹豫;这里任何怯懦都无济于事’。”这与马克思异常崇拜古希腊神话盗火者普罗米修斯的思想一脉相承。以现实而论,文物艺术品鉴定要想取得突破,恐怕必须得有人如普罗米修斯一样,解放思想,勇于进取,尤其是承担社会治理职责的部门,任何的犹豫和怯懦都可能带来全局性的滞缓乃至停顿。

其二,崇尚理性思考,敢于批评,是科学精神的突出特点。

科学认识的过程和对象十分复杂,单凭直观、感觉是不能把握事物的本质和发展规律的,人们必须仰仗理性思维才能超越此岸世界,并最终到达彼岸世界。提倡科学的理性,就是反对盲从和迷信,而这恰恰是文物艺术品界普遍存在的现象,因为迷信“权威”、盲从人言,不少人付出了沉重的代价。崇尚理性思考,应从两个方面进行审视:首先,绝非简单拒绝或否认人们的非理性的精神世界。人们具有丰富的精神世界,即不仅追求理性和真,而且追求情感、信仰,追求美和善、意义和价值,这其中,非理性的精神世界往往会爆发出灿烂的思想,甚至一些被世人认为非理性的行为,可能代表着更为高尚的情操,如数不胜数的革命英雄,黄继光、邱少云……莫不如此。但是,在普遍的生活工作中,如果失去了健全理性的导引或调节,人们就容易迷失方向,就会陷入迷茫,就会产生思想和行动的盲目性、自发性。理性精神要求人们尊重客观规律,探索客观规律,并把对客观规律的科学认识作为人们行动的指南。合理怀疑是科学理性的天性。其次,在科学理性面前,不存在终极真理,不存在认识上的独断和绝对“权威”。马克思在其女儿要求他填写的一份调查表中,把“怀疑一切”作为自己最喜爱的座右铭。这种怀疑,绝不是怀疑主义意义上的怀疑,而是对掩盖事物真相的假象的怀疑,是对似是而非的论调的怀疑。怀疑的过程就是发现问题的过程。怀疑精神是破除轻信和迷信,冲破旧传统观念束缚的一把利剑。缺乏怀疑精神,容易导致盲目轻信。古人云:“大疑则大悟,小疑则小悟,不疑则不悟。”怀疑精神是批判精神的前导,批判精神是怀疑精神的延伸。没有合理的怀疑,就没有科学的批判;而没有科学的批判,就没有科学的建树。新思想是在对旧思想的否定中诞生的,真理是在同谬误的斗争中发展的。没有哥白尼对托勒密“地心说”的怀疑和批判,就没有“日心说”的创立;没有对“物种不辩论”的怀疑和否定,就不可能有达尔文进化论的创立;没有对牛顿经典物理学的绝对时空观的怀疑和超越,就不可能有爱因斯坦狭义相对论的出现。当然,科学的批判精神并不是形而上学的绝对否定,而是辩证的扬弃。科学精神体现了科学性与革命性、建设性与批评性的统一。

人们对经验鉴定产生怀疑,事实上正是看得见的科学精神的表现。但绝对否定经验鉴定则又走入过犹不及的死胡同,这些人骨子里实际上为另一种迷信状态,即迷信“科学”,现实中的一些伪科学、伪科学专家,正是利用了这一点,在谋取其不当利益之时,让科技鉴定逐渐陷入经验鉴定曾经历过的泥淖之中,长此以往,着实堪忧。

其三,以创新为灵魂,以实践为基础,是科学精神的内在要求。

如果说求实精神深刻反映了人们对客观规律的探索与尊重,那么创新精神则充分体现了人类特有的主观能动性。从实际出发,尊重客观规律,并不是要人们墨守成规。科学精神倡导创新思维和开拓精神,鼓励人们在尊重事实和规律的前提下,敢于“标新立异”。创新思维离不开一定的科学知识和经验。具有丰富知识和经验的人,往往要比缺乏知识和经验的人更容易产生新的联想和独到的见解。但是,创造性的思维能力比知识更为重要。爱因斯坦十分推崇创造性思维特别是想象力,他说:“想象力比知识更重要,因为知识是有限的，而想象力概括着世界上的一切，推动着进步，并且是知识进化的源泉。”创新精神反映了科学认识与发展的规律。没有创新，就没有发展。正因为有了科学的创新精神，人类才得以不断进步，社会历史长河才得以生生不息。无论是求实还是创新，都必须以实践为基础。从一定意义上说，实践是科学精神的根本，科学精神深深植根于实践之中。实践精神要求尊重实践并积极参与实践，以实践为科学认识的来源、动力、标准和最终目的。离开了实践，就既不能发现真理，也不能发展真理，科学精神也就无从谈起。

文物艺术品鉴定的现实状况，尽管在实务层面有着诸多问题，但从科学研究角度，正因为其发展滞后，反而给科技创新、管理创新、机制创新带来了大量的机会，将其称为“创新”金矿，恐怕少有人会反对。

其四，科学精神渗透着人文精神，包含着价值目标。

对科学精神的传统理解存在两方面的偏颇。①仅仅从功利的意义上来理解科学精神，把科学精神归结为工具理性。随着科学技术与社会生产力的迅速发展，物质财富的急剧增加，人们沉溺在对经济效益的极度追求中，科学精神一度被演化为与自然绝对对立的力量，科学理性被理解为无限制地攫取和破坏自然的工具。人类为这种被扭曲的“科学精神”付出了沉重的代价。②仅仅从自然科学的观念出发来理解科学精神，忽视了从人文科学和社会科学的角度来把握科学精神，把科学精神理解为单纯追求精确性与物的客观性，漠视人的存在与发展，从而导致把科学精神与人文精神对立起来，或者把人文精神排除在科学精神之外。事实上，科学精神作为一种时代精神，不能脱离具体的社会实践和科学的发展来理解它。现代社会实践要求人们反思以往对科学认识的片面性，要求全面认识科学理性的作用，要把科学技术的发展同自然环境协调起来，同人的全面发展统一起来。自然科学与社会科学的发展及相互渗透，也促使人们对科学精神有了更进一步的了解。当代社会实践和科学的发展，拓宽了科学精神的内涵，赋予科学精神以新的时代特征。我们应该克服传统视野的狭隘性，在自然与社会、科学尺度与价值尺度的统一中把握科学精神。科学与价值固然存在矛盾，而现代科学精神则要求力图自觉克服这种矛盾。爱因斯坦曾深刻地指出："我们时代为其在人的理智发展中所取得的进步而自豪。——当然，我们一定要注意，切不可把理智奉为我们的上帝；它固然有强有力的身躯，但却没有人性……理智对于方法和工具具有敏锐的眼光，但对于目的和价值却是盲目的"；"关心人的本身，应当始终成为一切技术上奋斗的主要目标；关心怎样组织人的劳动和产品分配这样一些未解决的重大问题，用以保证我们科学思想的成果会造福于人类，而不致成为祸害"。这些告诫给予我们深刻的启示：科学精神应该包含正确的价值取向或目标，必须坚持科学发展与人的全面发展、社会的可持续发展相一致的观念。摒弃人文精神，见物不见人，脱离人和社会发展来孤立地理解科学理性，这绝不是科学精神的要求。科学精神是现代社会人们应该具备的重要素质。

文物艺术品鉴定是最能体现科学精神与人文精神相向而行的领域，自然科学技术方面的鉴定方法和手段的合理应用，可以补足经验鉴定的不足；经验鉴定的科学化转化，不但为科技鉴定增添新的内容，更能为经验鉴定走向成熟稳定提供支持。

第二，科学性还在于科学精神指导下的科学理性。

科学，正以越来越快的节奏、越来越广泛的影响、越来越高的强度，为人类带来滚滚财富，为社会带来巨大进步。在数字经济、互联网、AI、量子充斥于所有社会成员的感觉空间之时，凡是被称为科学的东西，几乎没有人会怀疑它的正确性和真理性。

那么,科学真的如想象一般,无所不能、无所不至吗?现代科学理性主义思潮的发展,正是针对盲目的科学史观,拓展并深化我们对于科学理论的认识。当逻辑实证主义运用经验证实原则去论证科学的客观检验标准时,遇到了难以逾越的逻辑困境:经验证实的东西总是具体的、个别的,而科学理论所陈述的却是一般原则和普遍真理;经验总是已经过去和完成的事情,而科学的作用范围却包含着未来。这一逻辑困境恰恰是所有以“现在”看“过去”、以“个别”寻“规律”的各类鉴定活动所面临的共同话题,经验证实与科学理论之间的映射,就如同法医学常会遇见的“因果”关系一样,一因一果、一因多果、多因一果、多因多果,排列组合可以轻松完成,但因果关系有时仍然处于“云遮雾绕”状态,无从清晰分说。

这样看来,经验是无法满足科学理论的普遍性要求的,实践经验和理论品性发生了冲突。我们既不能无视经验的存在,也不能放弃科学的追求,所以只能再次追问,到底什么是科学?传统科学观在这里受到了挑战。波普的批判理性主义通过逆向思维另辟蹊径,提出证伪原则:经验虽然不能穷尽一切事例,却可以通过一个反证推翻一个科学理论。欧洲人的经典命题“凡天鹅皆白”不是被澳洲发现的一只黑天鹅证伪了吗?由此可见,经验并非同科学的普遍性无关,只不过这是一种否定性的关系。波普进一步指出,一切科学探讨首先同问题相联系,是针对问题而生的,所谓科学就是解释问题的一种理论模型或者理论假说。当这种理论模型或理论假说能够正确地解释和预测客观事实时,它就是科学;当客观现实的发展超出了它的解释范围时,它被证伪了,就需要有新的理论假说来代替它。因此,科学发展的模式是:问题—假设—证伪—新的问题……批判理性主义的证伪理论在科学观上给了我们一个启示:科学与非科学的划界不是绝对的,科学理论不仅具有实证性的品格,同时也具有否证性的品格。科学只有通过不断清除假设中的错误才能前进。所以,任何科学理论都应该是一个开放的系统,它只能在不断的更新中呈现自身的真理性。科学哲学的历史主义学派继续考察科学的理论模型,拉卡托斯的“科学革命纲领”主张,可以把科学理论看成一个由硬核和保护带组成的模型。硬核是基本理论,是不容动摇的;保护带是辅助性假设,可以部分调整甚至全部变换。任何科学理论模型都不是永恒的,都有一个从进化到退化的演变过程。只要保护带的调整能够应对客观世界的变化并为该模型增加新的经验内容,能预言和解释新的事实,这个理论模型就是进步的;反之则已经退化。这样,一个科学理论是不会轻易被一两个反面例证所推翻的,它总要在一定的历史时期发挥作用。

这在科学观上给了我们又一个启示:科学的本质是同它的历史性相联系的,应该用动态的眼光来看待科学的标准。也就是说,静态的逻辑模式需要动态的历史模式来推动,横向的科学结构角度需要纵向的科学发展角度来引领。科学哲学所获得的历史主义眼光在其他西方哲学流派中也有反映,像心理哲学派别的“发生认识论”观点,解释学的“效果历史”观点,都是向历史主义的靠拢。由此可见,历史主义的研究态度不仅是马克思主义的重要原则,同时也是人类现代思维的共识。夏皮尔的科学实在论给了我们科学观上的第三个启示,他提出了信息域的概念,信息域,即一系列有内在联系并产生重大问题的信息群落。比如,拉瓦锡发现了氧,把燃烧、金属熔炼、动植物呼吸等现象统一于化学的信息域。信息域随着时代的发展而变化,如果说,16—17 世纪是力学的信息域,18 世纪是化学的信息域,19 世纪是电磁学、热力学的信息域,那么,20—21 世纪很可能是微电子学、分子生物学的信息域。我们可以站在信息域的总体高度,从各门科学的相互联系和互动关系中发现科学新的生长点，科学发展就有了新的思维角度。现代科学实践的形式，已经远远超越了科学家的个人奋斗，电脑行业三五个月改换一个朝代的发展速度，靠的是几百万科学技术人员的集体智慧。现代科学的形态也不再是一个个孤立的理论体系，而更体现为由众多理论或学科构成的理论群集。这一思路的实质告诉我们，现代科学是整体性的事业，而不仅是个人理性活动的结果。开放观、动态观、整体观，以及发展观、系统观、均衡观、回馈观、模式观等，这些来自科学理性主义的新观念不仅极大地丰富了我们的科学观，而且促使现代思维方式呈现出多样化的趋势。除了逻辑思维、辩证思维，还有逆向思维、模糊思维、发散思维等，这些都具有重要的方法论意义。

如何使文物艺术品鉴定领域普遍信奉科学性原则，是一篇大文章，盖因文物艺术品领域是一个充满人文、艺术、历史等元素的空间，活动于其间的人们对科学的理解相对偏感性，对科学技术方法的涉猎相对偏少，对科学语境的包含和吸纳相对较难。不过，信奉科学性原则只是对文物艺术品鉴定的要求，不必过多要求文物艺术品经营（收藏、展示、交易等），通过文物艺术品鉴定作为桥梁，营造尊重科学的氛围，当为可行之途。

（2）法律性原则。

虽然说鉴定活动基本上依赖科学技术的硬核支持，但即使是科技本身，也不是法外之地，科学技术历来所表现出的“双刃剑”特性，使人们始终对其保持着警惕。近年来，“技术中立”论无论是在科技领域还是在法律实践领域都引起了广泛热议，尤其是在互联网服务商的侵权责任划定上，“技术中立”一直被作为一项重要的原则来讨论。“技术中立”的主张在司法实践中最典型的例子就是快播案中“菜刀理论”之争。辩护人认为“菜刀既可以切菜，也可以杀人，但菜刀的生产者不能对有人用菜刀杀人的后果承担责任”。于是技术设计者便时常援引“技术中立”巧妙地切断其与侵权后果间的因果关系，反对技术的法律监管，呼吁“技术无罪”。

诚然技术受科技客观性的影响，有其自身的发展模式和逻辑，这种客观面向使其可以成为人类社会可把握可依赖的工具，但无论是亚里士多德的工具型活动还是韦伯的工具理性，都强调将科技人员与社会其他角色相分离，令其与社会环境之间存在某种意义上的隔离。但是，他们忽略了技术人员作为一个完整意义上的人或者团体，必定会有自己的价值导向，并根据其价值观设计对科学意义的承诺，此乃人的天性使然。与此同时，科技工作者在理解科学意义时，是无法摆脱社会价值的影响的，他总是在社会价值指引下，结合自身价值判断开展技术活动，他们不可能排除主体的旨趣及主观因素的影响。因此，任何技术都不是简单地从自然中获取，它是在特定历史环境、特定文化背景、特定意识形态下结合技术设计者主观价值判断而建构起来的。

因此，技术并非独立于人的精神世界。法兰克福学派的代表学者马尔库塞（Herbert Marcuse）就将技术视为一种意识形态，强调技术的政治含义，他指出，技术本身就包含着统治的合理性：“在科学和技术的物质的先验论中，潜藏着一种由阶级利益和历史状况所决定的世界设计。”哈贝马斯（Jürgen Habermas）也主张在价值选择引导下的科学技术会成为统治社会的力量，会使整个社会处于科学技术的统治之下：“技术和科学本身以普通的实证论思想的形式——表现为技术统治的思想——代替被废除了的资产阶级的意识形态。”在他看来，造成科技和人的异化的原因在于科学技术本身，是科技发展的内部逻辑，科技有原罪。法兰克福学派技术批判理论的集大成者安德鲁·芬伯格（Andrew Feenberg）也坚信社会价值已经渗透到技术体系的设计和技术体系使用的全过程，技术是技术霸权阶级利益的代表,它是社会政治斗争的舞台。价值规则和利益偏好与技术整合,使技术在限定的社会逻辑中难免会承载霸权阶级的价值意图。因此,技术不仅是客观中立的自然规律,还是有利益目标和意识形态渗透的综合体,它是技术、知识与利益、权力的交汇点,有可能成为权力和利益对资源的操纵。① 当技术实施者本身就是一种"准权力"的承载者时,如鉴定行业,通过对技术的支配能力达到对不当利益的攫取,其损害的不但是他人的合法权益,还包括社会秩序和道德体系等根本价值。

鉴定活动的法律性,还表现在类似于司法活动的"程序正义"层面。各种权利、权力主体汇集到鉴定这一交汇点时,程序就成为实体正义的根本保障。鉴定申请、决定、委托、实施、管理、监督各环节并不是单行道,作为共同参与者,必须受鉴定活动过程(process)正当性的约束。在法学领域,程序正义是一个重要命题,历来为学者所关注,这些研究及实践,对鉴定活动具有极为重要的指导意义和价值。

20世纪60年代以来,出于对人类自身的前途和命运的关注,一些学者开始研究过程或程序本身的正当性问题。美国政治哲学家、伦理学家、普林斯顿大学哲学博士、哈佛大学教授约翰·博德利·罗尔斯(John Bordley Rawls,1921—2002年)于其1971年出版的、在学术界具有巨大反响的《正义论》中,提出并分析了程序正义的三种形态:纯粹的程序正义、完善的程序正义以及不完善的程序正义,并着重对纯粹的程序正义进行了论述。在罗尔斯看来,如何设计一个社会的基本结构,从而对基本权利和义务作出合理的分配,对社会和经济的不平等以及以此为基础的合法期望进行合理的调节,这

---

① 参见吴梓源、游钟豪:《AI侵权的理论逻辑与解决路径——基于对"技术中立"的廓清》,载《福建师范大学学报(哲学社会科学版)》2018年第5期。

是正义的主要问题。要解决这些问题,可以按照纯粹的程序正义观念来设计社会系统,“以便它无论是什么结果都是正义的”。这种纯粹的程序正义的特征是:不存在任何有关结果正当性的独立标准,但是存在有关形成结果的过程,或者程序正当性和合理性的独立标准,因此只要这种正当的程序得到人们恰当的遵守和实际的执行,由它所产生的结果就应被视为是正确和正当的,无论它们可能会是什么样的结果。例如,公平机会原则的作用,就是从纯粹的程序正义的角度保障分配的正义得到实现,因为纯粹的程序正义具有巨大的实践优点:在满足正义的要求时,它不再需要追溯无数的特殊环境和个人不断变化着的相对地位,从而避免了由这类细节引起的复杂原则问题。罗尔斯所分析的正义问题显然不限于法律程序问题,而是涵盖了社会政治和经济结构的各个方面,无论他的理论能否以及能在多大程度上被人们所接受,他所提出的程序或者过程本身的正当性问题,日益引起人们的关注。他的理论对人们的深刻启示在于,在对一个至少会使一部分人的权益受到有利或者不利影响的活动或决定作出评价时,不能仅仅关注其结果的正当性,而且要看这种结果的形成过程,或者结果据以形成的程序本身是否符合一些客观的正当性、合理性标准。

在罗尔斯的理论出现前后的一段时期,在法哲学领域内,也出现了一种研究程序正义(Procedural Justice)的思潮。一些英美学者从揭示传统上的“自然正义”和“正当法律程序”的理念的思想基础出发,对法律程序本身的公正性和正当性进行了较为充分的探讨,提出了一系列的程序正义理论。这些理论的共同特点在于,它们都认为法律程序是为保障一些独立于判决结果的程序价值(procedural values)而设计的,这些价值有平等参与、公平以及保障个人的人格尊严等;一项符合这些价值的法律程序或者法律实施过程固然会形成正确的结果,但是这种程序和过程的正当性并不因此得到证明,而是取决于程序或过程本身是否符合独立的程序正义标准。换言之,一项法律程序或者法律实施过程是否具有正当性和合理性,不是看它能否有助于产生正确的结果,而是看它能否保护一些独立的内在价值。至于这种内在价值究竟是什么,学者们则仁者见仁,智者见智,从不同的角度进行了分析。有的主张法律程序自身所保护的是建立在社会契约理论基础上的正义价值,有的认为是人的自然权利,基本的自由价值和人的尊严。

无论怎样,法律程序自身的公正、公平、合理都被视为与程序所要产生的结果无关的独立价值,只有这些价值得到保障,那些利益会受到程序结果直接影响的人,才能受到基本的公正对待,即享有作为一个人而非动物或物品所必需的尊严和人格自治。在许多学者看来,法律程序作为实现公正结果的手段方面的价值,尽管也同样重要,但与程序正义价值相比,只能处于第二位。有的学者在强调程序正义方面走得很远,以至于得出了与罗尔斯的纯粹的程序正义相似的结论:确保法律程序自身价值的实现是法律实施过程的关键所在,只要遵循了公正、合理的程序,结果就被视为是正当的。我们将这种理论称为“程序本位主义”。程序本位主义认为,评价法律程序好坏优劣、判断法律实施活动是否成功的唯一标准,是程序本身是否具备一些公认的内在优秀品质,而不是它作为实现某种外在目的的手段的有用性。法院判决的正确与否终究是很难检验的,因为实体法并非完美无缺,法官受各种条件的限制,也并非总能够发现真实,因此与那种难以实现的裁判结果的客观正确相比,法庭审判活动具有正当的外观过程显得更为容易实现;只要法庭严格遵循了正当、合理的程序,它所产生的实体判决就应被视为正确的、合理的。由于这种理论主张公正的法律实施过程必然产生公正的裁判结果,法庭应将保证审判过程的公正、合理作为其中心任务,因而它又被称为“过程中心主义”。

例如,英国学者达夫(R. A. Duff)即从“刑事审判是一种理性的活动”这一论点出发,论证了“裁判的公正性与产生这一裁判的程序的公正性具有一种内在关联性”这样一种论断,坚持了程序本位主义观点。在他看来,一项刑事裁判的质量会因为产生它的程序本身不具有合理性而受到损害,因此法院通过刑事审判所作的裁判必须具备合理的根据并经过充分的论证;同时,法院通过刑事审判还必须向被告人及其他社会公众宣示和证明其判决的公正性,尽力说服那些行为接受审查的人接受判决结果的正确性和合理性。英国另一位学者罗卡斯(J. R. Lucas)则从消除人们普遍对一些不合理的审判过程所产生的“非正义感”的角度,对传统的“自然正义”原则进行了重新论证。他认为,正义不仅要得到实现,而且要以人们能看得见的方式得到实现,只要遵守了自然正义原则,人们作出决定的程序过程就能达到最低的公正性:使那些受决定直接影响的人亲自参与决定的产生过程,向他证明决定的根据和理由,从而使他成为一种理性的主体。经过这种正当的程序过程,人们所作出的决定就具有了正当性和合理性。

通过上述分析可以看出,程序正义的理论在英美法学界已得到相当大的发展,程序本位主义理论不过是将程序正义的理念强调到了极致而已。尽管程序正义的理论一直到20世纪60年代以后才大规模地出现,但程序正义作为一种观念,早在13世纪就出现在英国普通法制度之中,并在美国得到前所未有的发展。1924年“R vs. Sussex Justices”案中,普通法最古老也是最重要的法院之一王座法院(更早的名称叫御临法院)首席法官休厄特(Lord Hewart C. J.)的名言“Justice must not only be done, but must be seen to be done”

（案件不仅要判得正确、公平，符合实体法的规定和精神；而且还应当使人感受到判决过程的公平性和合理性），至今仍是程序正义的经典陈述。

受英国长期以来形成的法律传统的影响，人们一般特别重视法律程序，相信“正义先于真实”（Justice Before Truth）、“程序先于权利”（Process Before Rights）。根据英国普通法，法庭在对任何一件争端或纠纷作出裁判时应绝对遵循“自然正义”（natural just）原则。按照这一原则，延伸出两个要求：其一，任何人均不得担任自己的诉讼案件的法官，这既是裁判者必须遵守的一条道德戒律，也是人们在构建一种法律程序时所要考虑的基本因素之一，在不少法学论著中，这一法则又被称为“无偏私”（impartiality）原则。根据此原则，无论是法官还是其他从事裁判工作的人，都不得对案件有各种各样的偏私，而应在控辩双方之间保持不偏不倚，并且与案件本身利益无涉。否则，他作为裁判者，就不具有道德上的正当性和合法性。其二，法官在裁判时应听取双方当事人的陈述（audi alterm parterm），要求主体的平等参与性，法律面前人人平等的无差别对待，权利义务相当，即不允许出现无义务的权利和无权利的义务等。这两项要求在英国司法制度中得到了牢固的确立，被用来作为法官解决纠纷时所要遵循的最低限度程序公正标准。根据上述第一项要求，法官在审判中不得存有任何偏私，而且须在外观上使任何正直的人不对其中立性有任何合理的怀疑。根据上述第二项要求，法官在审判过程中必须给予所有与案件结局有着直接利害关系的人充分陈述意见的机会，并且对各方的意见和证据平等对待。

不难看出，自然正义的上述两个要求都是有关法律程序本身正当性和合理性的标准，实际上构成人们所公认的程序正义观念的基本内容。与此相对应，美国联邦宪法第五条和第十四条修正案确立的所谓“正当法律程序”(due process of law)条款,也构成了对程序正义观念的承认和保障。根据美国学者和联邦最高法院的解释,正当法律程序可分为“实体性正当程序”(substantive due process)和“程序性正当程序”(processual due process)两大理念,其中前者是对联邦和各州立法的一种宪法限制,它要求任何一项涉及剥夺公民生命、自由或者财产的法律不能是不合理的、任意的或者反复无常的,而应符合公平、正义、理性等基本理念;而后者则涉及法律实施的方法和过程,它要求用以解决利益争端的法律程序必须是公正、合理的。《布莱克法律词典》对程序性正当程序的含义作出了具体的解释:“任何权益受判决结果影响的当事人有权获得法庭审判的机会,并且应被告知控诉的性质和理由……合理的告知、获得法庭审判的机会以及提出主张和辩护等都体现在程序性正当程序之中。”在美国学者看来,正当法律程序体现了正义的基本要求,而程序性正当程序体现了程序正义的基本观念。联邦最高法院前大法官杰克逊认为:“程序的公正、合理是自由的内在本质”,如果有可能的话,人们宁肯选择通过公正的程序实施一项暴厉的实体法,也不愿意选择通过不公正的程序实施一项较为宽容的实体法。因此,程序性正当程序所表达的价值就是程序正义。

程序正义的观念在英美法中的出现和发展并不是偶然。按照日本学者谷口安平的解释,英美程序正义观念的发展源于以下三方面的原因:陪审裁判以及作为其前提的当事人主义诉讼结构、先例拘束原则、衡平法的发展。首先,当事人双方在由一般市民组成的陪审团面前进行辩论和对抗,胜负由陪审团判定,而且陪审团的裁断只得出结论而不提供理由,这样就使判决结果是否客观真实无从检验,只能由程序的正确来间接地支持结果的正当性。其次,先例拘束原则要求法官根据在以往判决的相似案件中确立的先例,决定有关案件适用法律问题，但其前提在于当事人在其律师的协助下尽量找到有利于自己的先例，并通过辩论说服法庭予以采用。最后，衡平法的发展导致法官在当事人找不到适当的法律根据而提出救济请求的情况下，可以运用其自由裁量权，对案件作出适当的决定。在上述三方面因素的影响下，审判结果是否正当、正确并不具有外在的客观标准，但只要审判程序本身具备正当性、合理性，审判的结果就能够得到人们的广泛接受，也就具有了正当性和合理性。“正义不仅要得到实现，而且要以人们看得见的方式得到实现”这样一句著名的格言，说的其实就是这种通过公正程序所作的判决结论具有可接受性的意思。①

审视鉴定活动，无论什么类型的鉴定，只要涉及技术问题，通常人们都是以敬畏之心接受其评判，事实上很少有人能够以内行的眼光看出门道。要获得并维持鉴定应当享有的广泛的公众支持，至少应当让社会公众树立“程序正义”所带来的信心。同样地，科学技术的运行自有其规律性，而当我们将此纳入监管层面考虑时，问题就变得更加严重。因为如果监管人员自身也并非技术人员，那么他们如何对技术本身以及技术迭代进行有效管理？不得不承认的是，科技进步如此之快，立法者制定的法律法规有时难免落后于现有的科技水平，由此，程序正义很可能成为监管方最易用、好用的工具，并同样适用于媒体和立法问责制的纠正力量。

文物艺术品鉴定应当为拥有独立程序价值的领域。回顾并审视文物艺术品现状，其与文物艺术品鉴定罔顾实体真实和程序正义有莫大的关系，当鉴定人普遍缺失法律思维共识，或不知这种共识应有的状态时，他们的行为自然趋于自由化、自我化，久而久之，这

---

① 360 百科。

种状态于社会而言毫无公信力可言,僵局自会产生。

(3)中立性原则。

中立,顾名思义,即“居中而立”“中正独立”。《礼记·中庸》:“中立而不倚,强哉矫。”孔颖达疏:“中正独立,而不偏倚,志意强哉,形貌矫然。”不同语境中,“中立性原则”存在不同的含义和解释。

如吴修铭在《Network Neutrality, Broadband Discrimination》一文中,提到了“网络中立”一词,其实质体现为“互联网价值的核心是自由、开放”,随后将之形容为“电网理念”,即:所有的用电设施都能自由地、无阻碍地接入电网,并且电网对所接入的各种用电设施均“中立”地提供电力支撑,这一“中立”的性质,促使电网成为所有用电设施的创新发展平台。在“网络中立”的内涵中,网络的功能类似于电网,集中表现为一种中立性、创新性的发展平台,并抵制各种网络歧视、控制,始终保持网络特有的开放、自由。

在法律语境中,现代法律程序要求程序的公正与合理,而程序中立是法律程序公正性、合理性的基础。程序是预先设定好的解决法律事务的顺序、方式和方法。任何进入程序之中的当事人都不得因程序的设计而受到不公正的对待或者得到不应有的优待,否则法律程序就是不公正的,就有不合理性。所以要求程序的设计必须是中立的,而不是偏私的。著名的罗尔斯“切分蛋糕”模型中的公正理念的实现就是以程序的中立为实现条件的。切分蛋糕者必须是最后一个拿蛋糕的人,这样切分蛋糕的人就不会因为自己可能有私心而将蛋糕切分不均匀进而导致不公平的分配。在这个切分蛋糕的程序设计中,进入程序的人原则上会认为这种分配蛋糕的程序是中立的。有权切分者不能因其拥有切分权力而得到超过其应得之部分,非切分蛋糕者虽无权切分蛋糕,但有权首先选择蛋糕,这样,进入程序中的人都不会因程序的设计而受到特别的保护或受到不公正的对待。从这个角度来说,这种分配程序是中立的,正是这种中立的程序才能保证切分蛋糕的公正性与合理性的实现。

在检验活动领域(包括鉴定活动),实验室因其活动性质不同被分为三种类型。如果实验室是组织内设立,专事于检测/校准自己生产的产品,数据为本组织所用,目的是提高和控制自己生产的产品质量,这种实验室称为"第一方"实验室。所谓"第二方"实验室也是组织内的实验室,只是检测/校准供方提供的产品,数据为实验室所在组织所用,目的在于提高和控制供方产品质量。而"第三方"则是独立于第一方和第二方、为社会提供检测/校准服务的实验室,数据为社会所用,目的是提高和控制社会产品质量。形式上,从主体角度来看,第三方实验室整体体系均具有中立性要求,但并不意味着第一方和第二方实验室可以无视中立性原则,其管理与运行体系中,必须基于客观原则确定所有检验活动人员受中立性原则规制,不能因为上级、领导、利益等影响因素,出具有问题的检验鉴定报告。

中立性原则要求同样的条件所产生的结果必须同一,同一条件下不允许出现不同的结果。这一原则体现了公正性,这就要求程序设计必须要严谨,其在逻辑上必须是严格的。同样的条件下不能产生出不同的结果,从另一个角度来讲,也是要求程序具有排他性,如果程序运作的结果是同样的条件会有不同的结果,那么行为的正义性便会受到冲击。

(4)独立性原则。

鉴定本质上是一种判断活动。

认识是主体的能动反映,一般来说,在实践的过程中我们能够获得对客观事物的认识,但有时候认识会先于存在,如一些科学理论指导我们正确的认识世界和改造世界。这种认识与实践的交互过程,理想状态下,仅建立在认识主体的个体能力(包括其知识、经验、技能以及能供其使用的工具)与客观对象的基础之上。这是一种封闭的小环境,鉴定人不会受到任何外来因素的影响,其独立开展工作并给出判断。独立性原则的理论基础正是源于鉴定是一种判断活动,其最重要的价值追求必然是保证判断结论的客观公正性,一旦作为判断主体的鉴定人失去了独立性,就无法保障这一价值目标的实现。

构建满足独立性要求的执业环境,需要兼顾中立性原则。中立性原则强调行为人行为本身的无倾向性,独立性原则更强调的是行为人、机构身份与地位的非依附性。因此,观察独立性要件:外向视线看,委托、管理、监督是否有明确的边界,能够约束其不得发生影响鉴定活动独立性的风险;内向视线看,行业管理、机构管理、质量管理、薪酬管理、运行管理是否合理规范,在保护机构及鉴定人合理权益的前提下,让机构及鉴定人不能为、也不敢为,违则必究。

判断必须由个人作出。人都是有弱点的,能力水平、思维模式各不相同,金钱、地位、权力,诱惑不断;友情、亲情、好恶情感,无处不在;职业压力,避无可避。在这样复杂的社会环境中,让最基层的鉴定人来承担所有的责任,在各种压力下毫无保护的"裸跑",无论从什么样的角度来看,都是一种反动。因此,对鉴定人的约束,并不单一从独立性角度进行,而是在法律、法规、规章和制度层面,整体性对鉴定人行为空间进行设定,其中,包括独立性的保障。如司法鉴定领域,首先,在立法角度明确鉴定人行为,"2·28 决定"第 10 条规定:"司法鉴定实行鉴定人负责制度。鉴定人应当独立进行鉴定,对鉴定意见负责并在鉴定书上签名或者盖章。多人参加的鉴定,对鉴定意见有不同意见的,应当注明";诉讼法、司法解释,对鉴定人不能客观提供鉴定意见的情形,从民事、刑事角度均有规定;国家认证认可监督管理委员会、中国合格评定国家认可委员会,从质量管理层面,也对鉴定人行为有着详尽的要求。其次,各行政管理部门,对鉴定人执业纪律、行为模式有着详尽的规定。这些规定和要求,最终都会通过鉴定人所在机构进行传达、学习、执行、监督。当然,机构本身也是独立性原则的主体,尤其是作为市场主体的鉴定机构,其一旦陷入管理归属和/或利益追逐的旋涡之中,反而会成为鉴定人独立性最大的阻碍,甚至有可能是最主要的破坏力量。

关于机构身份与地位的非依附性,国家通过立法手段对司法鉴定行业所进行的规制传达出的信号最为直接、清晰。"2·28决定"对中国司法鉴定制度所带来的深刻变革之一,在于非常明确地取消了审判机关的鉴定实施权;并将侦查机关设立的鉴定机构案件受理限定在侦查工作需要的范围内,不得对社会提供司法鉴定服务。[①]"2·28决定"这一立法例所释放出的信息,是对"自审自鉴"等影响鉴定独立性的身份与地位的依附性持负面评价的表现。"2·28决定"第7条与第10条规定,分别针对机构主体和个人,宣示了司法鉴定活动独立性原则的确立。

外源性影响因素,相较于上述内源性因素,无论是反映形式还是激烈程度,都可能更为显性、复杂,如果没有较好的控制,诸如司法鉴定领域法医临床"黄牛"在局部地区蔓延,导致极为恶劣的糜烂局面的情形就会层出,行业的公信力严重受损。文物艺术品鉴定本

① "2·28决定"第7条规定:"侦查机关根据侦查工作的需要设立的鉴定机构,不得面向社会接受委托从事司法鉴定业务。人民法院和司法行政部门不得设立鉴定机构。"

身虽尚未形成体系化、制度化领域结构,但拿钱办事,罔顾事实的情况仍存在,这与独立性的缺失不无关系。

第二节 司法鉴定

2013 年 1 月 5 日,全国首届文物艺术品物证技术交流座谈会在广东佛山召开。媒体做了名为"赝品率过半 文物艺术品收藏市场呼唤'物证'时代,权威专家、学者、收藏家首聚佛山,热议司法物证鉴定技术在文物艺术品收藏领域的应用"的报道。座谈会上,雷从云针对文物艺术品乱象有感而发:"一些所谓的'鉴宝专家',往往对同一件器物,说出来的是牛头不对马嘴之类的话;甚至不懂装懂,还故弄玄虚;或以一句'假的''仿品'之类的话了结本应是严肃的文物鉴定";"一些专家甚至受经济利益驱动或为人情关系之故,在文物艺术品鉴定活动中,或在出具鉴定证书时,为赝品'大开绿灯'。这些文物鉴定乱象在社会上造成了极坏的影响,使民众对文物专家乃至传统眼学产生了信任危机,同时扰乱艺术品市场的正常运行"。雷从云认为:"传统眼学存在自身的缺陷,但现代科技检测也有它的局限性,包括技术检测无法诠释一件或一批古文物艺术品的文化内涵,历史与文化诠释只有依靠眼学、依靠文物专家的学识,将传统眼学与科技检测相结合确实是文物鉴定的正确道路。"

此次会议是第一次将文博收藏与司法鉴定两个领域的人汇集一起,围绕文物艺术品鉴定畅所欲言、交流沟通。230 多名参会人员中,有文博系统德高望重的资深专家,有全国各地的收藏界人士,有管理部门的代表,也有司法鉴定和高校代表。会议以交流座谈会形式而非研讨会形式开展,旨在"传统眼学"与"现代科技检测"之间的碰撞,侧重于理念、观念方面的交互,找寻两者结合的进路,共同推进文物艺术品鉴定的规范化、科学化。自此会以后,“眼学”+“科技”成为普遍共识,一时间“物证技术”“微痕鉴定”“痕迹检验”专家频出,行业标准、国家标准的制定者团队不断涌现,培训班、研讨会层出不穷。数年时间一晃而过,如今形势并无根本改变,一些关键节点问题并未得到澄清,“眼学”与“科技”的结合点以及各自的边界也没有定论,鉴定体系仍处于凌乱之中,技术与装备研究、研发未见亮点。反倒是一些“神秘科技”大出风头,有让天下英雄竞折腰之风采。

文物艺术品与司法鉴定的结缘,在笔者看来,主要有以下三个方面的原因:第一,人们认识到传统文物艺术品鉴定,实际上还不能称为一个行业。文物艺术品鉴定没有体系,没有标准,没有监管,甚至没有主体、权利义务、执业纪律等概念,总体上处于一种以自由鉴定人为主、依赖感官和个人感悟而进行判断的“初级阶段”。在频繁出现诸如“金缕玉衣”“王刚砸瓷”等事件后,传统鉴定模式的行为随意性、结果不确定性等弊病,进一步加深了人们的困惑和焦虑。通过不断的摸索和对外交流,司法鉴定以其基于检验检测而进行判断的“专业意见型”执业形态,与艺术品鉴定领域形态最具相似性而进入大家的视野。司法鉴定浓厚的科技属性,被认为是千找万寻而得之的“他山之石”,对文物艺术品鉴定具有较强的指导作用和借鉴价值。第二,理论上讲,司法鉴定本身是一个开放性的领域,其观察目标主要在于诉讼活动的证据技术问题,并未限定也不宜限定其研究对象的范围。文物艺术品鉴定的相关问题,以司法鉴定的眼光解读,并非无解的问题。换句话说,司法鉴定所拥有的物证理念和物证技术体系,是可以在一定程度上延伸至文物艺术品鉴定领域的。第三,文物艺术品鉴定在历经沧桑后,迫切需要一个重塑过程。矫枉必过正，以司法鉴定行业的法律性、科学性、严谨性、规范性为目标，渐次推进文物艺术品鉴定领域的重整和再启，才有可能使文物艺术品鉴定获取社会的认可，承担新时代中华民族历史自信、文化自信行途中理应肩负的责任。

何为物证技术？何为司法鉴定？我们的目的在于通过对司法鉴定的考查，找寻文物艺术品鉴定体系构建之借鉴。关注司法鉴定，建立可以与司法鉴定同样具有社会公信力的文物艺术品鉴定体系，是全社会的共识，更是文博及收藏界的心结。为何将视线聚焦于司法鉴定，原因应当是多方面的，其与司法鉴定被视为司法诉讼活动这一具有终极裁判性质的“定海神针”的组成部分具有很大的关系。2017 年 7 月 19 日中央全面深化改革领导小组会议指出：“司法鉴定制度是解决诉讼涉及的专门性问题、帮助司法机关查明案件事实的司法保障制度。健全统一司法鉴定管理体制，要适应以审判为中心的诉讼制度改革，完善工作机制，严格执业责任，强化监督管理，加强司法鉴定与办案工作的衔接，不断提高司法鉴定质量和公信力，保障诉讼活动顺利进行，促进司法公正。”会议还审议通过了《关于健全统一司法鉴定管理体制的实施意见》。由此可见，司法鉴定在国家法治建设中占据重要地位，也是诉讼活动得以顺利进行的支撑和保障。

现代法治国家多奉行“证据裁判主义”的基本原则。以民事诉讼活动为例，其基本结构是由当事人提出主张、提供证据进行攻防，法官居中裁判并适用法律。法官认定案件事实必须依靠证据，证据是认定案件事实的唯一手段，没有证据就不得认定事实。问题在于，当事人如何提供证据以支持自己的主张或反驳对方的主张，能否被法官所认可，这就涉及法学领域复杂的证据学问题，关键节点在于证明。

证明是人们在社会生活和科学研究领域内广泛使用的一个概念。

欧阳修的《六一诗话》曾云:“诗人贪求好句而理有不通,亦语病也。如……唐人有云‘姑苏城外寒山寺,夜半钟声到客船’,说者亦云,句则佳矣,其如三更不是打钟时。”清袁枚的《随园诗话》卷八有言:“‘姑苏城外寒山寺,夜半钟声到客船。’诗佳矣。欧公讥其夜半无钟声。作诗话者,又历举其夜半之钟,以证实之。”以文献记载为据,证明欧阳文忠公指责“诗人贪求好句而理有不通”实则其自己于吴中地理文化习俗有所不通。

在科学领域,证明更是科学研究的主要手段,如科学“假说”的证明。恩格斯在《路德维希·费尔巴哈和德国古典哲学的终结》一书中写道:“哥白尼的太阳系学说有300年之久,一直是一种假说,这种假说尽管有99%,99.9%,99.99%的可靠性,但毕竟是一种假说;而当勒威耶从这个太阳系学说所提供的数据,不仅推算出这个行星在太空中的位置的时候,当后伽勒确实发现了这个行星的时候,哥白尼的学说就被证实了。”

证明是“据实以明真伪”[①]“用可靠的材料来表明或者断定人或事物的真实性”,[②]经查询,“证明”有三种解释:其一,引证确实。《晋书·卷五〇·曹志传》记载:“父子证明,足以为审。”《初刻拍案惊奇·卷三〇》记载:“你道这女儿三生,一生被害,一生索债,一生证明讨命,可不利害么?”其二,以凭据表明事实。其三,可供核验事实的凭证。社会生活和科学研究大量存在并司空见惯的“证明”,既有静态词义,是指用于证明的材料,如介绍信、身份证明等,等同于证据;而其动态词义,存在指向上的含义,一是用证据向他人证明,

① 《汉语大词典》(第11卷),汉语大词典出版社1993年版。

② 《现代汉语词典》(修订本),商务印书馆1996年版,第1608页。

二是寻找证据进行证明这一活动本身。

司法活动中,证明的基本含义并无本质改变,但需要结合权利义务和职权责任进行考查:当事人的他向证明(向他人以证据进行证明)是为自己的诉讼目的或主张服务,这是当事人的权利。权利是可以放弃的,但是就审判活动而言,当事人放弃他向证明,意味着其诉讼目的或主张的消减,将会承担不利的诉讼结果。所以,他向证明同时表现为一定的义务,也是作为诉讼主体必须履行的责任,最终还是证明责任的承担者。

当事人证明活动,是向谁证明?事实裁判者——法官。[①] 案件当事人的他向证明就是要满足法官认定案件事实的需要,对法官而言,认定案件事实是审判职权的体现,不可放弃。法官对案件事实的了解,从初始的一片空白到最终的内心确信,都有赖于从当事人真真假假、虚虚实实的他向证明中获取信息并进行判断,这一过程与当事人的他向证明相对应,为自向证明。

在诉讼活动中,自向证明和他向证明都是存在的,但是二者的主体有所不同。自向证明的主体一般是就事实问题作出某种认定或裁断的人,如侦查员、检察官、法官;他向证明的主体一般是提出某种事实主张的人,如诉讼中的当事人及其律师。不过,自向证明和他向证明的主体在诉讼过程中也是可以转化的。在侦查阶段,侦查员是自向证明的主体。但是,在审查起诉阶段,侦查员则成了他向证明的主体,因为他们要向检察官证明逮捕或提起公诉的事实依据;作为是否起诉的决策人,检察官成为自向证明的主体。到了法庭审判阶段,检察官作为公诉人,要向法庭证明指控的案件事实,因此他们又转化为他向证明的主体;法官作为诉讼裁判者就成为自向

---

① 事实裁判者并不都是法律适用者,如英美法系的陪审团制度。文中仅对事实审与法律审主体合一的情形进行讨论。

证明的主体。由此可见,在诉讼活动中,自向证明一般属于主体的职权行为,目的是满足自己行使某种职权的需要,例如,法官的自向证明就是其行使司法裁判权的需要。他向证明一般属于主体的义务行为。[①]

对自向证明主体来讲,准确认定事实是一项艰难困苦的差事。构成案件的生活事实总是发生在过去,自然界的时空规则让其不可能如亲身经历者一样去探知案情;即使事有巧合,案件发生时他刚好在场,从公平正义角度也不允许以此经历直接形成判断结果,而只具有证人证言的证明价值。所以,自向证明主体只能通过证据,以自己作为法律人和社会人的综合认知能力去发现事实真相。但社会生活的复杂程度,尤其是科学技术的发展所带来的知识爆炸及社会分工的极端细化,没有任何一个个体的知识、经验能够做到应知尽知,在面对认知能力之外的障碍时,他们是可以依制度设计寻求帮助的,如司法鉴定。

一、司法鉴定的前世今生

今天我们所理解的司法鉴定,从“帮助案件事实认定”角度追溯,具有非常悠久的历史。

我国历史上著名的法医学家,被中外法医界普遍认为是“法医鉴定学”的创始人,被尊为世界法医学鼻祖的宋慈(1186—1249年),系南宋孝宗淳熙十三年生人,此时正是我国制瓷历史上极为辉煌的时期,“宋瓷”一词的号召力与宋慈于法医学的影响力相映成趣。不过,我国技术支持案件审理的历史,更为靠前,有史记载可追

① 参见何家弘:《论司法证明的目的和标准——兼论司法证明的基本概念和范畴》,载《法学研究》2001 年第 6 期。

溯到先秦,[①]经过了两汉及三国两晋南北朝时期的发展,到了唐代已经较为完备,至宋代则达到鼎盛。

我国特有的漫长的封建社会历朝历代,几乎没有任何例外地延续司法从属于行政的构架,尽管不同历史时期,会存在不同形式的司法分权和司法分工的模式变化,但终审权总掌握在地方长官手中。以宋为例,宋朝行政区划,实行州、县二级制(州之上设路,但不是一级行政区),宋代州政丛杂,军政、民政、财政、刑狱、上下文移、赈恤灾伤、布宣教化、察举官员,无所不与,“以一守令之身而下兼众曹之事,非材闳力钜,谁与共此凛凛哉”[②]。特别是刑狱繁多、财税任务重的州郡,知州、通判不能事必躬亲,必须借助属官才能有所作为。

知州、通判是宋朝州一级主要长官,[③]属官配置一般有:“判官、推官,掌受发符移,分案治事;兵马都监,掌训治兵械,巡察贼盗;录事、司理、司户参军,掌分典狱讼;司法参军,掌检定法律,各一人。皆以职事从其长而后行焉。”[④]其中,录事、司理、司户、司法参军都承担司法职责。按宋制,判官、推官作为知州的助手,也不可避免地需要参与审判活动。这种大部分属官都涉及司法审判的情形,其实与长官职责制相对应,终审权在长官手里,长官的职责顺理成章当由属官予以分担。同时,由于宋朝的建立是少有的非暴力朝代承袭,制度上多沿袭唐制,规定县无权处置重案(如可判杖刑及以上的

---

① 1975 年 12 月,湖北省云梦县出土《睡虎地秦墓竹简》,反映秦昭襄王元年(公元前 306 年)到秦始皇三十年(公元前 217 年)的情况,其中所记载的法医学案例包括勘验现象、检验死伤等。也有人认为我国检验史可上溯到西周。

② (宋)陈耆卿:《钦定四库全书·赤城志》卷十二。

③ 宋以朝臣充任各州长官,称“权知某军州事”,简称知州,有别于后朝(如清)的正式官名。

④ 徐松辑:《宋会要辑稿》职官四七之一一至一二。

刑事案件),只能初审,而不能判决,最终判决须由州级官员进行。因此州一级是宋朝地方最重要的司法审判级别,是宋朝维持地方统治秩序的关键环节。

宋代的案件勘验与审理,已达到相当成熟的程度,并形成了相应的制度,如对检验人员的规定:诸检复之类应差官者,差无亲嫌干碍之人,州差司理,县差县尉,以次差丞、簿、监当,若皆缺,则须县令自行。至于复检,乃于邻县差官,若百里之内无,然后不得已而委之巡检。前者无异于"回避"原则的古代表述,后者则是类似管辖权的规定。

除衙门官员外,检查人员中,还有一个非常重要的角色——仵作。从现存文献看,"仵作"之名首见于《疑狱集》,源于(玉堂闲话)"伍作"一名。[①] 在中国古代,各行各业皆有"行",仵作系代人殓尸送葬行业之人,又叫作"仵作行人",因为他们经常和死尸打交道,具有丰富的尸体处理经验,因此被官府所看中,涉及案件时受邀帮忙整理验看尸体,这就是早初的法医检验。由于仵作非官非吏,其活动只能处于辅助地位,县尉、州的司理才是主体,需要亲自参与检验。随着时间的推移,检验死伤技术的专门化及仵作行人在刑事诉讼中作用的提高,仵作行人才逐渐成为官署的法定吏役,但即或如此,仵作的检验活动的辅助地位并未改变。晚清著名案例"杨乃武与小白菜",表面上看是历经七次审理的奇案,实际是初审时仵作疏忽大意而导致,最终案件又得以扭转的关键之一在于让年届八旬,在刑部任职60载的经验丰富的仵作重新检验。但其中深层次的原因却在于,时任余杭知县刘锡彤是地方主官,司法隶属于行政,其自然是本案的司法官员。按当时的司法制度,是没有所谓"审鉴分离"

---

① 参见徐忠明:《"仵作"源流考证》,载《政法学刊》1996年第2期。

一说的,仵作处于辅助地位,没有“签字权”,定案法医检验结论自然也就是该衙门以及该衙门中的最高长官(知县)的结论,如果这个结论是错误的,那么也只能是知县大人的错。所以,即使后期刘知县发现该鉴定可能有误,为保护自己的利益,其不但未积极作为澄清事实,反而百般阻挠复查复审。刑部主审官员不得不直接将死者尸体运进京城,甚至不使用刑部自己的仵作而从各地抽调仵作进行检验,方使案件水落石出,沉冤昭雪。

有明一代,仵作官方化身份还未见有法律的明文规定,至雍正六年“定例”:“大县额设仵作三名,中县额设二名,小县额设一名。仍于额设之外再募一、二人,令其跟随学习,预备顶补”[①],仵作的官方身份方始明确,之后的定例对仵作的选拔、培养、待遇、考核及奖惩等方面均作了专门规定。法部主稿,会同吏部办理的《法部会奏议覆东督奏吉省拟设检验学习所改仵作为检验吏给予出身折》于宣统元年(1909 年)二月二十二日得到皇帝(时溥仪尚幼,实则为摄政王)“依议”的批复,检验吏制正式开始运作,仵作也更名为“检验吏”。这是仵作向现代法医迈进的关键转折点,检验吏制度的确立成为吸引优秀人才进入司法检验队伍的有效途径,折中所建议的“设有审判等厅省分,应于上级厅内附设检验学习所一区,调取各属识字仵作,并招考本省二十岁以上聪颖子弟若干名,责令检察长督同入所肄习,仍照例各给《洗冤录》一部,派员讲解。此外生理、解剖等学,亦应择其普通浅近、关系检验者,附入课程,并陈列骨殖模型标本,籍资考证。定期一年半毕业,发给文凭,分派各州县专司相验等事”等同于检验吏招生、培养和分配的政策设置。进入民国后,新式法医制度的成熟经历了一个艰难而漫长的过程,在相当长的一段

① 马建石、杨育棠主编:《大清律例通考校注》,中国政法大学出版社 1992 年版。

时间内,检验人员新旧杂糅,检验吏和仵作仍是构成司法检验的主要力量。辛亥革命后,1912 年颁布的刑事诉讼法,规定了挖墓检验、解剖尸体;1913 年颁发了《解剖规则》。直到 20 世纪 40 年代末才形成由法医师和检验员组成的有一定规模的司法检验群体,中国司法检验体制的近现代转型初步完成(当然,近代中国积弱落后、战乱不断,也是导致法医行业进步迟慢的影响因素)。

我国古代司法检验理论与学术研究,属宋代最为世人所瞩目。宋代统治者有令"天下官吏皆争诵律令"之法制精神,开创了"零口供"之先例,《宋刑统》规定"若赃状露验,理不可疑,虽不承引,即据状断之"。只要物证确实、充分,没有口供也可以结案。宋律还要求:"犯罪事发,有赃状露验者,虽徒伴未见者,先依状断之,从后追究之。"这些规定说明,随着宋代经济的发展,社会文明的进步,在诉讼中物证的地位越来越高,证明效力越来越大。为了保证这些法律的贯彻实施,宋徽宗听取少卿任良弼的提议,规定:凡推勘盗案,必须查出赃物及窝藏的地点,否则法官要承担刑事责任(各徒两年),追查不尽者,则减二等科罪(徒一年)。这样,国家以法律手段强制司法机关审理案件时,必须注重物证的查取,促使司法官员加强对物证的重视。所以,宋代司法官员在审理刑狱中非常重视物证的使用和查取,即使犯人已经招认,亦要查取物证以验证口供的虚实。同时,宋代为正确地使用物证,还注意对物证的真伪进行辨验,以保证使用物证的准确性,以防因轻信假证而造成冤案。

宋朝推行佑文崇儒政策,崇尚斯文,自太祖始,历代统治者均与士大夫谋治天下,终宋之世优礼儒生、重用文臣。正如苏轼所言:"历观秦汉及五代,谏争而死,盖数百人。而自建隆以来,未尝罪一言者。"在维护封建主义中央集权和封建伦理秩序体系的前提下,比较自由的言论风气,使宋朝著书立说涉法的文人颇多,如欧阳修、苏轼、钱易等。宋朝更是出现了一大批法律名著,如郑克的《折狱龟鉴》、傅霖的《刑统赋》、桂万荣的《棠阴比事》、宋慈的《洗冤集录》和判牍汇编《名公书判清明集》。其中尤以《折狱龟鉴》《洗冤集录》影响广泛而深远。

《折狱龟鉴》为宋人郑克编纂。郑克,字克明,宋代开封人,生卒年难考,在《宋史》无传。据宋、元、清先后学人成文记载,其生活于两宋之交的宋徽宗时代和南宋初年,宋徽宗宣和六年(1124 年)进士,南宋初历官登仕郎、建康府上元县尉和承直郎、湖州提刑司干官。《折狱龟鉴》以五代时和凝父子所著的《疑狱集》为基础,"采摭旧文,附益宋事",相比《疑狱集》有广度的发展。

从今人对《折狱龟鉴》的版本考证来看,《折狱龟鉴》的版本有三:版本一是宋原刊 20 卷,20 门,276 条,395 事,但已失传;版本二是明代隆庆和万历的两卷本,但仅 5 门,110 条,140 余事;版本三是清代《四库全书》八卷本。现在主要的研究版本为清《折狱龟鉴》八卷本,此书原本分为 20 卷,后清代收入《四库全书》时,重新整理合并分八卷,包括释冤、辩诬、鞫情、议罪、宥过、惩恶、察奸、核奸、擿奸、察慝、证慝、钩慝、察盗、迹盗、谲盗、察贼、迹贼、谲贼、严明、矜谨等 20 门,280 条,收录了上至春秋下至宋代的案例故事 392 则。"晁公武《读书志》称其依刘向《晏子春秋》,举其纲要为之目录,体例井然,亦可谓有条不紊者也。""卷数虽减于旧,其文则无所缺失也。"①

《折狱龟鉴》是中国现存最早的狱讼案例汇编,作为宋代侦查类文集的集大成者,其所反映的鞫情断狱思想突破了前世较为朴素的侦查方法,对后世产生了重大的影响,其中关于察情、定案、治狱的技巧经验皆体现了古代法官的断案智慧与郑克对侦查的独到论述,

---

① 郑克:《白话折狱龟鉴》,孙一冰、刘承珍译,警官教育出版社 1994 年版,第 515 页。

迄今都具有一定的借鉴意义，如"旁求证左，或有伪也；直取证验，斯为实也""证以人，或容伪焉，故前后令莫能决；证以物，必得实焉，故盗者始服其罪"，这种对"人证"与"物证"的价值评判，与今人无异。

《折狱龟鉴》，包括《疑狱集》《棠阴比事》等同类著作，虽有听讼决狱的内容，但整体上看依旧是以案例经验为主，郑克在每个条目中的案语里，虽然将案例经验加以整理，并不失精辟卓见，但未成体系，仍然提升不到系统化的理论高度，还称不上是系统的法医学专著。宋慈在博采近世所传诸书的基础之上，加上自己的刑狱断案经验，终于完成中国历史上第一部法医学专著——《洗冤集录》。

宋慈（1186—1249 年），字惠父，福建建阳人，南宋宁宗嘉定十年（1217 年）进士，先后任县主簿、知县、通判、提点广东刑狱、提点刑狱兼赣州知县、直秘阁提点湖南刑狱并兼大使行府参议官、直宝谟阁奉使四路、广东经略安抚使等官职，其中四次为高级刑法官，进直宝谟阁奉使四路也是"皆司臬事"，一生从事司法刑狱，经历颇丰。长期的专业工作，使他积累了丰富的法医检验经验，经过梳理和汇集，编为《洗冤集录》。

自该书付梓以后，迅速成为官方指定的勘验和审理刑狱的书籍，不仅在国内流传，也通过海外交往，传播到海外，产生了巨大的影响。自元代开始，我国形成一个增补辨正和研究发展宋慈《洗冤集录》的古代法医学学科。可以说，我国法医学之学术和检验技术皆本于《洗冤集录》，并形成了其独特的理论成果、著述体系、技术路线和发展路向，有着相对独立的学术领域、学术风格和传承谱系，在传统国学中占有一席之地。

《洗冤集录》之宋刊本已佚，现存最早的版本为元刻本，分 5 卷，53 目，书前有宋慈《洗冤集录序》：

"狱事莫重于大辟，大辟莫重于初情，初情莫重于检验。盖死生出入之权舆,幽枉屈伸之机括,于是乎决。法中所以通差今佐理掾者,谨之至也。年来州县,悉以委之初官,付之右选,更历未深,骤然尝试,重以仵作之欺伪,吏胥之奸巧,虚幻变化,茫不可诘。纵有敏者,一心两目亦无所用其智,而况遥望而弗亲,掩鼻而不屑者哉。慈四叨臬寄,他无寸长,独于狱案,审之又审,不敢萌一毫慢易心;若灼然知其为欺,则亟与驳下,或疑信未决,必反复深思,唯恐率然而行,死者虚被涝漉。每念狱情之失,多起于发端之差;定验之误,皆原于历试之涉。遂博采近世所传诸书,自《内恕录》以下,凡数家,会而粹之,厘而正之,增以己见,总为一编,名曰《洗冤集录》,刊于湖南宪治;示我同寅,使得参验互考。如医师讨论古法,脉络表里先已洞澈,一旦按此以施针砭,发无不中,则其洗冤泽物,当与起死回生同一功用矣。

淳祐丁未嘉平节前十日,朝散大夫,新除直秘阁、湖南提刑充大使行府参议官宋慈惠父序。贤士大夫或有得于见闻及亲所历涉出于此集之外者,切望片纸录赐,以广未备。慈拜禀。"

此序字里行间,无不体现了宋慈对检验鉴定的认识和重视,代表了早期"证据裁判主义"的萌芽,对今仍有一定的借鉴意义。

中国古代法医学的发展大体分为四个时期,萌芽(先秦)、建设(汉唐)、鼎盛(两宋)、停滞(明清),《洗冤集录》之后的元明清时期法医检验学均以《洗冤集录》为蓝本,又做出一些补充和修正,取得一些成绩,如《无冤录》《平冤录》的出现,到清代还颁布《律例馆校正洗冤录》,以《洗冤集录》为主,汇编入明清各家检验之书。一经颁布,即成为清代检验官员的必备书,"检验均依此书为准"。由于古代传统思想的束缚,中国没有如西方一样引入解剖理论,未对检验鉴定作深入研究,技术的停滞使两宋后的检验鉴定再无高峰,一度领先的古代法医学,渐渐被先进的技术所替代。

纪陶说:“刑名之学起于周季,其术为圣世所不取”;“刑为圣世所不能废,而亦圣世所不尚,略存梗概而已,不求备也”,致使许多法医学著述都亡佚无存。就连《洗冤录》这样一部有价值、有影响的法医学著述,宋人都不收书目,《四库全书》也仅收目录而不存书。清姚德豫在《洗冤录解》中说:“仵作,贱役也,重任也,其役不齿于齐民,其授食不及于监犯,役贱而任重,利小而害大,非至愚极陋之人、谁肯当此! 故良吏必须熟阅《洗冤录》,与之辩论确切,方令其喝报。若任其喝报,求无冤不可得也。”这是我国历代封建王朝冤案不断的一个原因。

域外,有学者认为大陆法系国家古代司法鉴定与刑事审判制度几乎同时存在,可追溯古希腊时代,公元前400年古罗马的《十二铜表法》以及公元6世纪东罗马帝国的《查士丁尼法典》。虽然这两个成文法在历史上具有非常重要的地位,但将其视为司法鉴定的源头,笔者认为较为勉强:其一,未见讨论二者与“鉴定”相关的学术文献。《十二铜表法》,是在平民要求下,迫使贵族十人团制定和公布并刻制于十二块青铜牌子上的(这也是《十二铜表法》得名的由来),标志着古罗马从习惯法到成文法的转变。因平民和贵族之间的矛盾而制定的《十二铜表法》,就其立法背景和历史条件而言,主要观察点在于利益平衡及保障,尚不可能兼顾到更为细微的证据、证明甚至于鉴定环节。《查士丁尼法典》我们可以理解为查士丁尼统治时期的法律编纂,后世将其长达31年(公元534年—公元565年,不含528年谕令下形成的法典)所形成的法典统称为“查士丁尼民法典”,主要成果包括《查士丁尼法典》(指534年重新修订过的新法典)、《法学汇纂》《法学阶梯》《新律》,未见有文献涉及鉴定。其二,直到1532年德国《加洛林纳法典》,才直接涉及鉴定问题,期间长达近千年的空白期,不符合历史延续发展的规律。

神圣罗马帝国皇帝查理五世于1532年制定的《加洛林纳法典》也叫《加洛林纳刑事法典》(拉丁文名称),或《卡尔五世大帝1532年刑事法院章程》(德文称谓)。这是一部实体法与程序并存的法典,在其219个条文中,有142个条文是关于刑事诉讼的规定,其余条文是关于刑法的规定,整体上看是一部包括实体法内容的刑事诉讼法典,刑事诉讼方面的规定包括刑讯程序、预审、开庭审判、证人证言等,有40条涉及对鉴定的规定。之后,陆续有相应的著作问世,如1575年法国巴雷医生的《外科手术学》,1598年意大利菲特利斯教授的《医师关系论》,1622年意大利巴迪尔的《怎样根据字迹判断写作者性格和气质》,1813年、1815年西班牙先后出版的《毒物与普通毒物学》(上、下)等。

20世纪以来,无论是英美法系还是大陆法系国家,都对自己的诉讼法典至少进行过3次修订增补,其中关于鉴定问题增补的条款与内容不少。主要集中在鉴定对象、鉴定机构、鉴定标准、鉴定活动方式、鉴定结论的评断、鉴定人的权利义务与责任等适应现代法制需要的深层次问题上,反映出鉴定制度改革的时代特点及与司法制度发展的同步性、层次性。有的国家为了实施诉讼法中关于鉴定的规定,还制定了单行的鉴定法规或鉴定条例。如美国1937年制定的《统一鉴定证言法》等。

英美法系国家的专家证人是在审判实践中逐渐成长起来的,早期是某一领域具有经验的人组成陪审团参与案件的审判。公元5世纪至9世纪,英国一些官员代表国王支持地方死亡尸体的勘验和证据调理,形成了验尸官制度。14世纪的英国出现了利用专门知识帮助法庭解决疑难问题的“法庭顾问”。18世纪以前的英国,专家证人的程序启动权并非由当事人(控辩)双方享有,而是由法院垄断,与大陆法系国家基本相同,其具有专门知识的也被称为“skilled witness”。在盎格鲁—撒克逊时期存在“验尸官”,主要是查明死因,医生作为协助人参与案件。科学技术的发展,引起了鉴定技术和方法的改变,直到 19 世纪初期,英美法系国家现代诉讼制度中的专家证人制度基本形成。

二、司法鉴定的格局与结构

历史的发展自有其内存的规律性,今天的人类社会,科技高度发达,民主政治的进步水平远非过去所能比拟,虽然一个国家可以因其历史文化特点而拥有不同的司法制度,但司法鉴定因其根植于科学技术的基本属性,成为诉讼制度不可或缺的组成部分,则是所有国家和地区的共同选择。根据诉讼模式的不同,司法鉴定制度的许多方面都表现出各自不同的特色。

(一)英美法系与大陆法系鉴定制度之比较

谁有权决定应否进行鉴定制度的核心内容。

英美法系国家采取对抗式诉讼模式,强调当事人双方地位平等,权利相同,并且整个诉讼程序主要由当事人或控辩双方自行推动进行。其学者认为鉴定权是渊源于有关法律规定的一项权利,司法鉴定的决定权应由双方平等拥有。

大陆法系实行职权主义诉讼模式,将鉴定权视为国家法定权利的一部分,其作用在于与制度相适应帮助裁判者发现真相以实现正义。大陆法系国家的多数学者认为,只有国家通过法律赋予特定的主体才有权利行使司法鉴定活动,因此,这些国家鉴定决定权基本上由法官所掌握,由其决定是否需要鉴定,当事人原则上只拥有鉴定申请权,且这种申请权对法官而言,约束力较弱。

与此相对应,鉴定实施主体的选任方式就各有不同。

英美法系国家采取鉴定人主义制度，其法学家认为，诉讼中所面临的专门性问题并不固定，并随着社会经济和科学技术发展而不断变化，涉及各个学科门类、职业活动乃至生活领域中的科学技术、专门技能、专门经验等非常识性问题。所以，解决专门性问题的专家并不一定局限于常规意义的学识丰富的学者型专家，不一定要求受过高等教育或具有较高的专业技术水平，只要他们对案件中的某一专门性问题具有一般人不具有的专门知识或经验，就可作为专家证人参与诉讼。因此，鉴定人主义制度的基本理念中，一般不对承担鉴定充任专家证人的条件设置细节性的规定，仅作出原则性的要求，不将鉴定实施权进行前置许可而固定授予特定的人或机构，只需审理该案件的法官和陪审团认为其符合要求就行。实践中，英美法系国家对专家证人的选任也不是完全的自由化，通常情况下会参考行业协会的推荐意见，尽管这种意见对法院、法官、陪审团以及案件当事人并没有绝对的约束力，法庭上并不看重鉴定人的资格证书，但基于能力和执业道德和水准的推荐意见，还是可以起到一定的评价作用的。

大陆法系国家普遍采用鉴定权主义制度。鉴定实施权被视为国家法定权力的组成部分，各国对鉴定人均有准入规定，一般要求鉴定人须是具有较高层次的教育水平，有从事专门性职业活动的经验，并获得了国家行业行政管理机构或有关法律的认可，方可从事相应的鉴定活动。在具体实施中，有以下三种不同的方式：(1) 自然人资格制。法院将司法鉴定资格直接授予个人，并建立鉴定名录，法官在委托时，从名录中进行选择，如果确需在名录外选任鉴定人的，法官须说明理由。如法国采取的就是鉴定人名录制。(2) 机构资格制。法律规定将司法鉴定资格直接授予专门的司法鉴定机构，只有在预先授权机构无法进行鉴定时，法官才能选择其他机构进行委托。如俄罗斯刑事案件中的各种鉴定,可以选择的机构就有司法鉴定研究所(隶属于司法部)、内务部下属的刑事技术部门、卫生部下属的法医鉴定研究所和司法精神病学研究所等。(3)机构和/或个人资格制。法院将司法鉴定资格授予个人和机构,即个人取得资格,可以不依附于机构,以自然人身份独立执业;机构也可获取资格取得授权后开展司法鉴定活动。比如德国,法院中既有以个人名义从事司法鉴定的医师鉴定人,也有以集体名义主要从事复核鉴定、重新鉴定等司法鉴定活动的法院医师委员会等。

不同法系国家在司法鉴定制度构建时,依诉讼制度之不同而选择了不同的路径,各有优劣,主要表现在:

第一,鉴定决定权的配置与诉讼模式相对应。

英美法系国家对抗制诉讼模式,旨在充分调动诉讼双方的主观能动性以推动诉讼进程,为实现对己有利的诉讼结果,必然会努力让自己的主张得到证明和支持,法律也为其诉权实现提供了制度保障,包括聘用律师,传唤证人,以及聘请专家。他们一起共同组成"战队",与相对方进行对抗,在直接言词原则及证据裁判主义等诉讼制度支持下,认定事实适用法律。在这样的格局中,鉴定人拥有多重身份属性:(1)是为"雇主"服务的被聘用人员。尽管也需要法庭的许可才能参与诉讼,但毕竟是由单方当事人所聘请,其立场只能站在雇主一方,不能为不利于雇主的任何行为。(2)是可替换的证人。英美法系国家鉴定人叫专家证人(expert witness),与普通证人不同的是,专家证人以专门知识、经验所作出的判断(意见证据)作证,而非以其对案件亲身经历作证。(3)是具有专门知识、经验的专家,也受到法律和执业纪律的约束。他可以在面临客观性困窘时选择不接受聘请,但即使接受聘请也不得因雇主利益而违背职业道德和科学技术的客观性要求而作伪证。在这一点上,其行为可参照律师,对当事人不利的可以不说,但不能乱说,更不能帮助当事人弄虚作假。

大陆法系国家将鉴定人视为法官助手,角色定位首重"发现真实"。因此,必须遵循中立性、客观性、独立性、科学性等原则要求而行事。

第二,两者的价值表现各不相同。

英美法系国家赋权于诉讼主体,让诉讼主体享有充分的诉权(包括鉴定决定权)处分能力,有利于对抗在公平公正的环境中进行,也才能让其易于接受最终的裁判结果(尤其对于刑事诉讼,公权力机关无论法系天然拥有鉴定决定权,如果嫌疑人完全被排除在外,没有任何启动鉴定的权利,最终必然使对抗处于不对等状态,诉讼模式的法理价值将难以体现)。但是,过度对抗也存在问题:诉讼成本居高不下。由于当事人可以自行决定和委托鉴定,故他们可以自主选择符合自己意愿的鉴定人充任专家证人。受聘鉴定人也会出于经济利益的驱动,在鉴定活动中"技巧性"地帮助雇主,以技术性原因或学术争议为由,将事实证明引向更为复杂的状态。因此,在英美法系国家的诉讼中,案件审理常会变成马拉松式的拉锯战,法庭成为鉴定人表演的舞台,对法官和陪审团产生决定性影响的方向,就会从本应关注的技术、方法以及相关的判断与认定方面,偏向专家在法庭上的表现是否精彩这一表象上面。

法庭效果好的专家证人必然受人追捧,受聘价格自然看涨,这直接影响到诉讼主体的成本。同时,英美法系的交叉询问使原本烦琐的诉讼程序因专门性问题变得更为冗长,也增加了整体诉讼成本,包括时间成本。

大陆法系国家职权主义诉讼模式,使法官的职权作用贯穿诉讼活动的始终,包括鉴定。诉讼证明是让法官形成事实认定,当事人的请求权对法官的约束力较小。这种鉴定制度的最大优点在于围绕法官的中心化控制所带来的高效率:法官依职权决定是否启动鉴定(可依当事人申请而决定,也可由法官依事实认知需要直接决定),由法官组织对委托要求及材料进行质证,按相应的要求选择鉴定机构或鉴定人(严格的回避制度),庭审环节质证活动由法官主持推动,等等。当事人无鉴定决定权,消除了形成"鉴定大战"的可能性;鉴定人不由当事人聘请,相对中立,具有更为客观开展鉴定的环境条件;法官对处于中立地位、以其助手角色开展工作的鉴定人,具有程序机制所决定的基本信任,可大幅度减少法庭质证活动的无效耗费;中立地位的鉴定人制度,其中立性和独立性有利于提高鉴定结论的公正性和权威,增加社会公众对裁判结果的信赖程度。

显然,在这种制度下,法官的职权会对诉讼主体的诉权形成压制效应:民事诉讼中,当事人只能申请,不能决定;刑事诉讼中,司法机关垄断了决定权,辩方无法参与。这种情况下对鉴定意见的质证,因为信息的不对称,很难实质化、有效化,加上鉴定意见对法官就事实认定所具有的重大影响,使法官因缺乏对专业问题的实际审查能力而怠于质证,从而形成潜在的错误裁判风险。另外,因为法官与鉴定人的"亲近"关系,鉴定机构或鉴定人可能为迎合法官而失去中立性,而当事人也会因这种"亲近"关系对鉴定意见持不信任心理,一旦对己不利,就可能引发其他社会矛盾。

从上述比较可以看出,由于英美法系国家的鉴定人主义鉴定制度为当事人的利益提供了极为有利的法律依据,却不利于保证鉴定人的素质和发现真实,而大陆法系的法官委托鉴定制度确立的严格的鉴定人资格制度和鉴定委托、审查制度虽然有效地克服了这一问题,但也存在一些弊端。故大陆法系和英美法系国家都渐次在鉴定体制上进行着改革。

英美法系国家鉴定活动的过分当事人化与大陆法系国家过分职权化，优势与不足都极为明显，但两者的成功经验却具有一定的互补性，所以近年来，两大法系司法鉴定制度有着相向而行的发展趋势。在英美法系国家，主要致力于强调鉴定人的公正地位，越来越多的学者主张通过法院或法官直接决定鉴定事项，来作为当事人委托制度的补充，克服完全自由放任的鉴定人制度存在的弊端。数十年来，美国专家证人制度改革，将选任无利害关系的、公平的专家证人作为重要内容，如《美国联邦证据规则》第706条规定，法院可依职权选任公平的专家证人，并由公共机关对这个专家证人给予一定的补偿。英国则以法定鉴定机构建设为重心，设立由内务部直接领导，完全独立于警察部门、司法部门的鉴定机构体系，以避免完全当事人化所带来的弊端。相反，在大陆法系国家，针对司法鉴定程序过于职权化的问题，则将改革的目标放在强化鉴定程序中的制约、监督机制的同时，重视庭审质证的有效性，并优化鉴定程序中当事人申请的审查机制，增强鉴定程序的透明度和控辩双方对鉴定过程的参与能力，以减少鉴定中可能出现的误判。

（二）我国司法鉴定的格局与结构

中华人民共和国成立以来，社会主义法治建设历经中华人民共和国成立初期、“文化大革命”、改革开放和全面依法治国四个阶段。司法鉴定制度的发展变化与法治建设的步调基本相同，也经历了中华人民共和国成立初期整理、传承旧社会资源，吸收引进国外经验（主要对象为当时的苏联，“司法鉴定”一词就是学习苏联司法部的经验，由俄文翻译而来）；“文化大革命”期间的混乱和停滞；改革开放后的大发展以及全面依法治国以来的规范化建设等阶段。这些阶段的划分有着明确的标志性事件，影响着司法鉴定行业的变化和走向：

1979 年《刑事诉讼法》(1979 年 7 月 1 日第五届全国人民代表大会第二次会议审议通过)和 1982 年《民事诉讼法(试行)》(1982 年 3 月 8 日第五届全国人民代表大会常务委员会第二十二次会议审议通过),在基本法层面确立了“鉴定”于诉讼活动的作用和地位。[①] 其后,1986 年《民法通则》、1989 年《行政诉讼法》审议通过,代表着中华人民共和国成立后,第一次比较全面地构建起了刑事、民事、行政三大诉讼体系,而鉴定作为其保障制度,也在蹒跚行进。

直到 2005 年这一段时期,社会稳定,经济和科技高速发展,诉讼活动以刑为主、重刑轻民的格局发生变化,迅速向刑民并重的方向转化,在不长的时期后,民商事案件数量远超刑事案件数量,充分发挥了司法对经济社会发展的保障作用。在这样的社会转型过程中,司法鉴定也从完全的侦查支柱型迅速向诉讼保障型转变。在理论研究方面,从司法鉴定学科、研究对象、内涵外延,到司法鉴定制度以及法治化建设,均是研究重点;在鉴定实践方面,更多目光从压倒性的刑事特质(法医、现场勘验及相应的实验室检验为主体),投入到民事案件的技术实践上来。其间,鉴定机构的设立除侦查机关继续得以加强外,法院系统鉴定机构发展极为迅猛,司法部也审批

---

① 1979 年《刑事诉讼法》第 88 条、第 109 条分别规定:“为了查明案情,需要解决案件中某些专门性问题的时候,应当指派、聘请有专门知识的人进行鉴定”;“人民法院在必要的时候,可以进行勘验、检查、搜查、扣押和鉴定”。1982 年《民事诉讼法(试行)》第 63 条第 1 款规定:“人民法院需要解决专门性问题时,有关部门有义务按照人民法院的通知,指派有专业知识的人进行鉴定。”

了以高校科研院所为主体的社会鉴定机构。[1]

2005年10月1日起实施的“2·28决定”,是中华人民共和国成立后首次全国人大(常委会)对司法鉴定的立法活动,具有里程碑意义。“2·28决定”确立了:(理论上的)统一的司法鉴定管理制度;(基于公平正义价值的)司法鉴定实施权管理制度;(具有行政许可性质的)社会资源准入制度。

“2·28决定”生效实施,法院系统鉴定机构全面转型,不再承担司法鉴定活动,转向对外委托等技术辅助工作。侦查机关司法鉴定机构保留,但原则上仅限于特定范围(主要以刑事案件为对象)内开展活动。社会鉴定机构成为提供司法鉴定服务的主要力量。至此,形成了部门鉴定机构与社会鉴定机构并列、各具特点的司法鉴定格局。部门鉴定机构系指侦查部门因侦查活动的需要而设立的司法鉴定机构,由各自主管部门批准设立,财政全投入建设并由所属部门管理运行,地方与上级管理指导相结合,鉴定人为公务员编制。部门鉴定机构因其工作职责而设立,主要服务于母体组织,所以其机构设立与人员配置均依计划进行,鉴定人资质的审核批准也属其正常管理活动范畴。社会鉴定机构有两种类型:一是高校科研院所和公立医院因为业务活动关联性(如教学科研和资源的有效利用等)而设立的司法鉴定机构;二是完全的社会资源投入设立的司法鉴定机构。这两者都必须依“2·28决定”的要求,由所在地省级

---

① 1999年7月14日司法部公布了《司法部关于公告面向社会服务的司法鉴定机构的通知》,标志着第一批独立于公、检、法机关的“面向社会服务的司法鉴定机构”产生,这些司法鉴定机构有:司法部司法鉴定科学技术研究所、西南政法大学司法鉴定中心、华东政法学院司法鉴定中心、中国政法大学司法鉴定中心、中国人民大学物证技术鉴定中心、北京大学司法鉴定室、西北政法学院司法鉴定中心和北京华夏物证鉴定中心等。这些机构均是在公告前审批并授权的,如西南政法大学司法鉴定中心司法部批准设立于1986年,授权于1987年。

人民政府司法行政部门进行审核、登记并向社会公告,同时接受相应的执业管理和执业监督。

2008 年,司法鉴定机构认证认可工作开展试点。此项工作的起点同样源于"2·28 决定"。"2·28 决定"第 5 条规定:"法人或者其他组织申请从事司法鉴定业务的,应当具备下列条件:(一)有明确的业务范围;(二)有在业务范围内进行司法鉴定所必需的仪器、设备;(三)有在业务范围内进行司法鉴定所必需的依法通过计量认证或者实验室认可的检测实验室;(四)每项司法鉴定业务有三名以鉴定人。"其中第 3 项要求的"计量认证"是指针对向社会出具具有证明作用的数据和结果的实验室和检查机构应当具有的基本条件和能力,由国家认证认可监督管理委员会和各省、自治区、直辖市人民政府质量技术监督部门,对实验室和检查机构的基本条件和能力作出是否符合法律、行政法规规定,以及相关技术规范或者标准实施的评价和承认活动。"实验室认可"则是实验室认可机构对实验室有能力进行规定类型的检测和(或)校准所给予的一种正式承认,其意义如下:表明具备了按相应认可准则开展检测和校准服务的技术能力;增强市场竞争能力,赢得政府部门、社会各界的信任;获得签署互认协议方国家和地区认可机构的承认;有机会参与国际间合格评定机构认可双边、多边合作交流;可在认可的范围内使用 CNAS 国家实验室认可标志和 ILAC 国际互认联合标志;列入获准认可机构名录,提高知名度。

2008 年 10 月 1 日启动的为期两年的试点,涉及北京、江苏、浙江、山东、四川、重庆等 6 个省(市),期限为 2 年。试点期间要求司法鉴定机构根据认证认可的要求,建立并运行质量管理体系,对影响鉴定质量的所有因素进行全过程、全方位的有效控制和管理,使所有鉴定活动有章可循、有据可查,全面提升司法鉴定机构的技术能力和管理水平，从而确保司法鉴定“行为公正、程序规范、方法科学、数据准确、结论可靠”，为司法活动的顺利进行提供技术保障和专业化服务。在总结试点工作经验基础上，司法部、国家认证认可监督管理委员会于2012年4月12日共同发布《关于全面推进司法鉴定机构认证认可工作的通知》（司发通〔2012〕114号，已失效），标志着全国司法鉴定机构认证认可工作的全面启动。以认证认可为手段的司法鉴定质量管理活动，虽形式上表现为技术层面的能力评价，但管理层面对认证认可结果（包括局部结果，如能力验证）的使用，越来越有过度化的趋势，直接影响着司法鉴定的格局与结构。

第三章　司法鉴定之观察与借鉴

案件所认定的事实都是发生在过去,将事实涵摄(subsumption)于法律规范,检验事实是否满足法律规范的事实构成,并因此产生该规范所规定的法律后果,这一思维活动的主体是事实裁判者。此思维过程中,事实裁判者需要在特定规则所设置的空间内,在特定的时限内,对事实进行认定,以达成适用法律的基础。当事实认定时,将超越认知主体知识和认知能力的专门性问题,让渡给有专门知识的人进行解读,这就产生了鉴定。在这样的结构中,当事人(控辩双方也可视为广义当事人概念,只是一方代表嫌疑人的权利,一方代表控方的权力和职责)是一对具有对抗关系的主体,无论什么样的诉讼制度下,都会想方设法为保证己方胜诉而努力,聘请律师和专家、寻找并提供证据、申请证人出庭作证都是这种努力的表现形式。事实裁判者居中认定事实,地位超脱,但责任重大,其职业行为出现重大偏差将会承担对其不利的责任追究。所以尽其所能,于支离破碎、扑朔迷离的证据材料中挖掘并认定事实,是其职业性质所决定的天然要求。当证明活动及事实认定涉及鉴定时,接受委托的鉴定人也成为诉讼参与人。这三种不同权利义务与职责负担主体,所理解的司法鉴定凸显出基于立场的不同状态。

英美法系国家实行鉴定人主义,不对专家证人的资格进行限制,也没有所谓专业领域的制约,凡是法庭审理涉及的专门性问题,都可以找到相应的专家证人支持鉴定。大陆法系国家采用鉴定权主义,这种预先授权不可能涵盖社会生活和科学技术的所有领域,因此其通常会规定例外条款,在不能找到适格的鉴定人时,可从社会聘请未预授权专家。在我国,对司法鉴定执业的规定则更为严格。

在我国诉讼法的立法例中,是没有使用"司法鉴定"一词来表述的。如第十三届全国人民代表大会常务委员会第六次会议于 2018 年 10 月 26 日修改的《刑事诉讼法》,全文出现"鉴定"一词的条款共 37 条;2021 年修正的《民事诉讼法》全文涉"鉴定"条款 12 条;根据 2014 年 11 月 1 日第十二届全国人民代表大会常务委员会第十一次会议《关于修改〈中华人民共和国行政诉讼法〉的决定》修正,自 2015 年 5 月 1 日起施行的《行政诉讼法》全文两处涉"鉴定"条款。三大诉讼法在立法中均未使用"司法鉴定"一词,其他的相关立法和司法解释也基本如此,如 2001 年实施、2019 年修正的最高人民法院《关于民事诉讼证据的若干规定》,全文 112 处涉及"鉴定",无"司法鉴定"的表述。

那么,这些立法例中的"鉴定"与"司法鉴定"之间是什么样的关系?搞清楚这一问题,必须从"司法鉴定"一词的来源和历史谈起。

关于"司法鉴定",实际上从出现之时起就存在不同的解释,也颇受争议。我国最早对"司法鉴定"一词作出定义的是一些工具书,如 1979 年版《辞海》:"司法鉴定:运用科学技术或其他专门知识对案件有关的事实(如死亡原因、伤害程度等)所进行的鉴别和判断。有法医鉴定、化学鉴定、会计鉴定、指纹鉴定、书法鉴定等。"[①]《苏联

① 上海社会科学院法学研究所编译:《刑事侦查与司法鉴定》,知识出版社 1982 年版,第 412— 413 页。

大百科全书选译》指出："司法鉴定是鉴定人为了获得侦查机关或法院所需要的证明，对刑事案件或民事案件的有关案情的事实进行研究。凡科学、技术、文学、艺术各个部门涉及司法方面的问题都可以进行司法鉴定。鉴定人的鉴定意见，即鉴定人根据他运用专门知识所做出的结论，与证人的陈述、被告的个人申诉以及物证、书面证明等，同样都是司法证据之一。"1982 年版《中国医学百科全书（法医学）》指出："司法机关在侦查和审判各种案件中，会遇见许多专门性问题，这些问题不是侦查人员与审判人员都能解决的，这时，侦查员或审判员就要把同案件有关的检体（人或物），委托具有专门知识和经验的人员进行检查，提供证据，做出结论，以帮助司法机关办案，这就是司法鉴定。"1984 年版《中国大百科全书（法学）》指出："司法鉴定（judicial expertise）：诉讼进程中侦查、审判机关为了查明案情，就案件中某些专门性问题，包括可疑的或有争议的某种物证或书证，委托国家鉴定机关或指定具有专门知识和技术的人，依照法定程序进行甄别和判断。包括刑事技术鉴定和为解决民事争议而进行的鉴定。"1984 年版《法学词典》（增订版）指出："司法机关为了查明案情，运用科学技术或其他专门知识，对案件中的有关事物所作的鉴别与判断。"

其后，在长达近 20 年的学术讨论和实务工作中，人们从不同的观察角度，在司法体制改革的不同发展阶段，或借鉴域外经验，或从国情出发并综合考量，司法鉴定的各种概念纷纷呈现，较有代表性的观点主要有：

第一种观点认为，司法鉴定是指在诉讼过程中，司法机关为了查明案情，依法指派或聘请具有专门知识技能的人员，就案件中的某些专门性问题所作的鉴别和判断。此观点强调"诉讼过程"及"司法鉴定"，将时间和人物的确定视为"司法"一词的实在意义。

第二种观点认为，司法鉴定除司法机关办理案件过程中进行的鉴定外，还应当包括刑事、民事、行政诉讼当事人及其代理人、辩护人委托的鉴定；行政执法部门执法活动及其案件当事人委托的鉴定；仲裁庭与仲裁案件当事人及代理人委托的鉴定；纪检监察部门委托的鉴定；公证机构、调解组织委托的鉴定；社会各团体（包括境外团体）、单位、组织和个人对涉嫌危害社会稳定和政治安定事件以及涉嫌危害人身安全和健康事件委托的鉴定等。此观点侧重于鉴定的社会服务职能，将定分止争与社会治理均视为司法鉴定的服务对象。

第三种观点认为，司法鉴定是人民法院、人民检察院、公安机关、安全机关、监狱、仲裁机关、当事人对案件立案前取证、诉讼、执行、仲裁过程中的专门技术、专门知识问题，委托有鉴定权的机构或鉴定人依法检验、评断的活动。主要指两种情况：一是指已进入诉讼程序的鉴定；二是指无鉴定不能立案的鉴定。此观点相当于上述两种观点的折中，是在第一种观点基础上将诉前证据收集行为涵盖进来，其边界明显小于第二种观点。

第四种观点认为，只有法官决定委托的专门性鉴定才称为司法鉴定，其实质属于司法调查权和审查权的重要组成部分，是法官对当事人各方提供的鉴定结论以及存在的争议问题进行司法调查和审查的有效手段之一，也是司法鉴定人员帮助法官科学认证的重要方法之一。其目的是审查证据，查明、确证罪与非罪，此罪与彼罪，损害事实与程度以及与量刑、赔偿有关事实。此观点带有浓厚的职权主义诉讼思维，且主要观察视角为刑事案件。但其中却出现了“当事人各方提供的鉴定结论”这一提法，代表着认可当事人可以委托鉴定，但不能称为司法鉴定活动，只能是鉴定活动。

这些观点在接下来的争鸣中，争议、分歧越来越大，各种观点难以相互说服，直到2005年“2·28决定”出台后，方以司法鉴定的法律界定而暂时风息浪止。

“2·28决定”第1条规定：“司法鉴定是指在诉讼活动中鉴定人运用科学技术或者专门知识对诉讼涉及的专门性问题进行鉴别和判断并提供鉴定意见的活动。”此定义明确指明了司法鉴定的几个构成要素：一是“诉讼活动中”这一时间范畴；二是“鉴定人”以提供“鉴定意见”为结果表达方式的认知“活动”；三是鉴定人认知对象为“诉讼涉及的专门性问题”；四是鉴定人需对专门性问题进行“鉴别和判断”。由此看来，其与诉讼法等立法例中的“鉴定”，内涵上基本等同。但是，结合“2·28决定”第2条，其外延则有着可供深入思考的想象空间，而这正是其他需求领域，如我们所讨论的文物艺术品鉴定所关心的问题。

“2·28决定”第2条规定：“国家对从事下列司法鉴定业务的鉴定人和鉴定机构实行登记管理制度：（一）法医类鉴定；（二）物证类鉴定；（三）声像资料鉴定；（四）根据诉讼需要由国务院司法行政部门商最高人民法院、最高人民检察院确定的其他应当对鉴定人和鉴定机构实行登记管理的鉴定事项。法律对前款规定事项的鉴定人和鉴定机构的管理另有规定的，从其规定。”

这是对司法鉴定范围的一种划定，结合其所涉及的鉴定登记、鉴定人和鉴定机构的条件、具体的行政管理和鉴定人的责任等规定，其实质更接近关于司法鉴定管理活动的行政法。从行政法角度，“2·28决定”第2条将所列三大类司法鉴定业务（第四项为范围扩充规定，现已增补了环境损害类，所以统称“四大类”）设置为国家一般禁止的活动，只有对符合特定条件的行政相对方解除禁止才使其享有司法鉴定资格或权利。显然，这意味着不属四大类或未纳入四大类细分项目的相关鉴定活动，不属于一般禁止范畴，社会公众可以自主决定作为或不作为(当然,有其他法律规定,从其规定)。但同样在诉讼活动有需求时,这些鉴定活动仍然被视为司法鉴定活动,如司法会计鉴定、建筑工程质量鉴定、知识产权鉴定等,因为这些鉴定活动符合“2·28决定”第1条所界定的情形,只是不属于第2条需由国家实行登记管理的对象。

由此看来,诉讼法立法例中所指称“鉴定”,涵盖面要大于“司法鉴定”。其一,时间范围相对更为宽泛,诉前当事人可以决定委托鉴定。如《民事诉讼法》第195条规定:“人民法院受理申请后,必要时应当对被请求认定为无民事行为能力或者限制民事行为能力的公民进行鉴定。申请人已提供鉴定意见的,应当对鉴定意见进行审查。”最高人民法院《关于民事诉讼证据的若干规定》第41条规定:“对于一方当事人就专门性问题自行委托有关机构或者人员出具的意见,另一方当事人有证据或者理由足以反驳并申请鉴定的,人民法院应予准许。”其二,其领域范围更大,四大类自不待言,四大类之外的鉴定,如前所提及的会计鉴定、知识产权鉴定、建筑工程鉴定,在司法实践中已成为仅次于四大类鉴定的鉴定领域。其他专业鉴定行业,如产品质量鉴定等,也是长期为司法活动所依赖。审计、评估,同样被视为专门技术性问题,归属于基本法立法活动中所指称的鉴定范畴。

经此比较,我国立法活动中的司法鉴定,实际上是将其分为两个部分:一是由“2·28决定”第2条所规制的、由国家实行统一登记管理的“四大类”鉴定活动;二是基本形成行业的其他鉴定。这种立法与管理理念,在一定程度上体现出我国在鉴定制度上,正走向鉴定权主义与鉴定人主义的融合道路,与英美法系和大陆法系的相向而行趋势有异曲同工之妙。这样的格局系多方面的原因使然。

第一,其由法律所调整的人类社会的丰富形态所决定。社会生活无法外之地,同时意味着司法活动也就不存在可以预先设定研究对象的范围,种种专门性问题都有可能出现。将凡是可能进行鉴定的行业均划归司法鉴定管理,既不现实也不可能。

第二,社会生产生活经过长期的发展,社会分工越来越细,自然形成了诸多建立于行业需求的鉴定评估体系,其管理机制和专业化程度完全可以满足诉讼活动的需求。这些鉴定行业都有着特定的主要服务对象,也有着相应的行政或/和行业管理,强行将其纳入司法鉴定管理范畴,有本末倒置之嫌,还有可能因多重管理出现难以调和的矛盾。

第三,纳入司法鉴定管理范畴的"四大类"有着特殊的类型化特点:行业主要服务对象的特定性,法医类、物证类、声像资料类这"三大类"能够形成学科和技术体系,本身源于纠纷、执法和诉讼活动的需求,并于这种需求中逐渐发展起来。环境损害类本身就是依据"2·28决定"第2条第4项而设立,服务诉讼活动是设立的初衷,也是社会发展变化以及国家治理理念在法治建设中的体现。

第四,纳入统一管理的,一定是既没有社会生活生产主流服务领域,又是自身发展较为成熟,有较为完整体系的对象。"2·28决定"的出台经过了相当长时间的讨论、酝酿,立法起草及之后的反复修改、征求意见,是在充分考虑各方面因素基础之上才得以通过并施行的。不排除今后在特定的历史时期,随社会科技发展和形势变化,"四大类"的格局会进行新的调整,这取决于"四大类"中有无不适应形势需求而出局的,或者有无条件已成熟可以被纳入的情形发生。

第一节　物证类司法鉴定项目解析

司法鉴定"四大类"中,法医类、声像资料类和环境损害鉴定类离文物艺术品鉴定距离较远，可资借鉴的领域主要在物证类。

“2·28决定”第2条指称的“物证类”鉴定，在施行后一段时间并没有严格限定其细分项目，原则上对非生物的实体物所进行的检验鉴定均可视为物证类鉴定（在法医领域虽有法医物证的检验项目，但并不归属于“物证类”），包括文书鉴定、痕迹鉴定和微量物证鉴定。全面启动认证认可后，在二级分类下逐步形成三级分类，2020年8月发布的CNAS－AL13《司法鉴定/法庭科学机构认可领域分类》中，物证类分类如表3－1所示：

表3－1　物证类分类

22	物证	2201　文书鉴定 01　笔迹（指笔迹形成方式及笔迹同一性鉴定） 02　印章印文（指印文形成方式及印文同一性鉴定） 03　印刷文件（指办公机制文件及其他印刷文件的形成方式及制作工具的种类和同机/同源性鉴定） 04　特种文件（指货币、证照、票据、商标及各类安全标记鉴定） 05　篡改（污损）文件（指添加、涂改、擦刮、换页、消退等变造文件和各类污染、损坏文件鉴定） 06　朱墨时序（指印文与文字、文字与文字交叉部位形成的先后顺序鉴定） 07　模糊记载（指退色、压痕字迹等不可见或不清晰文件内容的显现及辨认等） 2202　痕迹鉴定 01　手印鉴定（指十指印、手掌印同一性鉴定） 02　潜在手印显现 03　足迹鉴定（指赤脚印、袜印及鞋印同一性鉴定） 04　工具痕迹鉴定 05　钥匙及锁具痕迹鉴定 06　枪弹痕迹鉴定 07　金属号码（图文）显现 08　整体分离痕迹鉴定 09　现场爆炸痕迹鉴定 10　炸药爆炸力及炸药量检验 11　雷管、导火（爆）索及爆炸装置检验

续表

		12　物体破裂痕迹鉴定（指玻璃、容器及包装包裹物的破裂痕迹检验） 13　车体痕迹 14　轮胎痕迹 15　整体分离痕迹（特指道路交通事故所涉物证的整体分离痕迹鉴定） 16　车速 2203　微量物证鉴定 01　油脂及残留物 02　火灾现场助燃剂残留物 03　火、炸药及残留物 04　射击残留物 05　油漆涂料 06　橡胶 07　塑料 08　纤维 09　玻璃 10　墨水 11　纸张 12　油墨 13　粘合剂 14　染料与色素 15　金属类（包括焊锡、金属颗粒等） 16　催泪化学品 17　泥土

三级分类是实务中由技术方法和标准支持的"落地"项目，鉴定意见均是在这一层面展开，表中未列出的，要么是没有技术方法和标准，要么是方法和标准尚不成熟，不能形成行业共识的项目。如文书检验中暂时没有书写形成时间鉴定这一项。

虽然这是基于实验室认可工作而设定的项目分类，但其拟定成员多数为司法鉴定业内专家，审定组织 CNAS 司法鉴定法庭科学专业委员会也基本上由全国业内各部门专家所组成，所以这一文件事实上已成为司法行政管理和司法行业管理时所适用的分类基准，并延伸到鉴定人资格审核登记时的执业范围审定。

拟从事司法鉴定的个人，需由所在（或同意接收）的司法鉴定机构同意，按当地省级司法行政部门要求提供申报材料，其中涉及“申请执业类别”一项，过去的通常做法是在二级分类进行审核，如文书检验、痕迹检验等。但三级分类出台后，部分地区开始参照三级分类进行执业类别审核，且原则上一个人执业项目不得超过3项，这就导致执业领域大幅受限。2021年6月15日，司法部印发了《法医类　物证类　声像资料司法鉴定机构登记评审细则》，明确规定（第8条第2款）：

评审组应当根据评审得分，结合申请人员的工作能力和工作成果中反映出的专业特长，对申请人员可以从事的该专业领域的分领域及项目提出建议：

（一）原则上，不得跨法医类、物证类、声像资料司法鉴定执业，一个司法鉴定人的执业专业领域不超过3个。

（二）经评审，申请人员申请的专业领域评审得分60分（不含）以下的，不予通过；申请的专业领域评审得分60～80分（含）的，执业专业领域不超过1个；评审得分80分（不含）以上的，执业专业领域不超过3个。

（三）申请的专业领域评审得分60～80分（含）的，申请法医类和物证类（不含交通事故痕迹物证鉴定）专业领域的，可以从事的该专业领域的分领域及项目一般不超过5个，申请声像资料和交通事故痕迹物证鉴定专业领域的，可以从事的该专业领域的分领域及项目一般不超过3个；申请的专业领域评审得分80分（不含）以上的，可以从事的该专业领域的分领域及项目数量可以适当放宽。

比如文书鉴定，三级分类7个项目中，多数具有相关性，这种相关性不但体现在技术层面，而且体现在证明活动中事实认定不同观察角度的相关性，如果对执业领域限缩过紧，出现委托要求超过三个三级分类时（这种情形在实践中是经常出现的事），对机构和鉴定人配置都会产生额外的要求。例如文书检验中常会出现笔迹真伪、印文同一性、朱墨时序和是否换页的委托要求，这些要求本质上是证明送检文书是否真实，只是从不同的角度进行检验，检验结果中本身也需要具有逻辑联系的证真和证伪两方面判据予以支撑。按三级分类授权，一组鉴定人必须得覆盖四个项目（每一项目要求两人），不然就无法完成鉴定。所以，按三级分类来固定个人能力范围是否适当，尚处于争议之中。之所以在此浅谈分类与资格授权之间的合理性，意在表达今后的文物艺术品鉴定体系形成过程中，应当避免类似问题的出现，并不影响我们对物证类司法鉴定项目的解析。

一、文书鉴定类

亚里士多德（公元前 384—前 322 年）在其《解释篇》中有这么一句话："口语是内心经验的符号，文字是口语的符号。"杨雄（字子云，西汉文学家、辞赋家，公元前 53 年—公元 18 年）在其《法言 · 问神卷》中说："言，心声也；书，心画也。"语言是通过发音提供思想符号，文字是通过纸上的永久笔画提供思想符号。后者不必与发音相联系。从汉字中可以明显地看到这一点。[①] 人们知道用声音表达思想，也就知道用形象表达思想，知道从口嘴到耳朵的传达法，就又知道从手指到眼睛的传达法。比较特别的是，中国文字是注音的，语言和文字在很古远的时期就已经不一致，从文字上几乎看不到真实的语言。但是，中国人用文字统一了古语今言，也统一了东南西北

① 莱布尼茨未刊稿，转引自德里达，1967 年。

无数的分歧的语言，所以，从纪元以前就有了文字学，而且一直在发展。西方的语言学，中国的文字学，是两个不同的学科，充分表现出两种倾向不同的文字里所造成的极明显的差别。但文字以形象表达思想，中外古今皆然，文书成为思想的载体，引发法律意义时，亦为文书类证据。

从证据角度，文书材料具有双重属性，考查其记载内容所表达的思想，是为书证；侧重于其文书形成方式及材料，是为物证。文书鉴定的根本目标在于判断和确认代表思想内容的有无、是否、范围，并通过主体行为痕迹（笔迹、指印、印文）、形成方式（印刷文书、手写字迹、朱墨时序、涂改变造篡改消褪）、文书材料（墨水、纸张、油墨、粘合剂、染料与色素）等多种检验方式进行，涉及笔迹学、痕迹学（包括指纹学）、微量物证等细分领域。从学科角度分为笔迹学和文书检验两个部分。

（一）笔迹学（Graphology）鉴定

署名，旧称画押、签押，表示负责的意思。沈括的《梦溪笔谈·故事一》："唐中书指挥事谓之'堂帖子'，曾见唐人堂帖，宰相签押，格如今之堂札子也。"《京本通俗小说·志诚张主管》："当日晚算了账目，把文簿呈张员外：今日卖几文，买几文，人上欠几文，都签押了。"李渔的《玉搔头·得实》："我且进去歇息片时，待你看完之后，再出来签押。"许地山的《人非人》："他想反正下午她便消假了，只捡些待发出去的文书替她签押，其余留着给她自己办。"古代州县衙门的文书公事，从拟稿到正式发出，要经过各道流转程序，相关的办理人员都要一一签上自己的姓名，表示连带责任，然后由衙署首长用红笔画"行"。如果属于判示、文告或牌照契约、任命书等性质的文书，还要钤盖衙署的大印。这些最为关键性的程序履行，按规定都得在签押房即机要办公室里运作。同样,上司下发或平行衙署平移的机密文件,按规定也必须在签押房里拆阅。签押与文书的这种“打断骨头连着筋”的关联关系,延伸到掌管文书收发的人,被称为签押。《儿女英雄传》第二回:“老爷当下叫签押说,你去问师爷。”第二回:“少停,签押回称说,问过师爷。”与指印的静态痕迹不同,字迹虽表现为具有意义的符号痕迹,但这种痕迹所蕴含的信息远较指印丰富,直指人的性格、性情、心理、身体健康状态、受教育程度、生活经历甚至于艺术修养,并在不同的领域展现出特有的应用形态。

笔迹心理分析是笔迹学社会应用的热点之一。通过对书写者笔迹的书写特征和规律(如形状、大小、布局、结果等)进行研究,分析书写者的性格、能力、思维方式、心理素质、工作作风、主要优缺点等,为书写人了解自己的个性心理特点提供帮助,或为人事管理、人才选拔、商务管理、教育评估等提供帮助,也称笔迹分析(Handwriting Analysis)或笔迹测验,为应用心理学的一个分支。笔迹学(Graphology)为笔迹心理分析的基础,由 19 世纪后期麦肯(Jean Hippolyte Michon,法国)提出,在西方已经有百余年的历史。一些著名心理学家(如高尔顿、阿尔波特到艾森克等)也曾涉猎笔迹心理的研究。英国在 1985 年就成立了英国笔迹学会(The British Academy of Graphology),并发行了学术期刊 *Graphology*,其研究范围涉及大部分英语作为第一语言的国家,研究成果突出并颇受好评。在我国,虽然还没有笔迹学这门独立科学出现,但汉字笔迹与书写者心理的相关性的认识与研究却是源远流长。杨雄的“书,心画也”之说可视为汉字笔迹心理学的起始证明,并影响到许多书法家和书论家,也有古人用笔迹测查书写者的身心健康水平、情绪等。目前的研究中,中文笔迹与人格、笔迹分析与人才素质测评、“书如其人”的科学分析等为关注的主要方向。

在文物艺术品领域,笔迹学应用也颇受关注。自杨雄后,三国钟繇谈道:“笔迹者,界也。流美者,人也。”唐代韩愈在评论张旭的草书时说:“喜怒窘穷,忧悲、愉佚、怨恨、思慕、酣醉、无聊、不平,有动于心,必于草书焉发之。”清代刘熙载在《艺概》中断言:“书,如也。如其学,如其才,如其志。总之曰,如其人而已。”现在也有不少研究,如林霄的《重建祝允明书法标准》、陈昌全的《关于〈砥柱铭〉真伪的笔迹学鉴定》、龙友的《风樯阵马不可羁——试析米芾的书写习惯与其书法艺术特征的相关性》、陈利华的《书法与人格的相关性研究——以米芾书法为线索》、段志远的《浅淡书法与性格》等。

在司法鉴定中,笔迹鉴定是一个相对独立的学科体系,旨在解决人的身份识别及行为的有无。基于书写动力定型[①]与同一认定理论[②],笔迹鉴定需要解决:笔迹认定;伪装、摹仿的识别;书写人排查;条件变化书写分析;个体书写变化分析等专门性问题,旨在确定文书文字的书写人以及与书写相关的时空条件。笔迹认定与伪装、摹仿通常为相关的组合性认知问题,也是笔迹鉴定的基础任务,从法律事实认定视角一般将其分为两部分对象:一是记载内容字迹,二是签署字迹(签名)。这两部分对象各有特点:签名字迹被证伪,签名所指向的人自然不受记载内容的约束;签名为真,并不意味着记载内容与此签名一定具有真实性联结,还需要确定此签名形成时,是否具有时、空、人物的合理状态,以证明签名人对记载内容的认可并以签名作为这种认可的手段和证明方式。只是这种进一步的检验鉴定,多数情况下会转向文书检验范畴,通过诸如朱墨时序、添加

---

① 长期书写训练形成的一系列相对独立的条件反射,其强度、顺序等的自动化反应,具有一定的稳定性、相对独立性,称为书写动力定型。

② 依据客体特征来判断两次或多次出现的客体是否为同一个客体的认识活动,称为同一认定,这是人类认识客观事物的一种基本方法,也是人认识客观事物的一种能力。

涂改、变造等实现。书写人排查多出现在侦查环节,作为技术导侦的手段之一,帮助缩小侦查范围、明确侦查方向。条件变化书写分析是笔迹鉴定的难点,书写活动由人进行,必然会因主观因素和客观条件的变化而出现偏离正常书写的情形。

主观因素的反映方式很多,如心情、好恶、压力、注意力等;也有故意,如伪装、自我摹仿、左手书写、借助工具(典型如尺画字)。客观因素则主要体现为:环境光线、书写姿势、衬垫物、书写载体、书写工具等客观条件,以及年龄、身体状况(是否受伤、生病)、运动、饮酒等生理条件。个体书写变化分析也包含了条件变化中的部分要素,如年龄因素,但更多关注的是社会因素对个体书写形成的影响。书写动力定型是一种相对稳定的状态,人在不同年龄,其书写运作习惯会发生改变,而生活工作的变迁是对这种改变的"催化剂"。一个长期不写字的人,成立企业,当上老总,必须经常书写自己的姓名,一段时间后,其签名字迹的熟练程度一定会高于书写其他字迹;一名普通员工走上领导岗位,也会因签名的频次增多,使其前后时期的签名发生阶段的变化。所以,找出这种具有阶段性差异的规律性,在一定程度上可以对字迹形成时间的判断提供信息支撑。

(二)文书检验(document examination)

一般而言,凡涉及文书形成方式、形成工具、形成材料的专门性问题均属于文书检验的研究对象。但是否以有意义的符号记载思想的对象都可以纳入文书检验的范畴,是值得商榷的问题。

1. 书写载体

在我国,被认为具有表意作用的字符历史悠久。郭沫若先生于1972年在《考古学报》所发表的《古代文字之辩证的发展》一文中说到"半坡遗址的年代,距今六千年左右,我认为这也是汉字发展的历史”,“半坡彩陶上每每有一些类似文字的简单刻划,和器上的花纹判然不同。黑陶上也有这种刻划,但为数不多。刻划的意义至今尚未阐明,但无疑是具有文字性质的符号,如画押或者族徽之类。我国后来的器物上,无论陶器、铜器或者其他成品,有‘物勒工名’的传统。”[①]国家博物馆研究院李先登先生在《试论中国文字之起源》一文中对此类陶文的笔画长短进行分析,得出的结论是“我们认为这些陶符与后来的汉字有一定的关系”。[②]

不同时期发掘的史前遗址,包括以做工精美、绘画细致的彩陶闻名遐迩的马家窑(马家窑、马厂和半山时期)文化,被认为“大汶口文化陶器文字的发现……可以看到大汶口文化已经是有文字可考的文明时代”的大汶口文化,以古玉制作而备受关注的良渚文化,以黑陶为标志的龙山文化,裴李岗文化,二里头文化,夏家店文化等,均发现刻画于陶器上的符号。这些陶文符号表面形式上虽不尽相同,但是深入分析和思考,仍可感会到其间千丝万缕的关系及与文化之间的相互影响,而其中几何图形符号之外,象形符号也于一些相对特殊稀少的器物,如祭器、礼器、葬器之上出现。而且,在不同的文化遗存之中,却有着几乎完全一样的陶文符号,并且数量较多,有些单一陶文甚至同时出现在多个文化遗址之中,这绝对不是偶然现象,更有力地证明了先民对陶文使用的传承。这些,在对中国文字的起源考查中,认为系具有完善文字体系的甲骨文源头,是具有一定的共识基础的,正如钱存训先生在所著的《中国纸和印刷文化史》一书中谈到纸张发明之前的书写材料时说道:“在纸尚未发明并应用于书写之前,中国人即已采用种类极多的材料供写作……

① 郭沫若:《古代文字之辩证的发展》,载《考古学报》1972 年第 1 期。
② 李先登:《试论中国文字之起源》,载《天津师范大学学报》1985 年第 4 期。

一般来说，在陶土上刻写，中国可以上溯至新石器时代。”①陶器，这种结构稳定而坚固的器物，在文字出现与发展时期扮演了记录保存的载体角色，为数千年后的文字研究提供了不可或缺的重要资料。

甲骨文时代，字形与语法完善统一，文字进入系统化，记录的方式也变得更加复杂与正式，载体也随之而发生着变化。

古代，原始民族对于事物的发展缺乏足够的认识，人们敬天畏地，需借由自然界的征兆来指示行动。但自然征兆并不常见，必须以人为的方式加以考验，占卜的方法便随之应运而生。占卜时用的龟甲和兽骨，前者称为卜甲，多用龟的腹甲；后者谓之卜骨，多用牛的肩胛骨，也有羊、猪、虎骨及人骨，卜甲和卜骨，合称为甲骨。发现甲骨为文字载体的过程，极为偶然。清朝末年，时任国子监祭酒的王懿荣（1845—1900 年，字正儒，一字廉生），在一次生病求医时，于开出的中药药材中，发现其中有一味叫龙骨的中药，隐约刻画着一些类似文字的符号。王懿荣本身也是当时的金石名家，敏锐地感觉到地下埋藏几十万年的动物骨骼，出现人工刻画符号必不寻常。经过更多地收集并潜心研究，王懿荣最终在繁杂的甲骨文中辨识出了“日”“月”“山”“雨”“水”等独立文字，之后又陆续考证出了殷商时期几位国王的名字。这项成果应当为我国甲骨文研究的第一次突破，完全勘定了这是一种刻在兽骨与龟甲上的古代文字。之后的百余年时间，尽管战乱不断，但学者们持续性研究并未中断，直到 1995 年，在《簠室殷契类纂》与《甲骨文编》基础上，研究员李宗焜先生整理出《殷墟甲骨文字表》。

奴隶制社会，国之大事“在戎与祀也”。青铜，在当时代表着整个社会最高科技，自然被用于统治权力的宣示活动，用它所铸造成

① 钱存训：《中国纸和印刷文化史》，广西师范大学出版社 2004 年版。

的器物作为祭祀用品发挥其物用功能的同时,铸造于这些器物上的文字也成为记载历史兴衰的见证。相较于甲骨,青铜器物更为庄严与坚固,且必须有铸就的权利和技术才能拥有。青铜器的礼器以鼎为代表,乐器以钟为代表,铸造于殷周青铜器上的铭文,因此被称为钟鼎文(金文)。金文最早的发现时期可以追溯到商代,西周为大发展时期。“最初青铜器上只铸刻所有者的名字。随着青铜器的被珍重,贵族及其统治者便把需要长期保存的重要文件、需要永久纪念的重大事件,铸刻在青铜器上。这样,铭文的数字也就不断增多加长。”①青铜器所具有的特性不同于之前我们所说过的其他材质。青铜这种在当时格外昂贵的金属,在特定的历史时期中最为直观地体现出了一个国家政治与军事的实力,甚至可以说在某些时期,一个国家如果拥有了足够量的青铜就等于站在了控制当时这个社会力量的制高点。正因如此,青铜器这种既不实用又异常昂贵的文字记录载体,却拥有着非常持久的生命力。直到数百年之后的中国,虽然进入了礼崩乐坏的春秋战国时期,仍然有楚庄王北伐“问鼎中原”的故事流传至今。甚至直到数千年之后的封建社会末期,这种铸刻于金属上的铭文,仍然出现在乾隆皇帝的黄金编钟之上,借此体现他对于华夏文明的正统继承和合法统治地位。

高昂的青铜注定无法成为社会文字记录的主流。周朝末年,社会矛盾激化,周王室衰微,中国社会逐渐进入到封建社会的孕育期。这个时期是一个知识与变革飞速发展、思想活跃、百家争鸣的时代。春秋战国期间的思想大爆炸,口耳相传的文化传递方式显然已经不能满足人们对思想传递的需求,简牍,这种相比青铜更为廉价,也更为方便的载体应运而生。在纸发明之前,我们的祖先除了把文字记

① 李致忠:《简明中国古代书籍史》,国家图书馆出版社 2008 年版。

录在甲骨、金石上之外，使用最为广泛、时间最长的便是竹和木，而经过加工后写了字的竹和木就称为“简牍”。简牍具体始于何时已不可考，但根据文献记载和考古发现，至少在春秋战国时期（前770年—前221年），简牍已大量使用。秦汉时期（前221年—220年），简牍是最主要的文字载体，随着造纸技术的不断进步，直到东晋末年才逐渐被纸张取代。也就是说，它作为主要的文献形式在中国使用的时间长达千余年。简牍在使用过程中所出现，并为人们广泛使用的阅读规范和书写形式，对中国几千年的装帧形式的发展和文字的书写格式有着深远的决定性影响。

帛书，同为春秋战国时期所出现的文字载体。我国先民很早之前就已经开始了野生蚕蛹的驯养，从商“女蚕”这一负责豢养蚕蛹的特定官职，到殷商甲骨文卜辞中关于蚕蛹的记载，都表明其时蚕事活动已经开始有系统规律的农事活动。有了系统化的养产，足以规模化后，绢帛就成为稳定的社会商品，为帛书的产生奠定了物质基础。帛书与简牍相比，轻便、柔软、体积小、重量轻，除价格因素外，全面超越竹木质地的简牍，极受王室与贵族群体的青睐。限于当时社会的社会生产水平力，绢帛作为书写载体因其高高在上的昂贵价格并未得到广泛使用。

纸张，“纸的发明是人类文化史上的一件大事，纸是传播知识文化的媒介物，又为包裹、卫生日用不可缺少的东西，它有纸草之便而不易破裂，有竹木之廉而体积不大，有缣帛羊皮之柔软而无其贵，有金石之久而无其笨重”。[①] 同时，纸在我国成为主流的文字载体之后，在随后的一千多年中传播到了世界各地，推动了世界文明的发展，为世界文化翻开了崭新的一页。

---

① 张秀民：《中国印刷术的发明及其影响》，上海世纪出版集团2009年版。

到今天,文字载体已脱离了单纯的物质形式,信息技术的发展使电子载体已成为人人拥有的一般用品。随着国家推进无纸化力度的加强,将可预料今后使用包括纸张在内的物质载体进行书写的场景将越来越少,但仅限于工作生活范围,作为艺术创作,纸、绢等的使用并不在此列。

2. 书写工具

“笔墨纸砚”文房四宝中,笔是直接为人所握持进行形意表达的工具,有“书不藉笔,犹如行不由径”一说。

西方被称为历史上最早的“笔”是用生长在尼罗河三角洲的芦苇秆制成,公元前4000年,古埃及人把芦苇秆的一端削尖,然后在芦苇秆里注入一种由颜料和水调成的稠状物,书写时,只要挤压芦苇秆,“墨水”就会流出来。公元6世纪出现了羽毛笔;1870年钢笔出现于英格兰的伯明翰;19世纪80年代自来水笔问世;1944年阿根廷的拉兹·比罗发明了圆珠笔;1988年日本PENTEL株式会社研制成功中性笔(我们现今大量使用的签字笔)。可以说,“硬笔”的产生、发展、演变历史中,从来就没有过中国的身影,而“软笔”——毛笔,则为深深刻印上中国元素的代表,并与中国文字、水墨丹青同框,为世界所瞩目。

陶器、甲骨、竹木等早期记录载体,图案字符多系刻画而成。从现已有出土甲骨文证实,未刻制的甲骨片上,有书写的笔墨痕迹。董作宾(1895—1963年)曰:“工具中最重要的是毛笔所写字迹的发现,这是用朱或墨写了未刻的文字,笔顺起讫,笔锋收放,十分清楚,因而可以断定,殷代写字确实用着精良的毛笔。当时只有三版写在骨版上的字迹,可第13次发掘,在龟腹甲和背甲上发现的更多了。”由此可见,甲骨文是存在先用毛笔写在甲骨上然后再刻制的可能性的。如果能够证实,那么毛笔的产生,比现形成共识的春秋就提前了300多年。

现代人已经习惯于硬笔书写,尤其现代办公机具和印刷方式的极大丰富,过去大字书写须用毛笔的场合都不复存在,使毛笔几乎成为艺术殿堂的专属品,文书检验研究也很少涉及,目光基本聚集于硬笔和印刷方式所形成文书。

硬笔和印刷机具均为大工业量产商品,其结构、材料、使用具有普遍的规律性,文书检验的目的正是以这种规律性为基础,于形成方式、笔墨材料方面着手,解决与人的行为相关的专门性问题。按文书检验的项目分类,主要有以下几种表现形式:

第一,同一性问题。书写用笔、印刷机具、所用纸张、油墨墨水、装订痕迹、印章印油等。

第二,时序问题。同页文书不同部位字迹、印章印文、指印的先后;非同页文书排版打印与字迹、印文形成时间等。

第三,完整性问题。是否存在变造、涂改、消褪、添加、剪裁等。

第四,其他相关问题。如模糊记载、特种文书(包括票据、纸币等)。

这些检验,均紧密围绕物质材料和痕迹而展开,综合利用各种自然科学方法和仪器设备,寻找、提取能够支撑专门性问题判断的信息,鉴定人依据这些信息,就专门性问题进行判断并出具意见。

二、痕迹鉴定类

历时留痕,看得见的痕迹,看不见的痕迹,都因时间的流动而产生,有的转瞬即逝,有的亘古长存。痕迹的产生、存续、变化,只依存于一个因素——自然规律,是不依人们意志为转移的客观存在,也是可被人认知的对象(尽管直到今天,能够为人们充分认识并资利用的痕迹有限,但不能否认痕迹的可认知性)。我们可以通过犯罪心理痕迹分析，刻画犯罪行为人的个体“形象”；可以通过外观形貌，感受古村落的历史与沧桑；可以为了统治利益，刻意抹除前朝痕迹，如“武王伐纣，商朝灭亡。可是周公旦对商朝仍不放心，为了消除商朝的历史痕迹，遂将滴河改名为漳河”。航船的航迹，走路的足迹，树枝的划痕，汽车刹车痕……痕迹无处不在。痕迹的客观实在特性，使其成为最好的信息载体，为可资利用的证据资源，为各行各业广泛运用。

在司法鉴定领域，有“大痕迹”一说，意指可察觉、可提取利用的形影或印迹，如笔迹、印文、血痕、精斑、伤痕等，都属于痕迹范畴。因形成机理、存续类型、应用范围的不同，分别归属于不同的类型。现行物证类痕迹分类的形成，是在充分尊重历史沿革的基础上，考虑细分学科的整体性和系统性、检验鉴定的目的性、检验鉴定的方法和手段的归属性、检验鉴定对象的物质属性等因素而制定。第一，手、足、工、枪、其他痕迹的痕迹检验体系，是自古以来侦查办案经验总结并广为认可的体系分类，都有着相对完善的细分学科性质。如指纹学、足迹学、枪弹痕迹学等。第二，以痕迹本身的属性为研究对象，旨在痕迹的产生、存续、变化等方面的规律性研究，明确痕迹与行为人、行为方式、行为过程、行为结果的关联性，以及物质变化所形成的物质外在形貌与形态痕迹内在规律性。第三，具备相对稳定的，可供发现、提取、分析的物质载体。第四，有成熟的检验鉴定方法和标准的支撑。

基于以上原因，目前的痕迹鉴定可归纳为几种类别：

（一）痕迹的发现、显现类

痕迹并不都为人感观所能察觉，有的需要借助技术手段方能被感知，其中包括潜指印的显现。指纹具有终身不变、人各不同的特性，由其所形成的指印被誉为“证据之王”。常规潜指印显现有光学方法（侧光、荧光、紫外等）、物理显现（粉末法、镀膜法等）、化学显现（印三酮、502 等）。但是，对于一些复杂客体（如血指印、皮肤、皮革、纸张等），这些方法就显得力不从心。因此，法庭科学领域不少专家为攻克潜指印显现难关，付出了巨大的努力，也取得了突出的成绩。如美国得克萨斯技术大学物理系教授门塞尔博士的《激光指纹术》。①

潜在痕迹的另一代表对象与车辆有关。车辆的发动机号、车架号是车辆的“身份证”，从生产、销售、使用到报废，都以此作为识别特定车辆的手段。隐瞒、改变车辆信息（如车辆盗、抢案件）必须将原号码消除，机械破坏的结果使原凹凸清晰的字符成为隐含在金属组织中的潜在痕迹，需要通过技术手段进行显现。

痕迹的显现是痕迹学研究的重要范畴，痕迹无处不在并不代表痕迹都显然易见。痕迹鉴定的基础在于信息提取，只有充分、全面、准确信息支撑的鉴定活动，才有可能得到符合客观的判断意见。正如前文所述，信源到信宿的传递过程中，反映不能、缩减、增扩为信息获取中的常态，不同的物质及痕迹对象，避免、消除信息变异的路径各不相同，必须因时、因事而行。

（二）同一认定类

痕迹的同一认定，是通过特征所建立起来的痕迹与造型物之间的映射关系的认定。手印、足迹、工具痕迹鉴定、整体分离痕迹、枪弹痕迹、钥匙及锁具痕迹、车体痕迹、轮胎痕迹、物体破裂痕迹等痕迹鉴定都涉及同一认定问题，且为主要的应用目标指向。

---

① 参见程京、易旻、杨其华编译：《激光指纹术》，清华大学出版社 2005 年版。

（三）属性与情况类

工具痕迹鉴定，现场爆炸痕迹鉴定，炸药爆炸力及炸药量检验，雷管、导火（爆）索及爆炸装置检验，车速（基于事故形态分析车速）等鉴定属于此种类型。

此类鉴定为综合性问题，包括形成方式、性能与作用、原因分析等，在侦查活动中有较广泛和深入的应用。

三、微量物证鉴定

“微量物证”一词，在学界是存在争议的，主要在于“微量”作何理解，是空间尺度的微小，还是物质量上的稀少？这种争论最终并未在概念层面纠缠，而是将其作为一种兼顾空间和相对量的检验对象，依约定俗成指称材料分析为主体的物证类鉴定集合。目前有方法和标准支撑的有：油脂及残留物，火灾现场助燃剂残留物，火、炸药及残留物，射击残留物，油漆涂料，橡胶，塑料，纤维，玻璃，墨水，纸张，油墨，粘合剂，染料与色素，金属类（包括焊锡、金属颗粒等），催泪化学品，泥土等 17 种对象。对这些对象的检验鉴定，既有其特定的价值，能够单独发挥证明作用，也可作为其他鉴定（如文书、痕迹）的支持手段；相反，微量物证的发现提取与痕迹的发现提取也有相关性，也会用到相应的理念乃至方法和手段。

第二节　司法鉴定于文物艺术品鉴定之借鉴

通过以上简单解析，我们可以发现，物证类司法鉴定，在体系的形成上具有以下特点：

第一,以应用需求为导向、突出重点、尊重历史。侦查破案与诉讼活动的需求是司法鉴定的原点,逐步总结、研究、提升,渐次形成细分领域的知识积累,才有了专业、学科、人才培养等标志性的体系概念。

第二,"拿来主义"特色反映极为明显。基础理论、科学原理、技术方法、仪器设备都有着哲学、心理学、工学、理学、医学、法学等各学科门类的身影。从事司法鉴定的人员的学缘更是几乎涵盖所有学科门类,具备有选择的"拿"、有针对的"纳"、有深度的"改"的人才基础条件,使行业的发展道路渐行渐宽。

第三,点面结合、深度与广度并重。文书鉴定类、痕迹鉴定类、微量物证鉴定类各成体系,相互间又有着紧密联系。整体上可以兼顾到研究对象从形到物、从静态到动态、从宏观到微观的各种求证所需;细分领域上又有着较清晰的脉络,利于研究、交流和应用选择。

这些特点折射出的司法鉴定行业有着内在逻辑的发展路径,对于文物艺术品鉴定是具有参照借鉴价值的。大体上可从体系结构、人才人员资源、科技活动规制三个方面进行讨论。

一、文物艺术品鉴定体系的结构化思考

系统化必须建立在合理结构基础之上才能衍生、演化。

司法鉴定始于侦查诉讼活动的内源与需求,早初是谈不上结构的。在我国,古代行政化纠问式诉讼模式下,长官包办一切,简单直接地奉行口供至上,责任心强、勤于思考、重视物证。但个人能力始终有限,仵作的经验优势被纳入视线,从地位极低甚至毫无地位的仵作行人,经过漫长的官署法定吏役,才到雍正时期拥有编制的官方身份——仵作,由此方才形成有职责、有职位、有独立价值支撑的

行业结构雏形。由此可见,这种结构得以成立的重要推动力,在于具有始源性质的侦查诉讼活动以及延伸的执法活动和社会服务,为司法鉴定带来制度、资源配置等发展条件。

文物艺术品鉴定是否具有这样的始源推动力?要回答这一问题,不妨先行审视文物艺术品行业的结构与现状。

黑格尔讲过人类是“精神的东西”,与《管子·牧民》“仓廪实而知礼节,衣食足而知荣辱”,异曲同工。对精神生活的普遍的、共同的追求造就了文化艺术的繁荣昌盛,艺术化的产品、工艺作品、艺术品弥散于人们的生活中,形成了生产、制作、创造创作群体,材料生产供应、仓储物流、销售拍卖、展示展览、金融保险等服务产业集合,也形成了收藏鉴赏、会展交流、人才培养、学术研究等门类众多、形态丰富的集群和行业。单就艺术品而言,从创制到价值实现,就存在大致可分的三个环节:以创作创造为中心的前端(上游),联结前端与终端的中游,价值体现的终端。(见图 3-1)

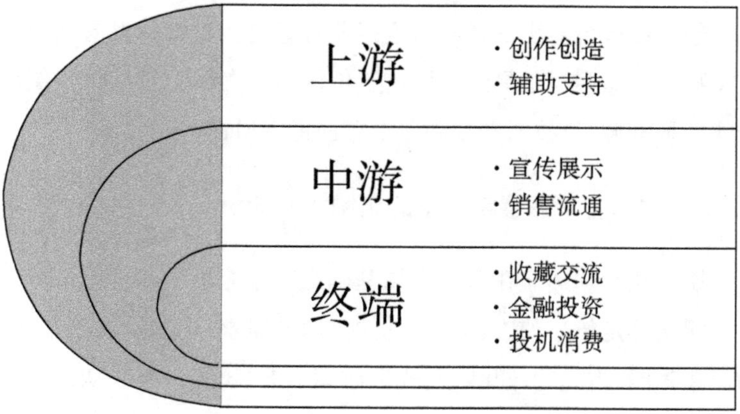

图 3-1 艺术品从创制到价值实现流程

前端,毫无疑问,以艺术家和创制者为中心,是艺术品这一特殊商品的创造者。艺术家只是一种泛称,被称为艺术品的并非都是出自有名有姓、声名斐然的艺术大家之手，参与艺术品赋值的也并非仅是人的劳动，时光、自然变化甚至世俗文化的变迁，都会为艺术品带来加成和影响。比如古瓷器，绝大多数都是“量产”概念的产品，凝聚的是参与的劳动者共同的智慧和付出，放在时今，创制者具体是谁已不重要，其为朝代、事件所“替位”指代。比如玉器，名师制作固然重要，但材料本身的品质也是决定性因素。所以，不同类型的艺术品，考查使其成为艺术品的“创制”者，是有着不同的原点和展开逻辑的，到最终，这些都会成为对于特定艺术品进行追溯和评价的指导路线。

围绕艺术品创制，材料、工具、设备、设施等辅助支持为前端构成的第二个部分。所谓辅助支持，仅是功能化体现的一种描述，事实上，作为艺术品创制辅助支持的行业中，相互融合互动，处于辅助地位的一方，可能会形成具有独立价值的主角。如“四宝”砚为首，本作为字画工具的砚台，质地坚实，能传之百代，加上端、歙、洮、红丝等名砚材质和名工巧匠的加工，其本身就足以成为细分艺术品类型。同样，笔洗、笔筒、笔海等瓷器，物化功能的字画工具与艺术品地位相得益彰。宝玉石艺术品，材料来源端不但为庞大的产业，而且不断衍生着传奇故事，如赌石，“一刀穷”“一切富”的刺激激发人们无穷的想象，并通过无数的文化作品广为流传。而设备设施的变化，是最富有时代脉络的信息来源，尤其是当传统工艺被淘汰后，“复刻”虽可在一定程度上取得再现的效果，但时移世易，时空跨越的痕迹无可避免，只是在于认知能力是否足够发达足以揭示而已。

前端承载了文物艺术品非常重要的一类信息，且具有原初性和内在逻辑性，为技术鉴定主要观察方面，在行业结构中也是点多面广、由众多细分行业所构成的一个大的系统，左右着行业的方向和兴衰。

宣传展示、销售流通为艺术品价值实现的通道，美术馆、博物馆院、各类媒体的宣传展示，文物商店、画廊、拍卖等各级市场流通销售，共同构成联结产出与受众中游体系。

公立博物馆院、美术馆院是文物艺术品文化传承、展示教化的主阵地，辅之以社会资源，以各种方式为社会公众提供了了解历史、接触美好的机会和条件。媒体宣传具有传承文化、提供娱乐、引导大众、传播资讯、协调社会关系、监督与纠正不良现象等功能和作用，文物艺术品本身也具有宣传形象和载体的潜质，两者相得益彰，推介宣传效果独具特色。

商品的流通离不开市场，文物艺术品这种特殊商品，交易流通古来有之，唐宋就出现了具有国际交流性质的市场形态。改革开放后，不同的文物艺术品市场拥有不同的发展史，到如今，业已形成以古玩市场、画廊、文物商店为主体的一级市场和拍卖行、艺术博览会等形式的二级市场。一些新型的市场形式，如文交所、电商微拍等也在探索中行进。

文物艺术品的终端群体构成极为复杂，既有收藏群体、投资型买家、投机型掮客，也有消费型（装饰、佩饰、陈列等）客户。他们的兴趣爱好、身份地位、动机目的、经济实力、利益诉求和行为模式各不相同，在文物艺术品领域的介入深度和广度也千差万别，他们各自根据自己的判断而行为，丰富着终端的色彩。

有生产创制，有宣传、展示、销售，有消费群体，这就是一个完整的产业形态。早在20世纪初，霍克海默和阿多诺合著的《启蒙辩证法》一书中就提出了“文化产业”（Culture Industry，始译为“文化工业”）这个概念，作者在书中延续了本雅明对文化艺术品“工业化生产”的批判。本雅明在其名文《技术复制时代的艺术作品》中指出，由于艺术品复制技术手段的出现，使附着在艺术品身上的“灵韵”

(aura)不复存在,艺术品可以复制生产、反复消费,“文化”被“工业化生产”的可能性由此诞生。后在西方理论界“文化研究”中发生了所谓的“葛兰西转向”。葛兰西认为,在西方资本主义社会,资产阶级的统治主要依靠的是意识形态霸权,这种文化霸权并不是一种简单的、赤裸裸的压迫和支配关系,霸权的形成需要依赖被统治者自愿的赞同,依赖某种一致的舆论和意见的形成,而这又是一个斗争过程的结果。“霸权概念的提出,使通俗文化学可以从运用之前提到的许多方法仍无法深入透彻地对通俗文化这一课题进行分析的困境中解脱出来……霸权理论使我们可以将通俗文化看作是意念与反意念之间‘谈判’所产生的混合体;是一种既‘自上而下’又是‘自下而上’产生的,既是‘商业化的’又是‘真实的’文化;是抵抗和融合之间一种不断变化的力量平衡。”在葛兰西提出文化霸权理论之后又出现了文化多元主义,文化研究就此开始注重那些以前被排除在主流文化之外的边缘的、少数的和反抗的群体的声音,“文化工业”生产也随之逐步摆脱了负面的评价,文化研究转而注意大众文化,“文化工业”一词也逐渐演变为现在通用的、不含任何价值判断色彩的“文化产业”。①

马克思的艺术生产论,无疑对文化产业的成立奠定了逻辑基础:第一,艺术和其他产品一样,也是一种劳动产品的现实,因此也是一种“生产”,是人的本质对象化。② 第二,艺术是与物质生产不同的精神生产的一种特殊形式。第三,艺术生产与物质生产一样,都是主体对客体的对象化改造,艺术通过幻想、想象对自然加工,实

---

① 参见马骋:《文物艺术品市场与文化产业》,载《东方收藏》2012 年第 6 期。

② 马克思在《1844 年政治经济学手稿》“异化劳动”部分提出:人在改造世界的实践中,不仅是事物形式的变化,而且是人的本质力量的对象化,这种本质力量的对象化必然是不重复的、个性化的、理想化的。

现对世界的把握,也就是主体对客体世界的掌握。艺术地掌握世界的实践是和复杂的社会条件相联系的精神生产,并且接受生产的普遍规律的支配。

在中国,虽然古代便有艺术品买卖,但重农轻商价值观念与轻利重义的观念"其渊源也远,其入人也深",将安贫乐道、甘于穷困升华为中华民族的美德,这种不近情理的道德观念千百年来深深地渗透在这个民族的集体无意识里。直到今天,它实际上仍然在影响着我们的思想和情感,加上单纯强调艺术作品的审美价值观念,自古以来多有把文艺作品的精神属性、意识形态属性同商品价值属性割裂开来的传统,离散性的文艺作品买卖是谈不上产业化的。中华人民共和国成立初期,计划经济和行政调控体制更是将文艺作品"符号化",以至于人们习惯于把文艺的精神审美属性和商品经济属性片面对立起来,甚至认为将艺术作品看作商品,谈论其商品价值属性是对文艺事业、艺术创作者的亵渎,将走向市场的艺术作品、艺术家看作"堕落者"。[①] 长期受这种价值观念和思维的影响,使在理论研究领域和市场实践环节都不同程度地存在对艺术品的商品属性有所忽视的现象。文化产业、艺术生产论的传入,加上改革开放以来不断深化的市场经济体制的推动,艺术领域的理论研究者和艺术家不断地正视艺术品的商品属性,这一过程中不断地得到古今中外各种观念的冲刷,使艺术产业概念得到拓展和深入,形成多视角生发的集合式内涵,以"生产"理念思考艺术创作、以"产业"原则指导规划政策与管理,由上游、中游、终端所组成的艺术品市场方得以成型并蓬勃发展。

"夫风生于地,起于青苹之末,侵淫溪谷,盛怒于土囊之口,缘太

---

① 参见陈定家:《论市场经济条件下的艺术生产》,载《广西社会科学》1998 年第 2 期。

山之阿,舞于松柏之下,飘忽淜滂,激飓熛怒。”20 世纪 70 年代末 80 年代初,在我国沿海开放和旅游城市率先出现各类画廊,我国一些大城市的自由市场出现了一些零星的古玩地摊,文物商店的计划经济元素受到挑战。1995 年北京翰海秋季拍卖会推出的张先的《十咏图》手卷以 1980 万元成交,1996 年中国嘉德秋季拍卖会推出的傅抱石的《丽人行》横批以 1078 万元成交,首次实现中国文物艺术品单件成交额过千万元大关,由此带动中国文物艺术品拍卖市场进入第一次发展高潮。[①] 2011 年我国拍卖市场份额占据全球 1/3,首次超越美国成为世界最大的文物艺术品拍卖体量,之后几年也稳居全球前列,截至 2019 年,全国文物艺术品拍卖企业已达 500 多家。到 2018 年年底,我国博物馆数量达到了 5136 家,其中民营 1400 多家,民营美术馆已成为文物艺术品拍卖中的中坚力量。收藏群体结构则从“以藏养藏”,变为“以商养藏”。价值发现上,由重视艺术品自身品牌的价值,到发现收藏家的价值、收藏家的品牌价值。

但是,文物艺术品激飓熛怒式的发展之途,始终伴随着不同方向的来风,有来自于经济大环境的迎面风,有来自科技发展的“醒脑”风,也有歪风、邪风、乱风混杂其中。2008 年金融危机,2009 年就出现画廊倒闭、缩小展厅面积、转移到低价场地、裁员、降薪、现金短缺、抛售藏品等现象;经济下滑之后,收藏市场受金融风暴影响非常明显,有关商家面临经营困难的尴尬局面,表明文物艺术品一级市场还较为脆弱,对抗风险的能力并不强。另外,大概从 20 世纪末开始,古玩市场上的买家和卖家都有这样的感觉:古玩市场上年份久、级别高的文物艺术品已经难觅身影,貌似一夜之间好东西都被人囤积居奇、收罗一空。从古玩价格来看,短短的数十年时间,古玩

① 参见林日葵:《论中国文物艺术品市场的历史发展》,载《湖南社会科学》2007 年第 3 期。

身价扶摇直上,贴近普通收藏者的一般古玩品种价格也呈十几倍、几十倍甚至数百倍上涨。十年前三五千元上下的古玩,今天十万元已难买到,可见古玩价格上升已离开了健康良性态势。这其中,虽然不乏刻意炒作的因素,但真品资源的短缺危机却是实际存在的。真货断档,为赝品提供了应运而生的契机,文物艺术品市场中假货充斥,成为比货源危机更为严重的病症,尤其当赝品甚至能达到真品的价格时,藏家和投资者对古玩市场自然会持越来越谨慎的态度,最终的结果演变为相背而行、渐行渐远。二级市场方面,虚假交易现象严重,拍卖会上,经常会有一些人在频频举牌,制造“成交”甚至制造“纪录”,伪造虚假的行情,以诱惑真正的买家入市。同时,拍卖不保真,使其失去了市场经济“公序良俗”的基本道德和交易根基,这些现象同样会酿成藏家与投资者对艺术品市场严重丧失信心的恶果。

体量大、范围广、市场化程度高但问题多,这就是文物艺术品行业的结构与现状。长期以来,针对问题的梳理、讨论、争辩、建议不可谓不多,一些真知灼见也被重视和采纳,为文物艺术品行业的发展起到了应有的促进作用。虽然文物艺术品行业作为一个大的体系,有着众多的细分领域,各自都有着不同的问题和困难,但鉴定成为共性问题已为社会所公认。换句话说,缺乏完善、有力的鉴定体系的支持已成为文物艺术品行业发展的“卡脖子”环节,并由此产生了强大的推动力,为文物艺术品鉴定体系的构建创造了条件。

路漫漫其修远兮,构建适合文物艺术品发展需求的鉴定体系并不是容易的事,不但需要考虑国家治理活动所涉及的法律法规和产业政策、管理部门之间的协调和分工,还必须正视科技与人文的交融、市场规律的制约、艺术世俗的包容、系统架构的生成等错综复杂的各种要素的配置。所以,系统化思考成为必需的前提。

“天下皆知美之为美，斯恶已；皆知善之为善，斯不善已。故有无相生，难易相成，长短相形，高下相倾，音声相和，前后相随。”（《道德经》第二章），有比较才有判断，以司法鉴定为参照，理应有所裨益。

（一）有无相生、不殆之源

有人感叹“中国藏家很累，玩收藏先得把自己修炼成专家”，但传统鉴定所凭借的鉴定方法，如针对瓷器的纹饰、器型、工艺、神韵等技术方法被人视为犹如皇帝的新衣，很多藏友都在怀疑其科学性，呼吁就古玩鉴定理论来一场大讨论，辩明什么才是科学的鉴定，什么才是伪科学的鉴定，根本改变各说各话的情况。“当前中国艺术品市场赝品横行、劣作泛滥的根源之一，就在于中国艺术品鉴定科学体系缺失，鉴赏能力的匮乏与苍白，所以，我们应努力并倡导建立完善、权威、科学的中国艺术品鉴定体系。中国艺术品鉴定在当前的状态是，民间鉴定机构繁多，具有官方监管与背景的权威鉴定机构匮乏。”“很多时候，我都在思考一个问题，为什么呼吁‘打假’却‘越打越假’的混乱不堪的艺术品市场状态只发生在中国，而很少存在于西方？其实，答案只有一个，那就是国外具有非常权威的艺术品鉴定机构，其艺术品市场体制发展较为健全。例如，在欧美，艺术品具有完善的历史交易数据，具有超然独立的第三方，他们的鉴定估价机构大多为法院所指定，即使是提供鉴定服务的保险公司、画廊、拍卖行，也都配有政府严格的法律、法规，这就在很大程度上制约了不法行为的发生。”①无数人关注文物艺术品鉴定，尽管立意不同，观点各异，但透露出的信息中——现有的鉴定已不适应形势

① 西沐：《艺术品鉴定：从“人”转向建构体系》，载《上海证券报》2012 年 3 月 4 日，第 T6 版。

需求,这一点毫无疑问,为相当一段时间以来为无数事实所证明的共识。

现有鉴定到底问题何在?从系统性角度考量,以下几点应当是关键症结所在:第一,缺乏系统的、具有公信力的鉴定体系;第二,鉴定与交易之间的利益瓜葛过深,独立性、中立性不够;第三,鉴定与评估错位、缺位、乱位现象严重;第四,过分依赖于个人经验的鉴定方法,缺乏有效的知识化、系统化;第五,文物艺术品行业的疆域意识顽固不化,对外交流不足,导致科技、管理、意识等先进元素难以被"拿来",支持科技活动的"圈内"资源也极难被"拿走",科技攻关困难重重。

所谓有无相生,发现"无"之所在,才能无中生有,才能使"有"走向健康、完善。以上五点,是"无"的表现方面,其相互间并非非此即彼的割裂关系,而是系统性问题。

何谓鉴定,以文物艺术品"圈"的传统来看,自始就没有梳理清楚过,延续到现在,甚至有将科技鉴定概念污化之势。特殊商品也是商品,文物艺术品从创制到流通、收藏、交易,全生命周期内可能发生的权属(所有权、收益权、使用权等)转移是无法预计并难以追溯的。所谓文物艺术品交易中要求的"传承有序",绝大多数情况下就是一个伪命题,尤其在我国近代以降,社会动荡规模之大、持续时间之长,要追溯一件在特殊时期不如一袋面粉价值的文物艺术品的传承路径,无异于天方夜谭。更何况圈内"讲故事"成风,公序良俗之市场准则被异化为"眼力"高低所决定的行规,从商业环境营造角度而言,无异于自挖陷阱,为赝品泛滥提供了"良好"的空间和氛围,"修炼"成"专家"就成为避免吃亏上当的基本功,否则后果不堪设想。

这些根本上可归结于理念不清问题。

鉴定与鉴赏、鉴定与评估混为一谈。在司法鉴定中，有一个非常重要的基本准则，“不得越界”，即鉴定只能回答应当回答的问题，不能抢事实裁判者（如法官）的饭碗，超越专门性问题范围越界对事实问题进行评价。比如一份文书材料的鉴定，签名为真，指印为真，公章也没有问题，鉴定人必须也只能出具诸如“签名与××样本为同一人所写”“指印为××捺印”“公章印文为××公章所盖印”的鉴定意见，而不能说该文书是“真实有效的”，因为这是事实裁判者的职责，属于法官对事实的认定范畴。文物艺术品所认知的鉴定，基本上可由三个关键词来表达：“真假”“年代”“价格”。真假一说，包括多方面的含义，如是否某一艺术家的作品、是否为赝品、是否为某一特定材质所制作、是否为某名人所收藏过，如此等等；而年代，则包含有新老、朝代、新仿、后仿前等；价格，价值和市场价格兼而有之。这样的问题组合，并不具备专门性问题的性质，实际上指向的是综合事实的认定，涵盖了鉴定、认证（考查与考证）、评估（包括价值评估和价格评估）诸方面活动形态，经验、文献、审美、市场调查、定价规则，不一而足，什么东西都往“鉴定”里装，部分“专家”一纸“鉴定证书”直接了然，确实能够迎合部分人的心思，但细究起来，这种“神仙打分”式的鉴定，何据？何凭？其客观性、严谨性的程序和机制保障在何处？这也是传统鉴定之路渐行渐窄的根本原因之一。

传统鉴定也称眼学鉴定（目鉴）、经验鉴定，是对应于科技鉴定在交流过程中约定俗成的称谓。实践中，传统鉴定的运行状态，笔者认为是一种混合性质的认知和判断活动，糅合了经验总结、审美评价、历史考证、形态痕迹比较、数据统计与比较分析等内容，看似颇为全面、周详，但从认知活动规律性角度进行审视，这样构筑的樊篱疏密错落，分布过广，多元化视角下逻辑链接点过于分散，体系结构的层次叠架不尽合理，探根究源，原因不外乎以下几方面。

1. 对于“经验”的认识与解读无定型

西方理论界,早期一直存在“不可知论”。

柏拉图就把整个世界划分为二:一个是“形式的”“理念的”世界,另一个是“经验的”“感知的”世界。前者如同“道”一般,“有物混成,先天地生。寂兮寥兮,独立而不改,周行而不殆,可以为天地母”,真理只有在这里被找到,它们以纯粹的形式而存在,并且“永恒”而“唯一”地表达了宇宙之实在性。后者只有通过前者映照才可能获得一定的客观性。但是,整体上这个瞬息万变的世界是无法体现出永恒的客观性与真实性的,因此它只是以表象的形式反复地编织着错误与虚假。

为破解二元论,西方哲学家、心理学家作出了不懈的努力。黑格尔提出了“有机统一体”的观念,“经验是逼真的不是抽象的。精神的生活是这种经验的最充分的表现”,“有机的范畴将使一切二元论如身与心,主观与客观等无所作为。唯有有机”。在变动不居的生命过程中寻找人与自然的连续性和相互关系。人们必须在事物的相互依赖和相互联系中、在变化中寻求对世界的解释,并以此为根据达到对未来生活的某种把握,而不是到超越的和彼岸的世界中寻找某种固定的和绝对的形式。一个客观事物在不同人的意识中,因为特定个体的注意和兴趣不同便被解读成为不同的对象,但这并不意味着客观事物本身发生了变化。所以,经验不是一种精神的、心理的现象,而是作为一个活动的过程而存在的。“经验就是生活”,人的一切经验都是作为行动、过程而产生和存在的。从现实意义角度,经验的合理性表现为一种事关问题情境之解决的操作方法。这种方法试图通过发现问题、提出假设、作出推论,进而把理论结果付诸实际的勘察与检验,来换取一种“确定性的寻求”。因此,这种方法其实是一种以实验操作为表现形式的、循序的、渐进的探究方法,其目的在于帮助人们在日常实际中破解疑难与困局,以致达成圆满经验的形成。

这一过程中,存在一个“阿基米德点”,被笛卡儿称为“沉思者”的身份与特征,这种主体性的身份是如此根本和重要,以至于人们不能绕过它而回答其他问题。

从古希腊推崇“理论活动是独立的和自由的,因为它是完备的、自足的和完善的”,他们视经验为“是宇宙中具有较少真实性的部分”,把经验贬低为非理智、非真实的知识,认为它们是一种“大概”、一种模糊的镜像。他们认为每一个人有每一个人的独特经验,而每一个人在不同的时刻对于同一对象的经验也是不同的,因此由感觉所得来的只能是一种大概的经验认识,而不可能是打开真理之门的钥匙。到英国哲学家、思想家约翰·洛克(John Locke),“知识从正确的经验得来”被广泛认可,始才正式确立了经验所占的重要地位,在他看来,一切武断、妄想均是建立在对于观察经验的诋毁上的。后期美国著名哲学家、教育家、心理学家约翰·杜威(John Dewey)更进一步指出,科学之所以存在,就在于它承认经验事实本身所内存的普遍关系,由此可以找出通则和公理。杜威对经验的认知问题是极其关注的,在他的《确定性的寻求》中,他把这个主标题加上了一个副标题,即“关于知行关系的研究”。在杜威这里,认知必然要取得其实践意义,唯其与实践真正融为一体时,一种确定性的认知才是可能的,因为此时它将被行为、操作所反馈、所验证;而与此同时,一种实践是可能的,因为它并非在一种主观盲目的冲动下展开的,它受到了理智与观念的指导。这无疑是“知行合一”的西方解读,杜威在世的1859年10月20日至1952年6月1日,距王守仁(自号阳明子,学者称为阳明先生,亦称王阳明,1472年10月31日至1529年1月9日)晚数百年。两位身处于不同文化背景、不同历史时空的思想家,对知识、经验、实践的认知殊途同归,证明了认知活动中,人作为认知主体,于经验事实中寻找普遍关系,指导实践,是将经验认识转而回到“事情本身”,回到认知所实际发生的个体性、主动性、变革性中来,与实践取得一致。

当经验的认知一旦与实践取得联系时,这种认知就不再被作为一种绝对的或偶然性的认知了,而是带有探试性、尝试性。这种探试性、尝试性表现在:经验的认知的确切性结论要通过实际操作的“后果”来验证。当一种操作达到了完满结果时,它意味着人们所由此取得的那种认知的完善性、可靠性,反之则不然。这就转入到个体经验和整体知识的关系问题。杜威认为,经验认知所得到的结论、观念是一种“可能性”,一种操作意义上的可能性。他因此说:“‘可能的’操作一词的基本含义是指实际上,在存在上可能。任何观念本身都是指我们可以从事的一种操作而言,而不是指一种实际存在中的事物。”在这里,这种操作性即一种在糅和了知与行、认知与实践之后的一种科学性的行为表现。从认知的角度来理解经验,其目的在于进而追求一种确定性(certainty),即把经验抽离它的实际生活境遇,变成了理性所勾画的“经验概念”“经验原则”。

经验本身有着原初经验与反省经验的划分,原初经验包含了原始材料、原始感悟的经验认识,还没有深入到关联、因果、规律性的认识中,但它却是一切经验认识的原发地。“自然科学不仅从原始经验中汲取原料,而且它们还把它追溯回去以求检证。”这一过程具有五个特征:(1)存疑阶段;(2)预测阶段;(3)证明阶段;(4)概念阶段;(5)验证阶段。这就是反省经验上升为知识的螺旋递进结构,其最重要的特征在于“思维加工”,以此搭建通向真理的桥梁。真理也不是一成不变的,而是处于一种向未来转化,向更科学、更合理的方向进发的过程中。

传统经验鉴定体系的形成正是以这样一种“递进”方式进行的。以瓷器鉴定为例，人们通过对瓷器的胎、形、纹饰、釉、彩、款等的观察，取得第一手资料。再通过一定量的比较以及人与人之间的交流，找寻其规律性，从而产生适用于所有瓷器鉴定的基础理论，如材料类的变迁、工艺的成型与变化、窑型及装烧方式的演变等。进而针对不同对象，进一步深入，探寻特定社会生产力条件和文化世俗下所产出器物的个性特征，随时间推移而产生的痕迹特征等。这些经验在无数人的努力下，业已成为识别判断瓷器品性的知识体系，具备了“经验原则”意义。但现在面临的是，以此经验体系作用于实践，出现了大量的“验证”失败案例，问题在哪儿？在笔者看来，存在内外两重因素综合作用所致。

鉴、赏混杂是主要的内源性因素。鉴定所需要的确定性与审美提倡的多样性本身就存在视域、层次之分，在一定程度上可视为现象与本质的讨论范围：任何一件器物，尤其在手工制作时期所产出的，每一件都是独立而完整的个体，既承载着特有的历史、人文、审美、经济价值，也蕴藏有制成工艺和历经风霜雨露而趋于共性的“元素”和“痕迹”。前者为鉴赏活动的目标指向，后者更多为鉴定所需。鉴赏的目标指向决定了，其生成的经验多为宏观层面，经验陈述语言取决于受众的感觉和领悟。如瓷器看釉光，“油光”，“晶光”，“银光”，“宝光”，光感柔和则对；“贼光”，“火光”，“浮光”，“腊光”，光感刺眼则不对。又如，“老瓷表面干瘪，有棕眼和缩釉（官哥釉泡密，汝窑疏，宣德多棕眼），油脂感好，具有沧桑感，有些留有不规则毛毛纹，古老的还有钙化、翘皮、龟裂、脱釉、土咬、土沁（从外往里）、泡炸等现象（元青花少开片）”。相信少有人能够准确理解这些描述所勾画的特征，更可能出现你看是“宝光”，他看则是“贼光”的情形，公说公有理、婆说婆有理，鉴赏可以，鉴定则必然因缺乏应有的确然性而难以取信于人。与鉴赏不同的是，司法鉴定尚可通过重新鉴定、专家委员会等方式判断出现问题的原因，因为有着确定性较强的行为准则：标准、规范、学界共识。文物艺术品出现问题，几乎意味着一场“马拉松”式的争辩的开始。

如前所述，宏观层面的经验传递，出现信息变异的概率是不可控制的，这是内源性因素之二。玩收藏，首先得修炼成“专家”，这几乎是一个悖论。多学习、多上手确实是经验获取的有效手段，但前提是你得有足够的机会去接触、去上手，还得保证所接触的、上手的是具有确定品性的器物。依靠图片、隔着玻璃，就能走入博大精深的文物艺术品殿堂，除非一种可能：“天下无赝”。“谈到古陶瓷鉴定，吕成龙强调这是一门专业性很强的领域，鉴定者知识面要相当广，不仅要具备一定的陶瓷工艺知识，还要对历史知识、美学知识等都有一定的了解。而对于怎么鉴定古陶瓷，比较公认的主要有五个方面：第一是造型，造型也是最重要的标准，要仿像其实很难；第二是纹饰，每个时代都有它不同的纹饰特点，不同时代出现的纹饰仿一个东西画在上面，肯定是不对的；第三是胎釉彩，每个窑、每个时代都有它的特点；第四是款识，款识鉴定主要是针对明清瓷器，特别是明清官窑瓷器是大量署款的，当了解了款识的内容、书法结构、字的特点，在见到仿品时就会把它鉴定出来，因为字仿像了也不是件容易的事；第五是制作工艺，包括它的成型工艺、底的处理、支烧工艺等。”“古陶瓷鉴定并不是说你整天拿个放大镜在那看那个气泡，这实际上是细枝末节，没有抓住主要的东西。鉴定这个本领的掌握不是一朝一夕的事，我自己的亲身体会是你要大量的看实物、看真品，要真正练就一个火眼金睛必须要看实物，而且最好是上手看，即使有这样的条件，没有十年八年的磨炼恐怕也很难谈鉴定，因为这是一个需要长期实践的过程，同时也要不断地看书学习相关知识。”

没有见过的,等于没有经验,是内源性因素之三。普遍共性知识的不足,意味着反省经验尚未递进到合理阶段,从而常会出现原初经验中未见过的就无法判断的情形,以此构筑鉴定体系,其指导实践的张力明显不足。

外源性因素中,赝品横行当为其一。具有讽刺意义的是,指导赝品制作的“作业指导书”正是眼学鉴定的经验总结。逆向设计工具和手段的高度发达,对以“型”为表达元素的对象,要做到惟妙惟肖并不是难事。应对这种挑战,即或是司法鉴定,也是一种挑战,如司法鉴定活动中的高仿印章所形成的印文,如果不具备相应的条件,就容易出现误判的情况(只是公安对制印企业的严格管控,以及制作假章的法律后果严重,这种情形并未呈现爆发态势)。应对制假,是一项长期而艰巨的任务,科技手段的进入无疑是可选择的一剂良药。这时,理念的改变就凸显出来,细化分工,将鉴定与鉴赏以及文物艺术品经营活动进行理性分割将会成为必然。毕竟不是谁都能成为技术鉴定专家,也没有必要维系鉴、赏混杂的传统。

政策、法规、体制、机制的制约性,是外源性因素之二。文物艺术品领域的诸多乱象根本上在于“有空子”可钻。从社会治理层面来看,政策性因素不到位甚至错位是不可回避的一道“坎”,确须正视。

2. 结构解析与重构

传统经验鉴定集合众多前辈的经验和灼见,本身是科学的,这是笔者历来所坚信、坚持的信念。只是在各种内源性、外源性双重因素影响下,这一知识体系已经站在了螺旋递进的新的起始点,“有无相生、不殆之源”,正确认识不足、缺漏,才能生发有利于行业健康发展的新的结构和环境。

鉴、赏混杂这一结构性矛盾,需要通过结构分析的方法,相对较为彻底地梳理产生这一矛盾的深层次原因。

如果说我们全部的知识，都是旨在认识世界上各个事物之间关系的话，那么最基本的认知方法，就是比较。只有事物具有相同的成分的时候，它们才具有联系。比较的前提是结构性的分析，有一个先决条件，就是被研究对象都是结构的。对事物的结构性认知，不是先验的，而是经验的，它来源于我们在各个领域的探索。越将事物分析到更为基础性的层面，就越能够最终“归纳”它们之间更深刻的关系。那么，这也渐渐显露了一个最大的隐含的、带有本体性质的内容，就是事物的发生是在统一规律支配下的，且事物是具有相同的基元的。只有在这两个条件下，事物才可能是结构的，也才可能发生联系。

世界以各种形式的经验赋予我们，这些经验是多种层次的，它们相互包含交错，有的是以更加整体的形态出现，有的则相对简单、更为基本。这里，我们隐含地认为各种事物都是由一个共同的基元所构成，只有这样才能在它们之间建立起联系。只有我们认为并且找出事物是由统一的基元构成的，才有可能建立统一的理论，将世界联系起来。事物也因为存在相同的构成基元，才使他们存在可以相互联系起来的理由。人类物理科学的发展方向，似乎就集中于这一点。这样，就给“结构主义”的分析方法，特别是量化的分析方法，提供了一个合理的依据。

任何综合其实都离不开分析，只有将事物分解成更为基础的成分，并且这些成分是相同的、同一的，方能够进行显而易见地综合和分类。通过分析的过程看，我们只有单独地观察到了、感知到了，独立地发现了一个基础的事物，才能够将其他事物分解到这个基础事物的层面。也就是说，只有我们达到了一个前提，即已经确认了一个基元，才能够将其他事物分解、分析到这个基元。举一个简单的例子:比如,X 由 A、B 两种成分构成,即 X = A + B;Y 是由 A、C 两种成分构成,即 Y = A + C;单纯地在整体上感知 X 和 Y,也许无法将他们联系起来。这就需要进行分解,探寻其可能产生的联系。只有独立地认知了 A、B、C,通过将 X 与 A、B 的比较,才能够将 X 分析为 A、B。在已经将 X 分析为 A、B,Y 分析为 A、C 后,X、Y 因为都具有 A 的成分,它们因为 A 产生了联系。同时,这也显明了分析的基本方法,就是比较同时,发现 B、C 乃两者差异之所在。实物可以通过简单的物理性分离、分割,就能够"确认"A、B 的存在。但对于抽象的事物,如社会现象,或者更准确地称为"概念性现象"(事物),我们的确需要首先认识大量的独立存在的基础性事物,才能够将复杂事物分析到这些基础性事物层面。例如,只有我们首先观察了分子,才开始意识到可将物质分析成分子;我们首先观察到了细胞,才开始认为人体由细胞构成;观察到了原子这个独立事物,才开始将分子分析成原子。

由此可见,建立事物之间关系的根本方法,就是将事物分析、分解,然后按照真值 0 和 1(是与非这两个独立的标准)比较异同、对照感知,这样才真正贴近于基本经验,才能够真正确定世界上全部事物(经验)的关系。这应该是一种最基本的,也是唯一科学合理的方法,是科学的内核。

如果说分析哲学过多地注重了分析过程和语言工具的重要性,而忽视了经验以及经验的发生与发展,则结构主义的分析方法,因为兼顾了更多的要素,就显得更具价值和普遍意义。

执行分解,必须具有清晰层次概念。要将"真假""年代""价格"这种混合式"鉴定"理念进行拆分,合理归置鉴定与评估的边界。该层面上,具有"基元"意义的元素虽相对更为宏观,但同样应当具有可辨识性。

综合而论,依赖于技术检验的部分,如材料、痕迹、印章、字迹等,可归为鉴定事项;依赖于考证、器型、纹饰等个体经验判断的,则宜归属于评估范畴;价值与价格评估同属于评估范畴,是相对自成体系的组成部分。这样做的目的在于:由此划分的鉴定,可由更为基础性的"基元"所构成,构建起解读"A、B、C"层面的知识体系,为X、Y的确定提供支撑,最终解决文物艺术品基本品性的判断这一综合性问题。这一思考路径与司法鉴定中的笔迹鉴定理念有相似之处:笔迹鉴定通过检材与样本的比较来判断书写人,鉴定人的经验业已整合为基础性的判断体系,以书写水平、字体字形、熟练程度以及起收笔、笔顺、行笔、绕转笔等特征进行比较分析,每一个案件都是"没见过"的全新的检验对象,具有科学内核的检验方法决定了这种"新",在未超越该体系适用范围时,都是可以被认知的。尽管如此,在真正开始比较检验之前,还必须就基础事实进行确认,如是否直接书写、是否存在条件变化、是否有消褪涂改等。这一过程旨在划定实施笔迹比较检验的基础条件,从点到面、从元素到整体,形成完整的判断体系。文物艺术品鉴定如果按此思路展开,则鉴定解决元素问题,评估解决整体问题,两者当可形成良好的匹配关系,如此才符合科学认知的基本理念。

具体到基元的构成,不同对象自当有针对性的类型化组合。如字画,鉴定相关的基元应当包括:材料检验(纸张、笔墨、印泥、彩料、装裱用材),形成方式检验(是否直接书、画,有无变造等),历时特征检验(有无人为处理)等。评估则主要针对:创制人考证,历史信息考证,审美内容和审美价值评价等。只有鉴定和评估翔实、充分,价格评估(必要时)才有可资支撑的基础事实。这三个环节层层递进,各有侧重,为"基元"分解的第一个层次。

"基元"分解的第二个层次,落脚于第一个层次下的各板块中。

比如,鉴定环节中,材料检验几乎对所有文物艺术品均有适用,但不同对象的检验思路、检验方法、检验手段并不尽同,有些更天差地别,“基元”下沉势所必然。字画鉴定中的纸张、笔墨检验,与瓷器鉴定中的胎、彩、釉的检验,显然为完全不同的类型,揭示规律性的方法自然是有所不同的。

如此分解下来,各种经验和知识的归口清晰明朗,鉴定与评估体系相互混杂的现象将会得到根本改变。但前提是,分解后的结构,对现有生产关系形成的冲击必须通过重构,才能满足客观中立的科学认知要求。在这一思维路径中,有无相生,自是不殆之源,进步方能扎实而稳固。

(二)前后相随,立信之本

重构,首重机制改造。

传统文物艺术品鉴定模式,即使融入科技元素,也无法实现社会对鉴定公信力的盼求。“名不正则言不顺”,鉴、赏混杂的自由鉴定机制本身就意味着鉴定活动的非独立性、非中立性,人皆可为“专家”,这种以“自由”为代价换来的只能是无序衍生和野蛮生长,迅速将社会公信力侵蚀一空。基础信任体系崩塌,是不可能形成良好的被社会所认可的鉴定与评估局势的。这时,我们需要思考“有无相生”的基本格局,因为问题和矛盾的显化,促使应变和革新,以期达到新的平衡,所以“乱”为“治”之始,善治则始于完善的机制。

回顾前文所述司法鉴定的前世今生,我们可以抽取出这样一个模型:审判职权由事实裁判权和法律适用权所构成,事实裁判的事权最初系审判主体不可分割、不可懈怠的职责;渐渐的,发现真相需要更多的知识和技能,才有了仵作的辅助,渐次到有职责、有岗位的检验官,最后发展为诉讼保障的司法鉴定。纵横观察,凡涉及鉴定事宜，都必然存在一个基本架构：首先，有需求。无论是基于授权的活动（通常表现为依法获取的司法权、执法权等社会治理权力）还是基于民商事活动，基于公平正义和市场秩序的本质要求，总是会产生各种不同的判定、判断、证明需求，如劳动能力评定、资产处置、交通事故等。包括考试、学术研究，都涉及代考、学术不端行为的认定与评价。其次，事实认定是权利义务处置的原点，证据是事实认定的基础，当出现争议时，寻求第三方支持，尤其是证据层面的支持，乃法治社会的基本规则。最后，第三方中立服务体系，包括检验鉴定体系的完善程度，是一个现代国家社会治理及市场规范程度的重要观测点，"暗箱操作""权钱交易""既当裁判员又当运动员"等现象在合理的规则和机制环境下无所遁形。所以，权力、权利格局在法治化进程中，已经并将持续发生深刻的变化。

有的人抱怨相关部门不作为、制度不合理、技术太落后，何曾想过造成这一局面的原因其实与每一个参与者都有关。作为一个系统，最基本的自组织性都在各种偏见、固步自封、自以为是中沉沦，秩序、机制的形成又从何谈起。尤其需要反思的是，以特殊性而掩盖正当性，难道不是造成目前现状的因素之一？比如诚实信用的缺失。

有人总结了收藏界的一些特点①，虽不必全信但颇有意味，摘录如下：

何为"收藏"？通俗说，收藏，"收"的是物品，"藏"的是文化；"收"的是快乐，"藏"的是美好；"收"的是宝贝，"藏"的是财富。听起来多么的文雅，多么的美好，多么的乐趣无穷，因此，吸引着许许多多民众参与投入了其中。然而，他们怎么也没想到，原来自己进

① 临沂艺术网：《收藏界十大忽悠局与十大怪现象》，载搜狐网 2017 年 10 月 3 日，https://www.sohu.com/a/196172203_99941818。

入了一场没有“规则”、不知输赢的游戏。其中的“奥秘”又有多少人知道?

一、收藏界之十大骗局

1. 收藏家不去大型拍卖会举牌

据抽样调查,很多收藏家不到大拍卖会上买艺术品,因为能称上收藏家的人已在市场上跌爬滚打多年,深谙艺术品在市场上的合理价格。那么谁在举牌?初入道者、投资者、投机者、送礼者、托、“洗洗涮涮者”、特殊需求者。

2. 高价拍品来无踪、去无影,躲猫猫

上亿元、上几千万元的拍品最吸引人的眼球,但几乎无人能打听到它的行踪,即便拍卖公司一般的工作人员也未必知道,属最高机密。一纸拍卖规定,掩盖了无数真相。国内外拍场上,有时拉高出货,呼风唤雨;有时“明修栈道,暗度陈仓”;甚至大声疾呼,“艺术品拍卖10亿元时代就要到了”。

一件价值12万元的南宋古董破损,快递公司只愿赔1000元!

3. 落锤算成交,交没交钱不重要

到商店买东西,无论你向营业员表白多少次购买意愿,不交钱等于没成交。而拍卖会上拍前大肆宣传,落锤加倍宣传,交没交钱不再有后续。

4. 拍品都是孤品,世上最多两件

元青花鬼谷子下山罐是孤品,珐琅彩锦鸡瓶是孤品,吉庆有余镂空瓶是孤品……不管存世量有多大,都说一件,最多两件,且“流传有序”。其实所谓的“流传有序”往往是个美丽的谎言,试问有几人能讲清自己爷爷的经历?

5. 自家人的古董交易到拍卖会上进行

兄妹之间买卖古董不在家里进行,有悖常理;到拍卖场去多交几百万元、几千万元，傻？有钱？做秀？吸引眼球？浑水摸鱼？别有用心？

6. 拍品买到手几乎就是接最后一棒

20世纪80年代，有钱的日本人大量购买西方油画，现今至少贬值50%。中国人不会上这当，把高价拍卖当游戏看。至于有的东西春拍时5000万元买进，秋拍又1亿元卖出，半年赚5000万元，有这样好事？

7. 一些大拍卖公司只欢迎去举牌买东西的

大拍卖公司对送拍品的都是应付，拍卖公司不缺拍品，收藏家能收买到的，拍卖公司也能收买到类似的。在海外拍卖会上捡漏的大多是国内拍卖公司业务员。公司就是追求利润最大化。这是收藏家的藏品不被拍卖公司认可的重要原因。

8. 收藏界“黑哨”现象

足球裁判还有个资质，文博界不用，谁都可以吹哨。拍卖的由拍卖公司吹哨，寻宝鉴宝的直接上电视上吹哨，开店的坐堂吹哨，即便对收藏不太懂的人，牙缝里也敢蹦出两个字：“高仿”。足球场上白哨黑哨一人吹，收藏界一件东西能吹出10个调来，仅值几千元的瓷器在黑哨声中能卖到上百万元。唯独收藏者没有发言权，民间收藏家个个灰溜溜的，真是一片“冰心”在玉壶，越收藏心里越凉。收藏家的地位尴尬，不伦不类，不受保护。

9. 没有真正的评估机构

艺术品的价值、真伪，没有评估鉴定机构。谁都说了算，谁都说了不算。有些专家把收藏家当阿斗，在贬低收藏家的藏品时，往往推荐自己认定的“真品”；一些专家从不提倡科学仪器检测，甚至排斥仪器，生怕失去赚钱机会。而收藏家把有些专家叫“砖家”；收藏家之间亦互相倾轧，只有自己的东西最好，别人的都是仿品。

10. 初入收藏者易被误导

收藏书画的不懂绝大多数书画会“时过境迁”;收瓷器的不收整器收瓷片;收玉的不懂“玉不琢不成器”;收翡翠的不知A货会变B货的原因;收红酒的不知红酒像洪水。不学习、不研究、不交流,交了学费还没学到东西。都说收藏太热、收藏太乱,根源在于利益莫大的驱动力,抹杀了社会公德。都说收藏的水很深,其实不然。找到诚心教你的人,说真话的人,会少走很多弯路。

二、收藏界之十大怪现象

一大怪:没有藏品是“人才”,出书鉴宝赚外快。

不少所谓的古董鉴定专家,很难有自己的藏品;到处拿别人的“孩子”说事,给收藏颇丰的人做“真伪”鉴定,收费不手软,说话不留情;把一些藏友们忽悠得忘记了一句调侃“专家不如行家,行家不如玩家,玩家不如藏家”。虽是笑话,细想起来不是没有道理。

二大怪:真正行家不出台,闲隐都市桃源外。

真正的很有鉴识经验的收藏家,很少抛头露面,也不给人做鉴定,更不请人做鉴定,面对藏品,做做学问,收藏领域的媒体效应似乎与他们无关。难得听人说过王世襄和一些很有造就的收藏家做过什么鉴定活动。就连在“百家讲坛”海侃一通的马未都先生,也从没见他在哪里寻过宝做过鉴定。

三大怪:古董文物天价买,能买之人内涵菜。

想卖卖不掉,想买买不到。人人都说古董价格一年几翻,和田玉论克卖,比黄金还要贵千倍,你去买就是天价,你要卖没人要,就是垃圾。能买得起的人,有一些是喜欢在拍卖会上举牌显派,满足自己片刻的虚荣。

四大怪:文物价格很是怪,真假新旧倒过来。

真的卖不过假的,老的卖不过新的,新的卖不过原石。这是古玩市场上普遍存在的又一笑话。有文化价值、艺术价值和历史价值的古董,居然连一块和田玉籽料都卖不过。

五大怪:古董文物无人识,真货被人忽悠坏。

面对一件文物,十个鉴定的人就会有十一种说法,谁也不服气谁,自己的鉴识就是真理。最后把一件古董忽悠成了真假难辨的垃圾。

六大怪:鉴定专家处处在,价格明标在门外。

只要给钱,假的也是真的,要是不给钱,真的也是假的。上次鉴定是真的,这次没交鉴定费就是假的。

七大怪:鉴定资格花钱买,不懂鉴识有招牌。

前些日曝光的一些黑心拍卖部门聘用的鉴定专家的资格证书,居然是花了几千元从权威的部门买的。

八大怪:国宝古董在我这,儿子也能喊成爹。

别人的东西都是假的,自己的东西都是真的,这是收藏界的怪病。你睁着眼看他在那说瞎话,卖前是垃圾,买到手后就变成国宝,只要不是自己的东西,都是假的。

九大怪:只征集不拍卖,图录佣金交上来。

一些拍卖单位一年难得拍卖出一件藏品,就是拍卖一次,也是装模作样,雇几个人举举牌,主要靠收取一些初入收藏之门的又想一夜暴富的收藏爱好者的佣金或者图录费养活自己。每次征集一千件,一件只收一千元,也是一百万元,印一千本图录,一本三百元成本也不到。

十大怪:处处都有潜规则,让人心酸很无奈。

无论什么样的社会业态,都离不开秩序保障,何谓“秩序”?说到底,是为人们所周知并自觉接受且遵循的规则体系作用下所表现出的状态。规则是多元的,既有明文规定,体现为诸如法律法规、行业规范、执业纪律等；也有约定俗成“名无固宜，约之以命，约定俗成谓之宜，异于约则谓之不宜”。规则也是立体的，上有法律原则，如公序良俗、平等、自由原则；中有管理规章、行业规范；具体而微，还有技术规范、程序规定乃至行业规矩之类。规则同时还是两面的，潜规则横行时，可能就如人言：“自古真情留不住，唯有套路得人心！”

回看文物艺术品鉴定，直到现在还维系着自生、自发式的自由鉴定人模式，“研而优”——鉴定；“藏而优”——鉴定。事实上，鉴定理念、鉴定规则、鉴定机制基本上处于混乱状态，远未达到系统化的程度。

1. 事实认定之道路辨析

什么是“事实”？在本书语境中，就是据以决策并行为的综合性问题。古玩市场上淘寻，辨真识赝的“真”或“赝”是事实问题；藏家交流，能不能“看好”也是一个事实问题；艺术品金融，判断一个标的物是否适格，同样是事实问题……对所有这些事实进行判断的基础，在于器物的“基本品性”，即决定器物所呈现出来的表象与其应有的本质是否相符的一些基本要素。文物艺术品具有个体独特性、历史存续性、不可再生性和稀有性的特点，制约了基本品性判断的条件，由此形成了特殊的“行业规则”和行为模式。放在当下来看，对这些规则和行为模式进行检讨势在必行（以下讨论仅限于民事范畴，盗挖、走私等涉嫌犯罪的情形不在此列）。

市场经济和法治社会所构筑的社会环境，要求各行各业无一例外地遵循法治精神，依法开展活动。早于16世纪，法国的理查世·杜摩兰（1500—1566年）提出了意思自治说，主张契约应适用当事人自己选择的习惯。这一提法逐步演变为合同准据法的最普遍的原则，从司法角度来讲，法院也应依据“意思自治”原则来推定当事人意欲适用什么习惯于契约的实质要件和效力。意思自治原则的核心组成部分为意思表示。表意人向他人发出表示,表意人据此向他人表明,根据其意思,某项特定的法律后果(或一系列法律后果)应该发出并产生效力。当事人双方平等自愿地将各自内心真实意思充分表达于外部,即意思表示完整而真实,当“意思”与“表示”不相一致时,则可能导致主体处于不平等地位。一旦这种情形出现,就可能导致民事行为的无效,如存在诈欺、胁迫、乘人之危等。但这种意思自治原则在文物艺术品界,却一定程度上演绎为考“眼力”的游戏,典型如古玩市场的“淘宝”行为。

“淘宝”“淘换”中“淘”之一字,本身就以挑选为基础含义,依赖于个人的眼力和兴趣爱好进行选择,自负其责。融合了历史学、方志学、金石学、博物学、鉴定学及科技史学等知识内涵的藏玩之风延绵久远,至今依然不衰,甚而更热,很多人沉浸其中,感受到无穷魅力与独到乐趣。很显然,“捡漏”这一潜在的利益期盼和追求,有一定的“高风险高收益”的对赌性质,那么将鉴别的责任加诸买方,也无可厚非。当然,“讲故事”“挖坑设阱”之类的行为,走过了“线”,成为制假贩假的由头,是不容姑息纵容的。持有这样的理念,在过去的岁月里,买货“走了眼”通常羞于颜面,自我归咎于术业不精,不敢张扬,秘而不宣,自动放弃追究赔偿的权利。我国的《消费者权益保护法》明确规定,在买卖过程中,只要经营者提供虚假不诚实的陈述、允诺,以欺瞒手段,造成了购买人的经济损失,购买了假货赝品,购买人就有索赔的权利。古玩不可能成为法外之地,基本品性的证明责任同样应当归属于出让方,买涨买跌,买得值不值,则是另一个层面的问题,受让方拥有完全的自主处置权,并承担相应的结果。由此看来,“淘宝”“淘换”本质上并不是完整意义上的商业行为,个人的兴趣爱好、审美情趣、投机心理、社会交往等各种因素交织其中,有“藏而不真,鬼也。藏而不精,烂也。藏而不究,愚也”一说。一个真正的藏家,追求的最高境界是做人、做事、做学问,要体现古玩的终极价值。以此推衍开来,收藏活动中的“眼力”,理应是多元化的状态表达,为融入个人修养、理念、技能和价值观的综合体,具有鲜明的个体特异性,而非简单的“鉴定”技术形态。正因如此,抽取具有普遍性、规律性、可重复、可验证的基元构成鉴定体系,而将与个体特异性关系密切的要素归为评估体系,就成为理念变革的首要,并因此成为机制改造与构建的逻辑起点。

鉴定虽然也具有“意见”属性,表现为具有专门知识、经验、技能的人对专门性问题所作出的判断,但与评估不同的是,两者据以判断的基点和判据是有着显著差异的。

第一,视角不同。鉴定活动侧重于事实认定中的专门性问题,这些专门性问题既可以是一个问题,也可以是多个问题,但都应当是事实认定中的组成部分,且为事实认定者不能直接判断的问题(表现为认知能力不足的不能和职责要求之不能两种情形)。在司法领域,法官可以调查证据,可以决定是否采信证据,但不能“提供”证据。司法鉴定本质上是一种“加工”活动,是对原始证据形式的信息提取、解读并作出判断的过程,“鉴定意见”作为法定证据形式,是与被鉴定对象不同的新的证据形式,所以我们可以将鉴定人的鉴定活动理解为“提供”证据的行为。由此可见,鉴定活动具有基础性、局部性和独立性的特点,以其与其他证据或判断之间的互证发挥独有的证明和制约作用。评估则是评价、估量、测算一类活动的称谓,侧重于价值(如历史价值、艺术价值)和价格方面的评价、测算,是基于艺术世俗和市场环境而开展的判断活动,从人文和社会角度考查文物艺术品之于人类社会的现实安置,具有社会性、整体性、时代性乃至地域性、民族性等特点,作用于文物艺术品价值实现和市场流通。

第二,两者关注的重点不一。鉴定关注于物的自然属性,包括组成物的物质材料及其规律性;评估关注的是社会属性。

第三,适用的研究方法不同,鉴定更多依赖于自然科学技术,从更细分的“基元”寻求稳定的、特定的、规律性的反映;评估则有赖于艺术世俗规则和统计、调查等手段。

第四,两者作用的时间节点有别。鉴定因需要而产生,无论是社会治理中的司法与执法活动,还是市场流通和交易行为,都可能在特定的时间节点上产生委托从而推动鉴定。评估则具有多元化表现,程序性评估整体结构与鉴定类似,对主体、程序、规则等都有要求;非程序性评估则更为广泛和自决,但其结果的约束性相对较弱。

第五,对人的能力要求不同。鉴定人关注于自然属性,自然要求其对鉴定对象的客观属性有足够的检验检测和判断能力,对技术方法标准能够熟练掌握,对鉴定工具(如仪器设备)能很好运用,对检验检测结果有足够的判断能力,同时还应当对鉴定相关的法律法规和规定熟知并依此形成行为模式。对文物艺术品本身鉴赏能力的要求反而并不为必备,尽管对这一问题存在不同的认识和看法,但多出于站位角度不同所导致,从鉴定活动的基本要求而言,不作要求可能更有利于鉴定的独立性。评估则不然,无论是价值评估还是价格评估,都要求对行业有充分了解,不在艺术世俗之中,很难作出为人认可的评估结果。

在笔者看来,文物艺术品领域“鉴”“赏”不分、“鉴”“评”不分这一传统理念是深层次影响行业规范和发展的痼疾,系统性的认知错位妨碍治理秩序的形成带来的影响是全方位的。“鉴定”“鉴赏”“鉴证”等高频用词,常有等义使用的情形出现,这一现象代表着在该领域对鉴定、鉴赏、鉴证等各有侧重的行为并未被人们所严格区分，证明了领域性的认知错位呈现系统性特点，并为人们视为理所当然，甚至影响到领域之外人们的认知惯性。自由鉴定人格局的形成就是一个代表性的反映。

文物艺术品具有文化性、艺术性、历史性等特性，其外在的、能为人所直接感知的型、形、色、设，既是这些特性得以存续的物质基础，也是传递这些特性的方式。鉴赏活动，正是在解读这些型、形、色、设的过程中，去领会艺术表达、感悟历史文化、提升艺术修养。文物艺术品的每一细节，都可能成为鉴赏的关注点，都会在物与物的比较中、通过人与人的交流和探讨展现出不同的艺术世俗语境下的“兴奋点”，使人们沉浸于其中，渲染着文物艺术品鉴赏的众生相。这种鉴与赏之间的“联动”关系，是经验鉴定“艺术化”的根源，并形成了以历史、艺术等人文要素为鉴定反向背书的奇特社会现象，而鉴定应有的科技化道路，因为这种固有的理念冲击，在行进之时充斥着荆棘，步履缓慢。

相较于司法鉴定、产品质量鉴定等领域，文物艺术品鉴定的确有着特殊性，其人文元素与承载体拥有的物之属性相互交织，密不可分。但是，一旦不论目的、不论具体鉴定项目，仅从鉴定方法角度进行考量，其实所有鉴定在本质上是相同的。专门性问题的解决，都需要以适宜的方法进行检验鉴定；检验鉴定方法的集合，都存在从主观到客观这一轴线上的不同位置安放问题。例如，司法鉴定活动中，人们普遍认为，指印鉴定的客观性在一定程度上高于笔迹鉴定；DNA 鉴定的客观性要强于司法精神病鉴定。这里所谓客观性与主观性之间的高低，是指鉴定结果依赖于人的经验的程度，虽与鉴定的准确性并无直接联系，但从人类认知活动发展演变的规律性来看，人，始终是认识活动的主体。受限于人的感知能力之不足，各种科学仪器设备被研发出来，成为人感观的延伸：显微镜能让人看到微到原子的微观世界，望远镜可观察到遥远的星球。人们更通过各种技术方法得以探知物质世界的规律。相对于人思维活动的复杂性和经验构成的片面性与多样性，技术探知的精准性、稳定性、一致性、可验证性相对更为人们所依赖，结合人的判断、分析，最终得到的结果自然更为人们所认可。但是，技术方法的客观性与检验对象之间的复杂对应关系，以及人们所期待的结果之间，技术方法体系的生成，需要有一个艰难的融合过程，并且这种融合结果，一般最终会体现在行业的细分规则的形成上。比如法医学鉴定，下辖法医临床、法医物证、法医精神病、法医毒物、法医病理等五个方向。按照司法部《法医类司法鉴定执业分类规定》（司规〔2020〕3 号），这五个方向又分为了 48 项检验内容，比如我们通常所提及的 DNA 鉴定，就有个体识别、三联体亲子关系鉴定、二联体亲子关系鉴定、亲缘关系鉴定等细分项目。这样的分类结构在司法鉴定中已成为规则，并保持着持续的变化和调整，以适应发展的需求。

文物艺术品鉴定非但未形成这样的结构，甚至走向这一结构之路的基础都存在问题，体现在认识层面上尚处于“战国”时期，各种观念的分野层出不穷，大体而言有以下几种形式：观念一，将科技鉴定与传统经验鉴定割裂开来看待，极端者甚至互相攻讦、恶语相向；观念二，迷信专家与迷信“高科技”的思想意识共存，取利用者用，从未意识到此领域同样有“毒树之果”之类的问题需要面对；观念三，缺乏传统经验鉴定有别于鉴赏的去人文化进程，以及科技鉴定针对文物艺术品的加人文化改造的理念和思考，两者间的交互和融合隔着如鸿沟般的距离，步履维艰；观念四，鉴定目的和诉求的功利化现象严重，漠视科学认知活动的复杂性和层次性，寄希望于简单直接的判断方式，从内心排斥鉴定与评估的层次结构。所以，文物艺术品鉴定要走向规范化，取得社会公信力，艺术世俗认知层面的重塑势在必行。

2. 经验鉴定之审视

传统经验鉴定是经过无数人的探索，甚至付出沉痛代价后获得的经验总结，其鉴别体系的形成更多基于实践中的发现，偏重于从人文、历史角度提炼出研究对象的规律性描述，进而指导实践。整体上看，这样的知识经验体系有着一定的"形而上"色彩，可意会、难言传。"夫形而上者谓之道，形而下者谓之器。神道难摹，精言不能追其极；形器易写，壮辞可得喻其真；才非短长，理自难易耳。故自天地以降，豫入声貌，文辞所被，夸饰恒存。"[①]事理本身在描述上有难有易，所以"文辞所被，夸饰恒存"，夸张和修饰的方法在语言描述中是不可避免的，由此在一定程度上导致本为"有情有状"之"器"之层面的信息传导，因为诸如"夸饰"等因素，演化为有如"无形无影"之"道"之演绎。是以，"器无恒解"就成为经验鉴定的一大怪象：此专家认定为是，他专家认定为非；此专家此时认定为真，彼时却认定为赝。这种状态的矫正，是需要有勇气的，要如杨振宁先生之警言"我懂高能物理，我认为你不要走这个方向"一样的勇气。经验鉴定是否也如杨先生所指量子力学"盛宴已过"一样，因存在根本上的不确定而被质疑和否定？

高能物理学又称粒子物理学或基本粒子物理学，它是物理学的一个分支学科，研究比原子核更深层次的微观世界中物质的结构性质及在很高能量下，这些物质相互转化的现象，以及产生这些现象的原因和规律。杨振宁先生除和李政道于宇称不守恒研究而获诺贝尔物理学奖外，还因杨·米尔斯（Yang - Mills）理论于规范场理

① 《文心雕龙》第三十七篇《夸饰》。

论中的基础性，被认为是20世纪下半叶重要的物理突破。这样一位现代物理学的大家，量子力学的支柱型人物，认为“量子力学盛宴已过”，那不是自我否定吗？如今，只要提起“量子”，高大上、神秘、神圣等感觉扑面而来，相对于经典物理学的“公众化”，量子力学对于普通公众而言，是不可言传、不可理解的存在。结果，各路大神纷至沓来，量子健身、量子饮料、量子鞋垫等，凡冠以“量子”一词的，无不成为最高科技，都有人相信。而此时，杨先生劝人改行，“盛宴已过”，其意为何呢？引发杨先生这一感慨的主要原因在于“自洽”性问题没有得到解决。

1801年，英国的一名“杨”先生，“民科”典范、医生——托马斯·杨，设计了一个简单的实验：光的双缝干涉实验，实实在在证明了光是一种波，由此推翻了波动说和粒子说争论了300多年方以牛顿为首的粒子说学派所夺得的胜利。因为，无数的粒子学派大咖提出了各种各样的假设来解释一个粒子如何同时通过两条狭缝而产生干涉，但没有一个说法能够“自洽”地解释这一现象。量子力学能够存在至今，重要的原因并非德布罗意“波粒二象性”的提出，而是人们本能地不相信眼前实实在在的固在世界是由波组成的。笔者无意在此沿着历史脉络，将一堆枯涩的概念，如玻色子、费米子、粒子标准模型、弦理论、质量、引力、规范矢量场等串在一起来解释“盛宴”为什么已过。而是意在指出，人类在认识自然的过程，会不断修正自己的认识，这才是应有的态度。关于物理学，面对同样的一个世界，共有四套互不相融的理论解释体系，单就量子理论就有经典物理学的量子理论、弦理论和量子力学三种学说。在宏观领域，则存在经典物理学和相对论两种互不相融的理论。相对论又由狭义相对论和广义相对论两种同样不相融的理论构成。哪一个正确，哪一个错误？最可怕的是认为所有的理论都完全正确，没有人敢于承认自己的理论存在问题,也不敢指出其他问题。杨振宁先生坦承“盛宴已过”,代表了一种精神。理性告诉我们,没有刻骨铭心的反思,就不可能有脱胎换骨的进步;不否定那些不能自洽的理论,就不可能在困境中找到出路。但是,承认问题,意味着承认理论的发展方向出现错误,意味着自我否定。这可不是一个小问题,否定一个理论,意味着否定成千上万科学工作者的工作,否定他们的努力、否定他们的荣耀,这是人性无法承受之重。杨先生选择站在了真理这一边。这是真正的勇者!沉舸之侧千帆竞,真正的科学精神是理性、怀疑、批判和实证,理论与技术的进步无不如此。2013 年于广东佛山召开的全国首届文物艺术品物证技术交流座谈会上,多数专家、无数收藏家均表示眼学鉴定存在不足之处,呼吁科学技术介入,这种态度无疑也是科学精神的表现。

所谓“自洽”(self - consistent),简单地说,就是按照自身的逻辑推演的话,自己可以证明自己至少不是矛盾或者错误的。科学研究本身就是遵循自洽性的,建立于客观基础上,反之则建立于主观之上,最终归属不可证伪与证明。一个不能够满足自洽性的理论或者方法显然是不攻自破的。经验鉴定仍然是目前文物艺术品鉴定的主要方式,这种以“型形色设”为主基调的理论与实践模式,既有科学的成分,又有人文要素。从“自洽”的角度我们应当充分看到目前状况,大体上包括以下方面。

(1)因果律视角。

因果律存有三法则:第一法则为“果由因生”。无因不能生果,有果必有其因,因前果后的时间顺序是不能颠倒的。文物艺术品的产生、存续、流转,形成了无数的因果关系,有些似因实果,比如瓷器器型的产生,通常因为祭祀、陈列、用具的需要而来,并受特定时期社会世俗和生产力等因素影响而形成。但我们不能因为其为某种特定造型，就将其作为认定特定时期器物的指针，因为器型一旦产生，自然会因人们的认可而得到传承，其本身就成为一个可以影响或短或长时期的文化元素，成为具有类型化的造型艺术结果。似果实因的情形也并不少见，凡是被证明不可仿、不能仿的方面，无论是痕迹、色泽、材料还是工艺、技能，实则是因为形成这种状态的必备要件是不可缺少的，从而导致这些貌似为“果”的方面成为“因”的承载体。这可视为因果律第二法则“事待理成”的正面诠释：作为客观现象之间引起与被引起的关系，它是客观存在的，并不以人意志为转移，在事物中有其普遍的理性。如生必有死、聚必有散、合必有离、成必有坏，这是必然的理则。事物的普遍理性，其实质归依正在于自洽性。文物艺术品鉴定和评估之“事待理成”是一篇大文章，有因有果还得因果相承，强调的是任何结论性意见都得有证据和事实支撑，而且这些证据和事实还应当深嵌“普遍理性”于其中，而不能是神秘的、不可言传的意会，更不能是张冠李戴、似是而非的忽悠。第三法则是，“有依空立”。任何产生存在的事物，必依否定实在性本性而产生。世所皆知，经验鉴定是不完备的，也不可能依凭自身的努力达到完备的程度，因此才有了对科学技术手段的期盼。在现在看来，文物艺术品领域需要推陈出新的方面很多，并不仅限于技术层面，立法现状、管理制度、运行机制、创新发展，诚如“诸法之所以能缘起，因为本性毕竟空”。但空地不会生出大楼，必须各种材料、设计、人工的因缘，才会有大楼出现。应当有什么、应当先有什么后有什么，既要觑准“空”之所在，还需要因缘之际会。

文物艺术品领域现状——表象繁荣、实则内卷，本质上是“多因一果”的必然表现。

在笔者参加的一次研究生开题答辩会上，有人质疑“文物艺术品”这一提法，认为文物就是文物，艺术品就是艺术品，两者是两个互不相干的领域。持这一看法的人并不少见,这也是文物艺术品国家治理过程中,总是显得畏葸不前、摇摆不定的深层次原因。如2016年3月15日起实施的《艺术品经营管理办法》第2条第1款规定:"本办法所称艺术品,是指绘画作品、书法篆刻作品、雕塑雕刻作品、艺术摄影作品、装置艺术作品、工艺美术作品等及上述作品的有限复制品。本办法所称艺术品不包括文物。"在对"文物"迄今尚未形成共同认可的定义的情况下,在这样的规范性文件中将文物作出硬性排除的规定,使其适用价值和指导意义大打折扣。界定文物须遵循两个基本特征:一是由人类创造或是与人类活动有关;二是已经成为历史的过去,不可能再重新创造。这是否意味着,创制者(如画家)在世与否,直接影响其作品的交易流通的性质?在世时为艺术品,适用于该办法;离世后就可能成为文物,再对其作品进行交易流通,就不能适用该办法,否则就会触及"违法"风险?

不知前因,焉悉后果。社会保有、存续并有流通要求的文物艺术品,既有现代艺术品、近代艺术品、古代艺术品,还有其时并不能归为艺术品但因时间的加成而演变为当下的艺术品类型(典型如古时的生活用瓷)。其共同的特性是,既能赋予文化、历史、艺术等特性,还能发挥教化、欣赏、把玩、陈设、美化装饰等功能,并具有经济价值。这样一类特殊对象中,从"六朝文物草连天,天淡云闲今古同"(杜牧)之前代遗物指称,到明代和清初比较普遍使用的"古董"或"骨董",再到清乾隆年间(18世纪)始的"古玩",历经变迁,赋予收藏、流通、交换、标的物等对当代艺术品同样的安置地位后,方成为"文物艺术品"这一特定称谓的组成部分,并为鉴定、评估、交易、收藏领域等的研究对象。

第一,文物艺术品之所以如现今般进退维谷,不能说与思想观念上"种瓜种豆"式的因果循环尚未破圈毫无关系。因为对民藏的态度不明,阻碍社会资源投入该领域的研究;因为技术发展的滞后,影响确真的实现;因为确真机制的缺失,文物艺术品就不具备"活起来"的基本条件。2020 年,国家科技部发布的"文化遗产保护专项"中,将"民间文物流通安全服务关键技术研究"列入面向全国召投的重大专项,是否代表着破圈信号？我们可以拭目以待。

第二,在国家治理层面,部门间管辖职能的错位,没有形成以问题为导向的联动机制,法律法规所编制的治理栅格存在扭曲、矛盾和空缺。

第三,时下文博体系的科技进步,热衷于网上博物馆、智能展示等领域,对影响整体秩序的溯源技术体系、鉴定技术体系却少有办法,导致治理活动举步维艰。

第四,传统文物艺术品流通的游戏规则,不能超然于法律、法治。文物艺术品是一类特殊商品,考眼力、碰运气式的"淘宝"式行为并不代表可将其视为市场流转和交易的基本准则,以此取代"自愿、平等、公平、诚实信用"等准则的基础性地位。在商品交易中,自愿、平等原则常会因消费者知情权的不对等而受到不公平待遇,明码标价、秤平尺准、童叟无欺才可能公平,也才能构成放心的市场环境。一旦缺斤少两、坑蒙拐骗、黑市交易等现象充斥坊间,能不能买、敢不敢买成为考虑买家水平的试金石,则是违反公平的市场交易原则,消费者的利益就会受到损害,甚至消费者的生命也会受到侵害。公平的市场交易活动一旦遭受破坏,种种矛盾和纠纷就会不断出现。公平原则之所以把消费者作为弱者来保护,是因为在交易过程中,经营者可以利用所拥有的场所、设备和工具,为自己谋取不正当的利益。尽管交易过程表面看是自愿和平等的,实际上是不等价交换,构成了对消费者权益的侵害,造成了不公平的后果。如一方缺斤短两,一方自愿购买,表面看这种市场交易活动似乎是自愿和平等的,实际上消费者是在不知情的情况下购买这种商品的,并不是真正自愿的行为,并不是真正处在平等的地位。即使消费者自愿购买,由于消费者的知情权受到侵害,受到坑蒙拐骗,这种交易活动也是不公平的。仅有自愿平等的原则并不能保证市场交易具有公平的结果,实行公平原则是实现市场交易规范有序的灵魂。文物艺术品虽为特殊商品,但作为市场,不应例外。

所以,将"艺术品"和"文物"割裂开来,不正视其交集之客观存在,必然引发各种矛盾,让治理活动陷入困境;混淆鉴定评估要素和程序,使社会公信力丧失殆尽,让治理活动雪上加霜;超越法律体系的游戏规则阻碍规范市场体系的形成,也不利于检验鉴定技术的发展。诸如此类的问题,既从根源上违背因果律,也需要遵循因果律进行纠正,才有可能形成自洽的文物艺术品规范有序的整体环境。经验鉴定只有在这样的氛围下,才能理顺因果关系,成长为支持市场发展的保障手段。

(2)系统论视角。

经验鉴定能被视为一个系统吗?

贝塔朗菲强调,任何系统都是一个有机的整体,它不是各个部分的机械组织或简单相加,系统的整体功能是各要素在孤立状态下所没有的性质。系统中各要素不是孤立地存在,每个要素在系统中都处于一定的位置上,起到特定的作用。要素之间相互关联,构成了一个不可分割的整体。

司法鉴定可以被视为一个系统,是因为其具备由法律法规所构建的包括主体、行为、程序等各构成要素,还具备明确的学科体系,拥有完整的从证据学、证据制度到各自然科学分支,包括法医学、物证技术学等完善的研究和人才培养体系。这个体系具备开放性、自组织性、复杂性、整体性、关联性、等级结构性、动态平衡性、时序性等所有系统的共同的基本特征。

如果我们按系统论方式来逐一分析经验鉴定的基本特征,可以发现其不具备系统性结构。行为规范和主体是人类社会任何一个由人组成的体系最首要的要素,但在文物艺术品经验鉴定中,似乎完全体察不到类似的元素。经验鉴定的鉴定人可以产生于考古研究行业相关的各种岗位的有心人,可以产生于收藏界中富有钻研精神并有所成者,还可以产生于交易流通环节的掌眼,却独独不会产生于人才培养体系。因为,迄今为止,还没有这样的学科设置,也就意味着没有这样的培养体系。在这样的环境条件下,活跃于社会的经验鉴定人,都是“专家”,他们不需要资质证,也不需要执业证,也没有什么标准、规范、通则需要遵守,是极为自主和自由的一群人,其自然不希望、也不需要所谓的行业行为规范来约束。鉴定人之间是有着门户观念的,自己艰辛刻苦努力琢磨出的“绝活”通常是需要自珍的,师徒相传也要防止“教会徒弟、饿死师傅”的事情发生。所以,基本依靠专家个体能力和觉悟所构成的经验鉴定,其自组织性是很难实现的,而一个缺乏自组织性的行业,无异于无生命基础的石头,是孵不出小鸡,得不到发展的。缺乏自组织性,即使有心也无力推动行业的规范化,人与人之间存在鸿沟,互不信服;各细分领域之间各行其是,各尊本位,关联性难以建立,整体性也就无从谈起。缺乏自组织性,也就没有开放性的基础。经过长期的磨难,尤其是近十多年的实践,人们已经认识到仅靠经验鉴定是不能支撑文物艺术品行业的,因此需要自然科学的、管理的、法律的、经济的新理念进入,构建新的机制。但没有自组织性,这样的改造是不可能实现的。

结构化思考的目的很明确,在于发现问题以至于解决问题。无论是思想观念、认知理念还是系统性、结构性,文物艺术品鉴定都能发现不太协调、不能自洽的方面,它们之间于意义、价值、功能、作用方面相互交织,最终都要依靠一种融合政策、制度、规范的体系化结构所决定的良性制,实现文物艺术品鉴定的根本目标。

二、文物艺术品鉴定的结构化框架

(一)研究对象之讨论与明晰

无论选择何种分类路径,文物艺术品首先是作为“物”之存在,是由各种不同的基础材料,经由人的创造活动,形成具有特定功能和价值的物品(器物),并因可能的创制过程、存续流转所经历的人物和事件的加成,成为文物艺术品的组成部分。反之,一件物品,在被接受为文物艺术品之时,也必须通过一定的方式确定其拥有文物艺术品的基本品性和特征,才可能发挥其功能和价值。

鉴定,是解决器物基本品性的基本路径,但将鉴定本身作为研究对象来看待,则是需要以系统化思维来进行思考的。

当今的文物艺术品鉴定,与改革开放初期尚未开展管理体制改革前的司法鉴定格局与形势颇为相像。首先是没有统一的管理体制,导致各权力主体(如法院、公安机关、检察院、司法行政机关)可以在自身有所需求时,批准设立相应的鉴定机构。不同的是,司法鉴定事关司法活动的事实判断,在技术层面始终具有自组织性特点,无论是法医学还是物证技术学,都有着不同的社团组织和学术组织,在对内对外交流方面少有文物艺术品领域所表现出的封闭和内斗现象,业内人士普遍信奉“拿来主义”:将国内外所有有利于行业发展的理念、技术、方法、装备通通“拿来”,消化吸收为促进司法鉴定各专业的技术和装备发展的养分,从而实现了司法鉴定领域与国家改革开放进程同步高速发展、欣欣向荣的发展成就。到今天,我国的司法鉴定在世界范围内的话语权远超之前,在包括认证认可在内的诸多管理与技术领域，以中国特色建设成果为全球所借鉴。良好的自组织性，也成就了司法鉴定管理体制改革的顺利推进，尽管因为部门分野、职责不同，仍然存在诸多不合理现象，但作为一个系统，其整体性、关联性、层次性、开放性、等级结构性、时序性等系统化基本特征足够清晰、明确。反观文物艺术品鉴定，细细对照、梳理，在系统化基本特征上是不充分、不完备，甚至于“无”的。

尽管社会已基本接受文物艺术品鉴定需要走经验鉴定与科学鉴定相结合的道路，也有不少的先行之士在科技之于文物艺术品鉴定方面作了大量的探索，取得了一定的效果。但以现状论，这种探索与尝试并未引发具有国家治理的秩序效果，如立法、管理体制等规范性活动的产生，说明这种相对单纯的技术理念和实践方面的尝试，其深度、广度和强度是不够的，还不足以推动质变的发生。究其根源，还是在于系统化进程的滞后，尤其是研究对象的系统化，因思维痼疾而畏葸不前，导致全局性的踟蹰和犹疑。

正如前述，当单谈文物、单谈艺术品时，人们相对较为容易理解。目前国家治理层面，也是将这两者分别进行规制，在立法例中也存在刻意将两者予以明确界分的做法，如《艺术品经营管理办法》第 2 条。但这两者都不能指代“文物艺术品”这一对象，其必须是两者内涵中特定价值的交集才能构成。这其中，艺术价值是核心。艺术品具有艺术价值，是其之所以为艺术品的逻辑起点；但文物之为文物，源于其人文历史属性，只有拥有被艺术世俗所认可的艺术价值的对象，才是本书所讨论的文物艺术品类型。但是，在将艺术品与文物相结合所形成的这一类型化称谓中，“文物”一词更侧重于“历史”“过往”意义的泛化，而《文物保护法》所规定的、由文物认定的标准和办法所认定的具体而微的文物。明确这一点非常重要，是文物艺术品鉴定行业走向规范的第一步，也是必经之关节。

长久以来,"文物"一词的社会认知已基本固化,大量的涉文物犯罪案例不但惩罚了犯罪分子,也教育了全社会,起到了法律之于教化群众、规范人的思考和行为的作用。不可再生性是文物的本质特征之一,其来源渠道只可能有两个:传承、出土。近现代中国,历经波及全国的战乱、动乱,尤其"文革破四旧",使地面留存的可移动文物艺术品遭受浩劫。人称古字画"神医"的洪秋声就曾泪言:"一百多斤字画,烧了好长时间啊!"在这样的持续时间长、形态复杂的社会大变革背景下,真正能够保存下来、传承有序并有证据证明的可移动文物艺术品,不能说没有,但有多少实际上是没有数的,或许这就是不少文博专家、评论家不承认民藏的依据之一。但谁也无法否认,收藏作为深入中华民族骨髓的人文基因,任何情况下都有清醒人士在竭力保护着珍贵的文物。同时,"文革"中被查抄的文物,也有被当时的外贸部门作为工艺品"收购",用于出口换取外汇或在混乱中"丢失"的,这些已不可考的情形,客观效果上使文物得以保存。这种虽传承但无法证明有序的情况远比上述更为复杂,是散落民间应被认可的文物存续的主要渊源,但遗憾的是,一旦传承链条断裂,其状态与出土后几经流转的文物一样,很难甚至根本就无法证明其来源。

出土文物,无论何种方式出土,新中国成立后依法均为国家所有,"盗掘古文化遗址、古墓葬罪,盗掘古人类化石、古脊椎动物化石罪"是妨害文物管理类罪中的两个罪名。尽管如此,源自于各种方式出土并散落于民间的可移动文物艺术品,仍然可能以我们无法统计的数量而存在,有相当部分已经失去了溯源的可能性,即使出现于流转环节,也已难以被打击从而与无序传承的器物一样,进入可移动文物艺术品统计"黑洞",处于蛰伏或灰色流通状态。由于我国至今没有建立有效的可移动文物艺术品溯源体系,导致此类对象的管理长期处于离散失控状态，连博物馆院都还没有建立本体唯一性识别体系，能切实鉴别其馆藏物品是否在全生命周期内未出现被替换等情形，更遑论民间本就比“糊涂账”更甚的“无账”“无统计”“无记载”下的，真赝混杂、鱼目混珠的天量“藏品”的追根溯源？在这样的情况下，打击文物犯罪与保护文物资源必然陷入两难：法治社会打击犯罪是需要证据的，不能说物品本身是珍贵文物就是证据，持有者就涉嫌犯罪，这显然有悖于证据裁判主义现代法治精神以及应有的事实判断逻辑，如此做的后果，极有可能重陷“文革”时为保身家而毁灭文物的泥潭；如果无视其存在，只承认有记载、能追溯的可移动文物艺术品（就目前状况看，这些对象主要以在博物馆院、文化馆、美术馆馆藏以及有拍卖纪录的环节中），可能出现的局面就是随着存量的变化（大概率是具有历史意义的器物越来越少），文物艺术品尤其是不可再生的文物艺术品将会远离社会、成为极小“圈子”的玩物，最终情形可以预计，可能并不比现在的状态更好；但承认民藏并容许其流通（当然必须是法律规定可以流通的对象），如何甄别持有人所持器物来源的合法性就成为极大的难题，无视非法来源，其“恶”的示范效应给社会所带来的后果，更难以让社会所认同。

为社会治理计，必须建立一种机制破解现存的两难局面，且应当以只争朝夕的态度视之，拖得越久，形势会越复杂，更难以收拾。要想建立起这样一种激烈矛盾冲突、各种价值交织的治理机制，只有唯一的一条路可走，即将人的行为与物的鉴别区别对待，优先建立起基于文物艺术品本体特征唯一性识别技术体系，通过物—数转化后的数据化优势，形成可移动文物艺术品溯源系统，实现登记管理的统一。以此为基础，建立起第三方性质的鉴定评估体系，尤其是科技与经验鉴定相结合的、具有自洽性的鉴定理论与实践体系，构建去伪存真、阻断造赝的治理手段和机制。围绕这样一种第三方技术性溯源和鉴定体系，方可渐次建立起民藏统计、馆藏管理、非法交易等针对人的行为的管理机制，实现民间文物艺术品安全流通，真正让文物艺术品“活起来”。基于此，首先于物的视角让“文物艺术品”这一称谓“阳光化”是极为必要且必需的。

只有“文物艺术品”，才能真正客观表达此类对象的共性和特点，才能形成类型化的内涵与外延，利于学科体系的建立。为规避“文物”一词的敏感性，有人提议以“古玩艺术品”称呼之，笔者认为这是一种掩耳盗铃式的做法：其一，“文物”一词尽管尚无公认的定义，但全世界都认可其基本特征并为正式的学术称谓，凡符合认定标准（如我国对珍贵文物的一、二、三级认定标准）的对象，并不因为称为“古玩”就不是文物，就不受相关的文物管理制度的约束；其二，“文物艺术品”这一称谓相较于“文物”和“艺术品”，是具有独立价值的一类对象，代表着历史价值、艺术价值、收藏价值、市场价值、教化价值、民族文化价值、科研价值等诸多价值的集合，既可以是受国家保护的珍贵文物，也可以是金融标的物，但从溯源和鉴定角度而言，都是具有特定物质性状并可被认知的物质对象，并可形成有别于文物考古和艺术品欣赏等学科体系的以物的规律性为基础的学科体系；其三，只有这一类对象，才能成为价值评估的对象，也才是市场价格评估的承载体，才是依法流通、流转和交易的标的物，也才有市场。

正视“文物艺术品”这一特定的类型化对象，化解国家治理活动中的意识割裂现象，将会避免出现诸如《艺术品经营管理办法》等规范在设立时的跋前疐后做法，消除系统化治理的障碍，将“文物”之时间维度与“艺术品”之空间维度相融合，打通“任督”二脉，以此形成体系化的文物艺术品治理体系。

确定“文物艺术品”这一研究对象，还利于形成有针对性的基础理论研究、政策法规研究、应用技术研究、经济金融研究等系列研究领域，客观上推动具有自组织性质的研究局面。积累之下，过去虽不能至、心向往之的学科建设和人才培养，将不再成为奢求。

(二)鉴定管理的制度化

“人”“物”分治理念的提出，建立在这样的逻辑链条之上：无论文物艺术品来源如何，既已处于存续状态，就不可能永远让其处于黑暗之中，不得见光；这些散落于民间的器物，无论其真赝状态、无论其价值高低，总是有对其进行登记、鉴别的可能的；登记鉴别体系的形成，可以有效解决文物艺术品管理流通的关键症结，为国家治理活动可以依赖的支持体系；登记鉴别体系应如同司法鉴定一般，应当是以第三方中立方式设立并独立运行的保障体系，远离涉文物艺术品经营活动。实现这一目标的前提是需要建立相应的制度框架，从源头展开治理。

文物艺术品的类型化是鉴定管理制度化的基本前提，由此引申出鉴定管理的关注重点：鉴定活动的内容和范围，主体，行为规范，技术体系，法律责任，监督，等等。鉴于文物艺术品的特性和现状，就鉴定活动的内容和范围应有合理的、符合实际的思考。

首先，需要清晰看待文物艺术品鉴定活动与司法鉴定活动之间所具有的不同的类型化特点。

关于事实认定，司法、执法以及所有调解性质的活动中，都有一个认定事实的过程，只有确定了事实，才能以此为基础依法对权利义务和责任进行分配。这些活动中，“事实”指的是与人(自然人、法人、组织)权利义务和责任紧密相关的具有引致法律关系产生、变更、消亡的法律事实，对事实进行认定的权力掌握在事权人(如法院)手上，这种权力通常为不可懈怠、不可让渡的法定职权，即使面对困难,寻求诸如司法鉴定等专门性问题予以帮助时,对所取得的司法鉴定意见书等具有证据意义的材料,仍然负有审查并决定是否采信的职责。在这一结构中,司法鉴定作为诉讼保障制度,只能在专门性问题层面开展活动,不能触及事实问题。比如,一张借条,确认其是否真实有效,为事实判断问题,而支持这一判断的可能涉及是否存在变造、签名及指印是否真实等专门性问题,鉴定人在实施鉴定时,即使认定没有异常现象存在,无变造、签名及指印也无问题,也只能分别于专门性问题层面进行回答,将鉴定意见表述为无变造、签名及指印系相应人所形成,一定不能表述为该借条是真实的之类具有整体性质判断意义的意见,因为这已属于事实认定范畴,作出这种判断乃事权人的职权,不可逾越。很显然,人的行为及其后果,是这些活动的核心焦点,物居于从属位置,为证据载体或权利义务或侵害的标的对象,如涉文物艺术品犯罪,作为物的文物艺术品既是证据,也是犯罪对象,以此指向为刑法所保护而被犯罪行为所侵害的社会关系——犯罪客体——这一要件。

然而,文物艺术品鉴定需要承载的使命,明显有别于司法鉴定。从形式上看,文物艺术品鉴定只有一项任务,即"确真",包括物自体层面的本体真和物属性层面的品性真两个方面。在诉讼、执法角度,这样的确真事项为可供事实判断的专门性问题,而在流转、交易、金融角度,这本身已属于事实问题,提请鉴定的时候,往往可能并非因为权利义务关系的失衡而引发,而是围绕文物艺术品这一具体物品本身,为正在进行或之后可能产生的处置、处分行为奠定基础和提供条件。这样的鉴定,通常会表现出整体性和专属性特点,即需要对涉及的具体文物艺术品器物的基本品性于整体层面提供明确意见,且这一意见也只针对这一特定器物的基本品性认定方为有效,在唯一性识别机制支持下,成为附随该器物的可持续追溯的证明文件而存续并发挥其作用。所以,文物艺术品鉴定结果通常反映为针对物的事实层面的评价,虽然作出这种评价有时也需要依赖于专门性问题的支撑。这是由文物艺术品鉴定具有共性的委托诉求所决定的,包括真伪、年代、创制者等问题,本身蕴含事实认定性质。实践中,这些问题在细分对象(如瓷器、字画等)方面,同样存在相应的共性特点,委托方所要的,基本上都是围绕着"真"字展开的基本品性的判断结果。如瓷器的年代、窑口,字画的作者等。很显然,如果仅像司法鉴定一般,在如痕迹、纸张、笔墨、笔迹、印章、微量物证等专门性问题层面进行回答,是无法满足送检要求的。笔者认为,文物艺术品鉴定应当具有独立价值的内在逻辑支撑,因为这一鉴定活动本身就代表了一种事实的确认,而不必依附于其他环节。

其次,在一定时期内,文物艺术品鉴定应包括溯源检验等技术活动。在溯源体系(或平台)尚未切实建立并有效运行之前,对文物艺术品的溯源检验本质上是一种鉴定过程,如业已交接的字画、瓷器,与交易图册记载是否一致等。虽然这种同一认定项目在司法鉴定中也有类似的情形,但在文物艺术品领域中,发生的概率相对更多也更具基础性作用,有着独立的价值。

最后,文物艺术品鉴定在特定历史时期、科学技术尚未发展足以支持的时候,仅靠技术鉴定是不足以达到鉴定目的的,需要与经验鉴定相结合。这种结合并非简单的拼合,而是在深入挖掘经验鉴定科学养分基础之上的融合。将经验鉴定"形型设色"转化为科学的解读,包括产生目视判断的物质层面的原因、人文因素所引致的潜在逻辑与符合人文、审美的规律性统计分析等,既是文物艺术品鉴定的内容,也是联结科技和人文与艺术世俗的桥梁。

基于这样的范畴和领域,文物艺术品鉴定的实施主体已然有别于司法鉴定,虽然在客观、公正、中立、独立、科学等高层次价值体系具有一致性，但在委托受理关系、鉴定活动张力方面体现出不同的特点。

现行制度框架下，涉及文物艺术品鉴定，几乎没有对“鉴定主体”进行规制的成文化规定，能够找到的成文规范，最为贴近的只有《艺术品经营管理办法》，但其第 2 条第 1 款“……本办法所称艺术品不包括文物”，可以认为已经将艺术品的历史属性排除在外。更为遗憾的是，该办法将经营活动界定为：“（一）收购、销售、租赁；（二）经纪；（三）进出口经营；（四）鉴定、评估、商业性展览等服务；（五）以艺术品为标的物的投资经营活动及服务。”其几乎涵盖所有涉及的活动范围，把鉴定、评估类似于裁判性质的活动与其他经营活动并列，无疑有“既当裁判员、又当运动员”之嫌。鉴定、评估公信力建设的根基建立在这样的基础之上，是很难实现上述价值目标的。同时，该办法第 5 条第 1 款“设立从事艺术品经营活动的经营单位，应当到其住所地县级以上人民政府工商行政管理部门申领营业执照，并在领取营业执照之日起 15 日内，到其住所地县级以上人民政府文化行政部门备案”的规定，事实上是一种“零”门槛的机构条件设置。并且对鉴定人的选任没有任何条件要求，将这两方面合并评价，意味着从事艺术品鉴定比开小饭店还要容易，毕竟开小饭店还需要卫生许可证和从业人员健康证明。

虽然社会已有所觉悟，文物艺术品鉴定应当走科技与经验相结合的道路，但这种觉悟多带有功利色彩，盼望、希望科技鉴定能够“救”场，能够一朝改变现状。然而，要实现这一愿景，并非如想象中那般容易。有依空立所代表的，除有产生新的形态的必要性外，还必须面对“立”的过程。依其独立价值而立，文物艺术品鉴定需要面对的首先并不是技术操作问题，而是一种能够承载“客观、公正、中立、独立、科学”等价值并以公信力建设为核心的新的格局的形成问题。其中，尤为重要的是管理问题。

1. 文物艺术品鉴定主体设立的基本原则

自由鉴定人方式的鉴定主体模式当休矣。

设立文物艺术品鉴定机构，首要的价值是其中立性和独立性，不得由经营主体兼事鉴定。从司法鉴定行业的发展、演变历程可以看到，即使初期鉴审不分，但公正作为人类历史发展的趋势力量，必然会推动两者走向更能保障公正的结构形态，即使这一过程中可能会损失一些其他方面的价值和利益，如方便性、低成本等。这是文物艺术品鉴定最应借鉴司法鉴定的方面，并因此影响下延性的制度设计。

在一个利益分化及利益主体多元化的社会中，始终会存在各种各样的矛盾和冲突，解决、化解利益冲突的能力，本身就是衡量一个国家治理水平的指针。从我国的权力、权利结构来看，社会治理的公权力来自于人民，为基于社会公众的意志而由国家机关拥有并行使的强制力量。与此相对应，具有"私人"性质的私权利，在社会生产生活中，既为公权力的保护对象，也可能成为公权力与私权利冲突的矛盾方。在逻辑上，公权力行使与私权利保护是存在产生冲突的可能性的，虽然公权力的行使是为了保护人民的利益，公权力的为公行使与私权利的国家保护在理论上具有高度一致性，然而，在现实社会生活中，这里的"人民"并不能等同于一般被理解的集合概念，即人民群体，而是具体而微的个人或一些人、一群人。这样就有一种可能：公权力为公共利益行使时，会和一些具体的、现实的个人利益发生冲突，会损害这些人的合法权利。比如，为了发展经济需要修路架桥，这就需要对路桥沿线的住宅、田地进行拆迁，即便进行了合理补偿，路桥沿线的群众也不得不抛家舍业、远离故园。从现实的社会生活考量，公权力的行使必须由具体部门和个人来完成，具体部门在运转过程中会形成部门利益，行使公权力的个人在生活中会有个体偏好和利益诉求，公权力的行使者有可能会利用公权力为自己或小团体谋取私利；从历史上看，我国经历了漫长的封建社会，“权力至上”“权大于法”“官本位”等思想仍然很有市场，这些都会影响到代表国家行使公权力的个人。

同时，私权利之间长期存在的利益矛盾和纷争，无论是私力救济还是公力救济，在法律框架下，都是以法律为尺度，这才是解决权力、权利冲突的最佳方式。在化解矛盾、解决冲突的时候，必须以事实为依据，事实是由证据证明的，因此证据及证据相关活动就突出到了前沿。在所有涉及证据的制度设计中，中立性和独立性都是保证其客观性的基石，如证据的收集与确认、司法鉴定、公证等。在证据活动中，诸如司法鉴定这种需要依赖于鉴定人知识、经验和能力的环节，就产生了一种可视为“第三方权力”的力量类型，它本身不具备司法、执法属性，不具国家强制力。此类活动也与矛盾冲突中的实体权利义务和责任没有关联，不代表任何一方，为“科学”“客观”的代言者，具有不可替代的说服力和定鼎能力，即公信力——公众信任的力量。所以，要建立具有公信力的文物艺术品鉴定体系，需要遵循同样的逻辑路径，将中立性、独立性安置于核心基础位置，并贯穿于制度设计和体系运行始终，绝不能动摇。

文物艺术品鉴定的中立、独立，是实现文物艺术品鉴定独立于文物艺术品经营活动并成为其保障体系的制度化前提。文物艺术品鉴定的独立价值必须建立在摆脱对文物艺术品经营活动的依附关系上，唯有如此，几乎所有导致混乱的因素都将会在以此为基础渐次形成的管理制度下显露并加以治理。这种治理活动本身所形成的制度体系本身，自然也是具有独立价值的，将不再与文物艺术品经营活动混淆，达到保护、促进文物艺术品鉴定发展和规范运营的目的。

2. 基于资源配置的文物艺术品鉴定模式探讨

脱离于文物艺术品经营之外的独立的鉴定体系，可能面临比原处于依附地位时更多的困难，结合须以科技鉴定为主导的结构层面的根本性变化，对机构设置的条件自然相应地提出更高的要求。起决定作用的是一系列层次性要素，其中包括技术规范和标准体系，以及相应的设施设备要求，尤为重要的是鉴定人条件的规定。这一整套体系的建立，如果完全从零开始，将会是一个极为浩瀚、庞杂的漫长过程，并不具备现实可操作性。资源的整合和借鉴应当成为首选路径，尤其是同质性较高的行业资源，一旦能够理顺关系、协调机制，文物艺术品鉴定的发展必定会获得莫大的助力。司法鉴定为社会所公认的最有潜力于文物艺术品鉴定发挥作用的行业，其本身为检验鉴定业态，同时其细分项目中已经包含有文物艺术品鉴定所需要的技术检验项目。司法鉴定的社会公信力更为文物艺术品领域所推崇。表面上看，似乎司法鉴定完全可以承担文物艺术品鉴定之"科技鉴定"职能，并且持这一想法的人数还颇为可观，如全国"两会"代表，就曾提出提案，呼吁司法部介入文物艺术品鉴定。然而，事实本身并非如此简单，司法鉴定能为文物艺术品鉴定所用的，除体系化独立价值的范式外，更多体现在技术资源层面，并不能完全解决文物艺术品鉴定的独特需求。

技术资源是应当可以共享的范畴。回顾司法鉴定行业自 2005 年启动管理机制改革以来，最值得商榷的或者说笔者认为在处置方向上尚未达到最优解的一个问题，即实验资源的共享问题。所有的鉴定活动都有一个共同的特点，即需要由鉴定人作出最终判断并给出鉴定意见，这种判断活动本身本质上是鉴定人知识、经验等与鉴定相关的能力的集中体现。鉴定人也是人不是神，其对结果的判断不可能凭空而来，通常需要以适当的检验检测为基础，只是不同的鉴定项目对检验检测的依赖程度不同而已。比如笔迹学鉴定，对检验检测的依赖程度就明显低于微量物证鉴定，条件好的笔迹鉴定基本可以不需要仪器设备检验支持就可作出判断意见，而微量物证鉴定离开检验则基本不可能。与此相对应，借助检验检测程度低的鉴定项目通常对人的专业能力要求更高；对检验检测依赖程度高的项目，对检验检测环节的综合能力要求高，判断环节虽然同样重要，但两者在内在联系上基本反映为相互印证关系，意即检验检测与结果判断可以不是同一主体，但对最终结果的客观性并无影响，甚至还有正向加成，因为两者可以相互印证并发现问题所在或识别偏差产生的原因。

前文中，我们多次谈到“信息”一词，在具体的鉴定活动中，在作出判断之前，鉴定人的活动本质上就是在寻找、发现信息。对检验检测依赖程度低的诸如笔迹鉴定等项目，可能依靠人的感觉器官就基本能满足与鉴定对象的信息交互，能够发现笔迹的特征以供判断；依靠人的感官不能或不足以发现提取信息的时候，就必须依赖于检验检测。因此，不同领域、不同项目的检验检测活动，自然就形成细小的系统和体系，并以技术标准以及相应的质量体系（如司法鉴定领域的 CL－08:2018《司法鉴定/法庭科学机构能力认可准则》以及相应的应用说明）予以规制，以保证检验检测结果的准确性和一致性。这一基本实践规律与其他科学研究领域并无二致，是完全可以且应当建立检验检测项目的共享机制的。总体上看，建立共享机制有几点看得见的好处：

其一，保障信息提取的准确性。检验检测活动是一种科学严谨的实证活动，仪器设备的操作人员必须有相应的学习经历，经培训并授权后上岗，能够发现和解决检验检测环境的相关问题，包括仪器设备的状态、校正（检定）、异常问题的处置、不确定度等。只有这样才能保证检验检测结果的准确性。反之，只要满足规范要求的检验检测活动，其检验检测结果均可作为提供给鉴定人用于判断的信息来源，而不需要每一个鉴定机构都必须拥有鉴定项目相应的仪器设备。如果人员、管理跟不上要求，拥有设备并不能保障信息提取的客观性，最终结果可能适得其反。

其二，仪器设备的共享是国家提倡支持并大力推动的事项。各行业、各部门、各单位不断地重复购置大量具有通用性质的检验检测仪器设备，形成科技资源的极大浪费。尤其在政策法规强制力下，为满足项目设置要求，要么购置的设备空置率高导致无法正常维护保养运行，更谈不上更新换代，要么大幅降低指标参数，购买不能有效满足检验检测要求的替代装备以应付检查。

其三，虽然作为鉴定人，需要具备相关专业的学识和能力，包括检验检测能力，但事实上并不需要其必须每一项检验检测活动都亲自进行。实践中，能力越强的鉴定人，可能更多反映在科研活动方面的检验检测实作上，在常规性检验检测中以复核人、审查人身份出现的居多，因为其具备更强的综合审查能力。实践中，对仪器设备共享通常都有专门的规定，如司法鉴定实验室认可体系中，就有外部信息和外包两个通道可供借助。

但遗憾的是，司法鉴定的管理并没有正视这一问题，而是走向了另一极端，要求每一个鉴定机构必须根据鉴定项目配备相应的仪器设备，这一做法受到司法鉴定行业的广泛质疑。所以，以司法鉴定为范本，思考文物艺术品鉴定制度时，应当尽量避免陷入同样的误区。前文讨论中，我们已经重点梳理了司法鉴定中的“物证类”鉴定，从中可以发现其与文物艺术品鉴定的专门性问题有着广泛的交集，尤其是微量物证鉴定与文书类鉴定，多数鉴定项目都有在文物艺术品鉴定领域发挥作用的空间，而痕迹鉴定的理念和思维模式，与强调科技鉴定的文物艺术品鉴定理念保持高度的共轨性，只是需要在具体项目设置上予以针对性的扩展而已。由此我们可以作如此设想：司法鉴定不但会在思考文物艺术品鉴定结构时成为范本，而且还可以成为文物艺术品鉴定活动中对专门性问题予以检验的重要资源。

那么，文物艺术品鉴定有没有可能被纳入司法鉴定体系之中？

这一问题与前文所讨论的文物艺术品鉴定应当为具有独立价值的体系并不冲突。在鉴定需求、服务对象、鉴定结构等方面，文物艺术品鉴定与司法鉴定存在显而易见的区别和不同，并不具备替代的基本条件。但如果在文物艺术品鉴定独立体系价值之下，审视司法鉴定对文物艺术品鉴定专门性问题的支持层面，这一问题的价值和意义当昭然若揭，且完全具备深入讨论的必要。

就笔者看来，将文物艺术品鉴定纳入司法鉴定体系之中，是存在一定的可能性的，最大的支持性因素在于“文物艺术品”本身是刑事、民事诉讼活动具有类型化特点的认知对象。如涉文物及艺术品犯罪、文物艺术品交易纠纷等，这些都符合“2·28 决定”第 1 条规定精神，且文物艺术品鉴定中部分鉴定项目与“2·28 决定”第 2 条中“（二）物证类鉴定”具有较高的契合度。只是就目前而言，想要像环境损害鉴定一样，由司法部与两高“商”而进入司法鉴定领域，尚不现实，无论是必要性还是可行性都值得商榷。

全国人大代表和全国政协委员不止一次提出，希望能够由司法部管辖文物艺术品鉴定事项。对此，司法部也作过认真研究，并进行了回复，其主要态度可以从以下文字中领会：“我们认为，目前不宜将艺术品司法鉴定纳入登记管理范围。一方面，艺术品的外延十分广泛，书画、陶瓷、雕刻、刺绣、乐器、紫砂壶、奇石、内画等都属于艺术品范畴，各类别艺术品的鉴定技术千差万别，难以归为一类。

另一方面，艺术品鉴定本身的科学技术不成熟、难度大、争议多，鉴定意见的科学性难以保障。”从积极的方面理解，就司法部而言，其为国家司法鉴定管理的行政机关，并没有完全关闭文物艺术品鉴定进入的大门，前提是技术成熟并控制外延范围。

换一个角度理解，则可以琢磨出完全不同的内容和信息。关于外延问题，司法鉴定从来都是一个开放性的系统，本质上只要诉讼活动需要，司法鉴定都应当承担并开展相应的证据鉴定活动。“2·28决定”第2条“（四）根据诉讼需要由国务院司法行政部门商最高人民法院、最高人民检察院确定的其他应当对鉴定人和鉴定机构实行登记管理的鉴定事项”，对立法时未予纳入的对象专门设置了进入方式。“2·28决定”实施以来，也确实因为诉讼活动的需要，经“商”后将“环境损害”作为一类鉴定对象，纳入了司法鉴定范畴，由此组成了“法医类鉴定、物证类鉴定、声像资料鉴定、环境损害鉴定”四类由国家实施管理的司法鉴定集合。我们可以看到，这样的分类方式，并不在同一逻辑框架内。2019年5月6日，司法部和生态环境部联合印发的“司发通〔2019〕56号”文，即《环境损害司法鉴定执业分类规定》所列举的“污染物性质鉴定”“地表水与沉积物环境损害鉴定”“空气污染环境损害鉴定”“土壤与地下水环境损害鉴定”“近岸海洋与海岸带环境损害鉴定”“生态系统环境损害鉴定”“其他环境损害鉴定”共七个领域类别，其中诸多鉴定项目与法医类、物证类鉴定中“微量物证”“法医毒化”“法医物证”鉴定项目具有同质性，只是相对更为强调整体性和因果关系，并认可评估活动在其中的作用，向着综合性情况鉴定方式更前进了一步。按此逻辑，环境损害鉴定似乎也具有“外延”十分广泛的特点，物质、声、光、电、电磁、生物各对象以及各对象之间的相互作用和影响、来源与结果甚至费用评估，无一不包含，在鉴定中完全可能借助其他三大类的所有检验鉴定项目或更为甚之，显然比文物艺术品更为复杂。所以，“外延”广泛并非文物艺术品鉴定不能被纳入司法鉴定领域的根本阻碍，问题的关键可能还是在于科学技术的基础条件尚不具备。

目前，文物艺术品鉴定的整体态势表现为一种变革初期的萌芽状态，理念上科技鉴定与经验鉴定交锋与磨合尚存，经验鉴定的科技化转化、科技鉴定的技术体系建设还没有取得显性成果，没有任何一个细分文物艺术品类型形成了以技术为主导的检验鉴定体系（比如技术标准和/或规范、在司法鉴定领域为多数人所普遍认可的检验鉴定技术方法）。这些都反映出“科学技术不成熟、难度大、争议多，鉴定意见的科学性难以保障”的客观现实。更应纳入关注视野的是，文物艺术品鉴定缺失自组织性，做不到共识基础上的持续研究，不能形成如环境损害鉴定在纳入司法鉴定之前一样，通过环保部门多年耕耘所积淀的雄厚的技术底蕴，贸然纳入司法鉴定体系是不合适的，具有极大的风险。同时，迄今为止，全国数千家司法鉴定机构，能够于文物艺术品鉴定方面有先行经验和积累的，仅寥寥数家，不足以构成稳定而成熟的理论与技术研究和实务环境，加上文物艺术品这一对象的高度社会敏感性，作出短时间不纳入司法鉴定范畴这一决定无疑是合理且理性的选择。

将文物艺术品鉴定纳入司法鉴定体系进行管理，持渴望和支持态度的人不少。但是否只能选择这样的路径，才能实现让文物艺术品“活起来”的目标？笔者认为，判断这一问题需要结合文物艺术品鉴定的独立价值才能得出明晰的结论。

司法鉴定是具有独立价值的体系，定位于诉讼保障制度，服务于司法、执法、纠纷等各种活动。关于“司法鉴定”，“2·28 决定”第 1 条“司法鉴定是指在诉讼活动中鉴定人运用科学技术或者专门知识对诉讼涉及的专门性问题进行鉴别和判断并提供鉴定意见的活动”,予以了明确的界定。但自“2·28决定”施行以来,无论是学术界还是实务活动中,对司法鉴定的适用范围始终存在争议,分狭义和广义两派。一方认为,“2·28决定”第1条非常明确地指明了司法鉴定适用的阶段,即“诉讼活动中”,因此司法鉴定机构只能受理公、检、法等机关的委托,不能受理非诉讼环节的鉴定。另一方认为,不能单一理解诉讼活动为业已受理立案的案件,也应包括为起诉作准备阶段的证据收集和审查活动(如2001年最高人民法院《关于民事诉讼证据的若干规定》就有当事人“委托的鉴定”一说);而且应当将执法活动、纪律检查活动等一并纳入司法鉴定的服务范围;另外,还应当关注各类纠纷涉司法鉴定技术范围内的适用问题。

实践中,基本上按广义派方式开展,具体操作层面仅需按委托方性质,分别出具“司法鉴定意见书”和“鉴定意见书”,以此区分诉讼程序内、外的鉴定活动。但无论如何,司法鉴定活动的性质决定了其主战场一定在“定分止争”相关的应用场景,偏经济、商务活动的应用不可能成为主流。换位思考的话,作为管理部门,严格依法审批、监督,其应有的关注内容肯定包括所谓超范围鉴定问题,如果鉴定机构将鉴定活动重心偏移于“定分止争”之外,必然会引起管理者的质疑,一旦认定为超范围实施鉴定,相应的负面评价所带来的后果是所有鉴定机构都不愿面临的局面。因此,即使解决技术体系问题,在没有根本解决制度空间红线位置的前提下,文物艺术品鉴定是不可能被纳入司法鉴定体系内的,即使有所松动,大概率也会被限定在涉文物艺术品案件的鉴定范围之内。如果这样的局面出现,文物艺术品鉴定最根本、最主要的服务于文物艺术品的管理、流通、交易、展示、教化等领域的目标将难以实现。所以,笔者认为,为文物艺术品鉴定的功能和作用计，应高度重视其拥有的独立的价值体系，在更高的层面审视其应有的结构及与司法鉴定之间的关系。

客观上讲，文物艺术品鉴定拥有广泛的社会需求，有着类型化特征明确、形态丰富、种类多样的研究对象，有独特的科技与经验相结合的研究和实务模式，更有文化、经济、金融、科技等可供根植的土壤，是一个实质和形式都兼备、具有整体性概念的领域。其在政策层面、理论层面、与科技文化交融层面、与经济金融互动层面、与司法执法和司法鉴定衔接层面等不同领域之间表现出错综复杂的交互关系；在理论与政策研究、鉴定体系研究、应用技术研究及社会实践等各方面均需要借力于方方面面的力量，是一个需要开放以推动发展的领域。除以上讨论外，我们还应当看到，只有将文物艺术品鉴定本身作为一个完整的独立体系看待，才可能凸显其开放性、自组织性、复杂性、整体性、关联性、等级结构性、动态平衡性、时序性等系统论视角的基本特征。尤其重要的是，这一系统本身，主要为社会经济生活的组成部分，不能整体归属到社会治理的最后一道防线——司法（包括诉讼保障）领域，它本身是可诉的对象。虽然在思考文物艺术品鉴定制度设计时，有必要借鉴司法鉴定的成功经验，但也应当避免重蹈覆辙。综合评价两者间的结构和形态，笔者更倾向于从独立价值角度构建文物艺术品鉴定体系，并不太赞同将其归并为司法鉴定的一种类型。

理想的文物艺术品鉴定体系是一种全新的鉴定形态，系人文与科技深度交叉融合、绝无仅有的一种体系结构，具有以下几个特点：（1）独立于文物艺术品经营活动之外，有相应的有针对性的管理政策支持；（2）拥有一定数量的机构主体，他们应具备对特定文物艺术品细分类型于“确真”层面开展活动的资源配置，包括设施设备和人员条件；（3）具备自组织性质的人文与科技交叉融合的创新研究机制;(4)能够与司法鉴定和其他检验检测机构形成良好的资源对接和配合;(5)有符合科学精神的行业准则和行为模式。

从这一角度来看,环境损害司法鉴定的组织管理模式可以作为借鉴。从路径上讲,充分重视自组织性在其系统化过程中的重要作用,以理念共识为基础,围绕关键政策和理念以及技术体系开展有效的研究,攻克影响政策制定和调整的节点性问题,并初步形成行业组织形式(如协会、学会)。以行业管理为主、兼顾司法鉴定的吸纳,自然会形成二元化的推进态势,文物艺术品鉴定制度体系建设才可能有序进行,并推动社会公信力的形成。需要强调的是,二元制文物艺术品鉴定机制并非双轨制,在技术体系层面应当为一个整体,体现为文物艺术品鉴定行业的整体性,只是在服务对象、服务范围有所区分,管理序列有所区别而已。与司法鉴定的结合,典型例证如司法会计鉴定,由已经设立的会计师事务所(工商注册、行业管理)向司法行政部门提交申请,经审核通过后面向社会公告,可从事涉案司法会计鉴定,而其在行业内面对企事业单位承担会计业务不受任何影响,也不受司法行政部门的管辖。只是这种模式系由早期的地方立法所形成,目前已不复存在,要借用司法鉴定的资源需要另外的路径,包括司法鉴定本身的进步与嬗变。

所以,整合资源,实现系统化的二元制文物艺术品鉴定行业结构,是必要的,也是可行的。不可否认,即使在未来的制度设计中,将文物艺术品鉴定独立视为一个文物艺术品管理与流通的保障体系,也很难割裂其与司法鉴定之间的天然联系。将涉文物艺术品案件的鉴定与涉经济金融文化的民事需求相结合,统一于技术核心基础之上形成二元化的运行机制,无疑为最佳路径。

3. 文物艺术品鉴定管理制度的趋势与预判

二元制文物艺术品鉴定体系的形成需要走的路还很长:在技术

方法体系尚不成熟时,科技 + 经验相结合的机构设立是极为困难的。尤其是,能够满足要求的鉴定人从何而来？没有一定数量的机构主体,何谈行业？制度之下,应当关注的要素包括委托与受理、鉴定实施、投诉与解释等时序性或程序性环节,以及机构与实验室管理、鉴定业务管理等实施性环节。其中最重要的,也是目前最亟待破局的是机构主体的设立问题。

只有独立、中立性质的文物艺术品鉴定机构才能承载客观、公正等价值,这就意味着任何一个拟从事文物艺术品鉴定的个人或单位,都应当秉承一个基本理念:文物艺术品鉴定独立体系价值是所有从业者必须共同维护的生存和发展根基,是不随个人意志为转移、由社会追求公正客观为推动力的大趋势所决定的,缺乏这一理念,必然走不好、走不远,最终为社会所淘汰。在管理制度完善之前,是否遵循这一理念,本没有强制力来保障,这也是目前自由鉴定人模式下,经营性兼鉴定、收藏优而鉴定等导致文物艺术品领域乱象的重要原因之一。事实上,这种乱象的存在并非为所有人所焦虑并渴望改变,别有所图和/或既得利益者已经形成了种种不同的利益阵线,一旦水至清则无鱼,正当秩序的建立在危及这部分人利益时,推动者将遭受到的磨难古往今来的殷鉴在前。虽然如此,久乱必治这一社会发展规律并不会因此而改变,尤其在习总书记多次针对文化、文物的讲话之后,生发的激情激荡于社会各界,为前所未有之新形势,社会治理的脚步声已经响起。

"千里之行,始于足下。"系统化的文物艺术品鉴定行业的形成,有赖于拥有共同理念的具有独立地位的基础单元能够形成规模。这种基础单元就是借鉴司法鉴定机构的组织管理并满足文物艺术品鉴定独特需求的机构,它应该具备承担法律责任的独立法人的组织形式,拥有满足业务开展的设施设备条件和足够的适格的鉴定人员。系统化的行业结构中,机构是最为重要的节点,上承接国家政策和治理要求,下对鉴定人实施有效管理,平等地位的机构主体为行业构成的基础细胞,既互动又竞争,共同推动行业的发展和进步。

设立独立地位文物艺术品鉴定机构,除资金、鉴定人、仪器设备、设施条件等资源性因素外,还需要侧重考查政策性因素。

文物艺术品鉴定在国家治理活动中属于一般对象,没有专门的法律法规可供遵循,机构设立的路径并不清晰。

社会司法鉴定机构的设立依“2·28 决定”而行,该办法第 6 条明确了机构设立路径:“申请从事司法鉴定业务的个人、法人或者其他组织,由省级人民政府司法行政部门审核,对符合条件的予以登记,编入鉴定人和鉴定机构名册并公告。省级人民政府司法行政部门应当根据鉴定人或者鉴定机构的增加和撤销登记情况,定期更新所编制的鉴定人和鉴定机构名册并公告。”只要司法行政部门依申请依法进行审核、登记并面向社会公告,就代表司法鉴定机构得以设立——除必备的税务手续外,甚至可以不是独立法人(如部分高校、科研院所所设的鉴定机构,为单位的二级法人,本身并不具备独立法人地位)。部门鉴定机构(如侦查部门)则直接由主管机关进行审核批准,报司法行政部门进行备案登记并公告(理论上讲应当如此)。

但是,文物艺术品鉴定不具备这样的机构设立条件,合法市场主体资格的取得依赖于工商登记注册方式。

如果遵循《艺术品经营管理办法》的规定,将鉴定活动视为艺术品经营活动的类型之一,以工商登记 + 县级以上文体管理部门备案的方式设立机构主体,明显背离已讨论清晰的文物艺术品鉴定应有的价值构成,无法承载文物艺术品领域的根本需求。实践中,无论是否遵循《艺术品经营管理办法》的相关规定,在工商登记注册拟从事文物艺术品鉴定事项时,依工商注册管理规定,一般许可对象登记注册名称中不能包含诸如“文物”“艺术品”“鉴定”“物证”等语汇,具体业务项目也没有设定相应的选项。所以,工商登记注册这一路径本身并无独立申请注册为文物艺术品鉴定机构的通道,早期注册的能够从事鉴定活动的机构多数依附于艺术品经营项目而立。这种单纯为取得市场主体资格而为的登记注册方式,不可能形成符合二元制结构特征的机构主体。

鉴定作为一种具有第三方权力性质的判断活动,其判断意见被采信和使用后,可能对其他法律关系构成影响,鉴定机构设立时不设置条件,将对不特定对象的行为造成潜在的不利风险,尤其是当文物艺术品鉴定与科技鉴定相结合之时,必须对诸如实验室条件和人员条件等予以规制。这就意味着,基于普通许可的一般性工商登记注册方式,并不适用于文物艺术品鉴定这一对象(事实上也不能独立申办注册),需要改弦易辙,另行思考行政许可的类型和路径。

对不特定的一般人依法负有不作为义务的事项,国家行政机关在特定条件下,对特定对象解除禁令,允许他作为,是为行政审批。《行政许可法》对行政许可的立法界定“是指行政机关根据公民、法人或者其他组织的申请,经依法审查,准予其从事特定活动的行为”。这里有三个关键点:作为审批主体的行政机关;作为对象的公民、法人或者其他组织;审批活动所依据的法律规定。

中华人民共和国国家市场监督管理总局是市场主体审批、监督、管理的行政机关,各省市各级机关依据不同的法律规定对从事不同行业的申请人的申请进行审批、公告并实施监督,特殊事项的申请还需附加条件。涉及其他行政机关项目的,通常会有“依法须经批准的项目,经相关部门批准后方或开展经营活动,具体经营项目以相关部门批准文件或许可证件为准”等限制性条款(见图3-2)。

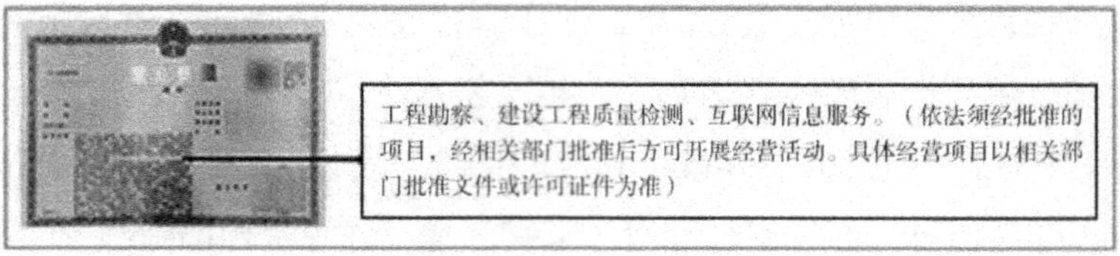

图 3－2

营业执照上有些特定项目，要有许可证才能开展经营，而许可证往往由对应行业管理机关审批发放。如从事房地产的需要房管部门房地产开发资质，从事矿产的需要安监部门安全生产许可，经营食品的需要食药监部门食品经营生产许可，经营烟草就必须经烟草专卖局批准。

司法鉴定机构注册登记法人实体，需要司法行政部门的《司法鉴定许可证》才能执业开展鉴定活动。（见图 3－3）

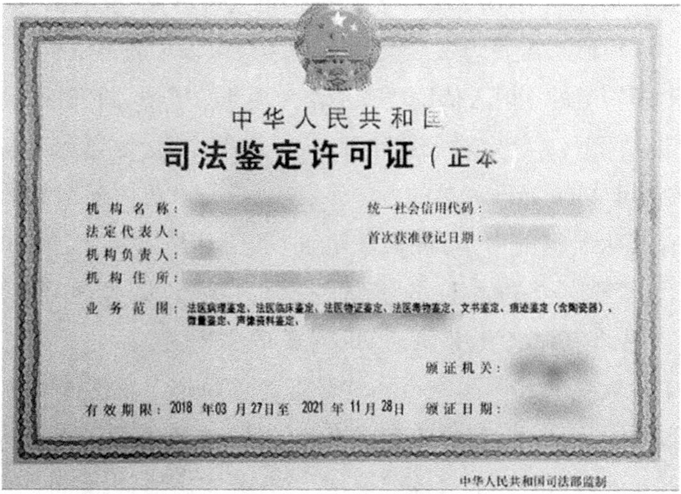

图 3－3 《司法鉴定许可证》样式

行政许可分为普通许可、特许、认可、核准、登记五种类型。法人或者其他组织的设立、变更、终止，工商企业注册登记、社团登记等属于其中的"登记"形式,其特征是:(1)"非登记,无保护",即未经依法登记的不受法律保护;(2)无数量限制,即充分尊重申请人的意愿,凡满足登记条件的均可予以登记,决定是否登记的审查方式基本上为形式审查。除此之外,但凡与社会公共安全、公共利益、自然资源等有关的事项,都需要附条件方可取得。这些条件如下:(1)前置性许可,如普通许可中的烟花爆竹的生产与销售,要取得营业执照就得取得《烟花爆竹经营(批发)许可证》和/或《烟花爆竹经营(零售)许可证》;(2)准入资格,如特许中的出租车经营许可、矿山资料的经营等(此类许可一般需依法付费取得,并有数量限制);(3)是否具备特定标准、规范实施条件,如核准,就是针对适用于直接关系公共安全、人身健康、生命财产安全的重要设备、设施的设计、建造、安装和使用,以及直接关系人身健康、生命财产安全的特定产品、物品的检验、检疫,如电梯安装的核准,食用油的检验;(4)是否具有某种资格、资质,如会计师、医师的资质等。将这五种类型进行梳理,可形成如表3-2所示的结构和特征:

表3-2 五种行政许可的结构和特征

<table>
<tr><th rowspan="2">许可类型</th><th rowspan="2">条件</th><th rowspan="2">数量</th><th colspan="2">转让</th><th rowspan="2">资格资质</th><th rowspan="2">说明</th></tr>
<tr><th>机构</th><th>自然人</th></tr>
<tr><td>登记</td><td>无</td><td>无限制</td><td>可转让</td><td>—</td><td>—</td><td rowspan="3">此三类侧重于机构,对人员无特殊要求</td></tr>
<tr><td>普通许可</td><td>附条件</td><td>无限制</td><td>可转让</td><td>—</td><td>—</td></tr>
<tr><td>特许</td><td>招、拍取得</td><td>有限制</td><td>可转让</td><td>—</td><td>—</td></tr>
<tr><td>核准</td><td>实地验收、检测</td><td>无限制</td><td>可转让</td><td>—
(有例外)</td><td>√</td><td rowspan="2">此两类对机构和人员均有要求,侧重点不同</td></tr>
<tr><td>认可</td><td>考试、审核</td><td>无限制</td><td>可转让</td><td>不可</td><td>√</td></tr>
</table>

鉴定机构，包括司法鉴定机构，就其性质而言，符合“核准”和“认可”的特征，但具体归属于哪一种，学界一直存在争议。在笔者看来，应是两者的结合。对于机构而言，更偏向于核准，即需要通过现场验收、检测后判断其是否满足执业条件和要求，既包括对场地、设施、设备、管理的审核，也包括对鉴定人的审核。其中对鉴定人的审核，则基本符合认可的四个特征：一是其鉴定活动是为公众提供服务，与公共利益直接有关，并且是具有特殊信誉、特殊条件或特殊技能的自然人，有取得相应资格、资质的条件（或已有相应资格和资质）；二是一般要通过考试或认定取得认可以获取资格和资质；三是所取得的资格和资质是对个人的许可，与其身份相联系，不能继承、转让；四是没有数量限制。

鉴定机构的设立，其条件要求是最高的，类似的行业常见的包括食、药、环等检验检测机构，在校准审核时对人一般没有要求（依行业规范而定，部分如电梯的检验需要审核人员条件），而鉴定机构首要审核的要素是人——人员条件不满足，一切免谈。

文物艺术品鉴定机构的设立，依其性质，很显然应当实行机构核准和人员许可的方式。怎样才能实现核准和许可，关键在于“审批活动所依据的法律规定”这一要件。

依据《行政许可法》第12条第3项“提供公众服务并且直接关系公共利益的职业、行业，需要确定具备特殊信誉、特殊条件或者特殊技能等资格、资质的事项”的规定，结合现实状况应主要关注两点：合法性渊源和例外情形。现行政策法律体系下本书所指称的“文物艺术品鉴定”并没有行政许可一说，即使将“文物”和“艺术品”视为两个领域对象，也没有针对“鉴定”而设立的行政许可规定。[1] 文物艺术品鉴定的性质和作用不能靠"公民、法人或者其他组织能够自主决定",事实也已经证明"自主决定"的无控状态是需要全社会来承担其灾难性后果的。由于体系的混乱,也不存在"市场竞争机制能够有效调节"的环境条件。既非"行业组织或者中介机构能够自律管理",更不是"行政机关采用事后监督等其他行政管理方式能够解决的"。所有这些,都代表着文物艺术品鉴定是"可以"且"应当"设立行政许可的对象。

对于尚未设立行政许可的事项,《行政许可法》第 14 条[2]和第 15 条[3]规定了设立行政许可的路径和要求。简言之,既可由国务院以决定方式设定行政许可(可及时提请全国人大制定法律或自行制定行政法规),也可由省、自治区、直辖市人民政府以政府规章方式设定临时性的行政许可。文物艺术品鉴定虽也可以采取后一种方式,由某一省级人民政府出台规章设定行政许可试点,总结经验后由国务院出台决定或制定行政法规,条件成熟后提请全国人大制定

---

① 国家文物局职能中有"鉴定"一项,但此"鉴定"乃是对标的物是否为文物以及为几级文物进行鉴定,而非本书所指与司法鉴定相关联的文物艺术品鉴定。《艺术品经营管理办法》为原文化部的部门规章,虽在其中将"鉴定"也视为经营活动的组成部分,但其作用和可操作性前文已作讨论,等同于无。

② "本法第十二条所列事项,法律可以设定行政许可。尚未制定法律的,行政法规可以设定行政许可。必要时,国务院可以采用发布决定的方式设定行政许可。实施后,除临时性行政许可事项外,国务院应当及时提请全国人民代表大会及其常务委员会制定法律,或者自行制定行政法规。"

③ "本法第十二条所列事项,尚未制定法律、行政法规的,地方性法规可以设定行政许可;尚未制定法律、行政法规和地方性法规的,因行政管理的需要,确需立即实施行政许可的,省、自治区、直辖市人民政府规章可以设定临时性的行政许可。临时性的行政许可实施满一年需要继续实施的,应当提请本级人民代表大会及其常务委员会制定地方性法规。地方性法规和省、自治区、直辖市人民政府规章,不得设定应当由国家统一确定的公民、法人或者其他组织的资格、资质的行政许可;不得设定企业或者其他组织的设立登记及其前置性行政许可。其设定的行政许可,不得限制其他地区的个人或者企业到本地区从事生产经营和提供服务,不得限制其他地区的商品进入本地区市场。"

法律,但文物艺术品鉴定毕竟是一全局性事项,任何一个省级人民政府率先试点都有其必须考虑的种种利弊得失,必须考察其条件和基础,反倒有可能比国务院出台临时性行政许可有难度。

无论是采取哪种方式,自上而下也好,自下而上也罢,要想启动行政许可事项的设定,都必须明晰一个基本问题,即文物艺术品鉴定事项的管辖归属问题。

国务院各部门及直属机构中,笔者认为,可能与文物艺术品鉴定存在关联的有:文化和旅游部(文物局)、司法部、国家市场监督管理总局(国务院直属)。通过梳理这几个部门的主要职责,各部委与文物艺术品鉴定关联的点、性质和紧密程度各不相同。

文旅部在于“统筹文化产业”,“指导全国文化市场综合执法,组织查处全国性、跨区域文化、文物、出版、广播电视、电影、旅游等市场的违法行为,督查督办大案要案,维护市场秩序”两项职责。但这里的“文化产业”更侧重于艺术品生产(广义),虽然违法查办可能涉及鉴定,但只是履职的支持手段,不足以构成应由其管辖的职责范围,相反因其执法主体身份,由其管辖其实并不适当。

国家文物局的情形与文旅部类似,其文物认定、博物馆建设与管理、文物保护、文物行政执法督察、文物进出境有关许可、查处(或协助查处)文物违法与文物犯罪等履职活动中,必要时需要鉴定的支持。其职责“文物进出境有关许可和鉴定”中的“鉴定”本质上为认定活动,以确定标的物是否为文物以及文物等级,并非基于确真为目的的鉴定活动。

国家市场监督管理总局职责中“负责市场主体统一登记注册”,在文物艺术品鉴定第三方服务主体角度,为取得市场主体地位的主要途径;所管理的检验检测工作和认证认可、合格评定监督管理工作,在文物艺术品鉴定机构设立时将会成为核准的主要手段,只有资格资质的许可制度属于特定的行业,并不归属其管辖。

司法部承担有全面依法治国重大问题的政策研究的职责,并负有协调有关方面提出全面依法治国中长期规划建议承担统筹规划立法工作的责任,负责起草或者组织起草有关法律、行政法规草案以及负责立法协调指导包括司法鉴定在内的法律服务管理工作。

综上,如果要启动文物艺术品鉴定行政许可事项,最适宜的牵头部门应当为司法部。其一,依法治国的行进过程中,每一时期都有可视为重大问题的方面,在习总书记业已强调"文物承载灿烂文明,传承历史文化,维系民族精神,是老祖宗留给我们的宝贵遗产,是加强社会主义精神文明建设的深厚滋养。保护文物功在当代、利在千秋""全面贯彻'保护为主、抢救第一、合理利用、加强管理'的工作方针,切实加大文物保护力度,推进文物合理适度利用,使文物保护成果更多惠及人民群众。各级文物部门要不辱使命,守土尽则,提高素质能力和依法管理水平,广泛动员社会力量参与,努力走出一条符合国情的文物保护利用之路"之时,建立并完善文物艺术品保护和利用保障体系——文物艺术品鉴定体系,无疑有着重大的现实意义。其二,司法部的职责设置天然具有全局性和中立性,全面依法治国重大问题的政策研究,是可以也应当关注文物艺术品鉴定,全国人大代表的数次议案和全国政协委员的数次提案,也代表了社会对司法部的认可和期待。其三,历史上多次国务院"三定"方案以及"2·28决定"均将司法鉴定管理职能归属于司法部。"2·28决定"实施以来,司法行政管理部门在司法鉴定管理方面也积累了丰富的经验,具备在相关部门配合下牵头规范文物艺术品鉴定的基础。其四,司法部可在其所承担"统筹规划立法工作"职责下,承担起文物艺术品鉴定领域法律、行政法规草案的起草或者组织起草工作。

需要说明的是,基于行政许可法律、行政法规的起草主体并不代表其必然将会是出台施行的具体行政行为的承担者,这是需要在所起草的规范中予以明确的事项。按二元化制度结构思维,该规范在机构主体和鉴定人主体的规制方面,可以考虑以下几个要点:(1)机构的设立侧重考虑核准的特征,在技术方法体系先行的前提下,借助资质认定和/或实验室认可,综合审核申请人条件作出是否核准的决定,并作为取得市场主体地位的必备条件。认证监督管理司为国家市场监督管理总局的一个部门,中国合格评定国家认可委员会是其直属单位,协调资质认定和实验室认可有着很好的条件;在其法规司指导下,登记注册局应当可以探讨附前置许可条件下文物艺术品鉴定登记事项的落地事宜,即如果申请方已经取得行业资质,则可以以含"文物艺术品鉴定"内容的字号登记注册并开展活动。所以,由市场监督管理部门管辖文物艺术品鉴定机构设立的具体行政许可,是适宜的。(2)基于科技为主导的文物艺术品鉴定机构,应当在核准时考察鉴定人的组成情况,审查鉴定人的资格或资质状况。我们已经讨论过文物艺术品鉴定与司法鉴定之间的联系,司法鉴定行业主要的技术路径和手段,如痕迹鉴定、文书鉴定、微量物证鉴定等,均系司法鉴定的组成部分,拥有这些鉴定资质的司法鉴定人,理论上均可为文物艺术品鉴定所用,没必要重新设立新的行政许可项目,但前提是应当经转岗培训合格,毕竟文物艺术品鉴定是一类特定的类别,鉴定人需要对其基本知识有所了解,此过程类似于临床医生申请从事法医鉴定的转化模式。(3)因涉案文物艺术品鉴定的需要,司法行政部门可以在业已设立的文物艺术品鉴定机构中,依申请审核确定可纳入司法鉴定体系的机构,但执业范围应限定于物证内的特定领域,以满足诉讼活动的需要。(4)因为文物艺术品鉴定机构为非司法鉴定机构,其聘请司法鉴定机构的鉴定人作为其鉴定人,应当不适用司法鉴定管理要求的"不得在两个机构执业"的规定。

依此设置，文物艺术品鉴定的申请人才有可能以中立第三方方式取得独立主体资格，并体现出专属的辨识性；行政许可和行政管理归属的确立，奠定了该领域依法有序治理的制度基础；机构设立路径的通畅，意味着合规执业的机构数量将会得到明显的增长，从而具备设立行业协会的条件，形成两结合管理体制将会水到渠成。而以行业协会所引导的自律自治的深入，行业政策研究、技术研究、人才培养等各项工作将迈入正常发展的轨道，人们渴望已久的治理局面当可呈现，文物艺术品鉴定的社会公信力必然会得到极大的提升。

（三）鉴定活动的体系化

无论以上包括行政许可和行政管理在内的理想治理局面是否能够成就，鉴定活动都应率先思考其体系化问题。某种程度上讲，体系化进程的快慢将实质影响体制、机制形成的步伐，因为制度的形成也是需要支撑的，如研究成果、实务经验等。

文物艺术品鉴定的体系是一个层次化有机联系的体系结构，处于顶层的是科技 + 经验的理念，并决定和影响下延层次的布局。在此之下，应当有三个组成部分：在科技鉴定与经验鉴定处于同一层次，甚至更高层次（也更具有基础支撑意义）的唯一性识别体系，应为文物艺术品鉴定独有且必需的内容；科技鉴定将基本遵循司法鉴定物证类三个二级领域进行，尽管其中部分内容尚未被现行分类体系所涵盖，但其本质上是共通的；经验鉴定虽以识别、鉴别活动为特征，但却是必不可少的与科技鉴定共同作用以达到最终鉴定目的的组成部分。（见图 3－4）

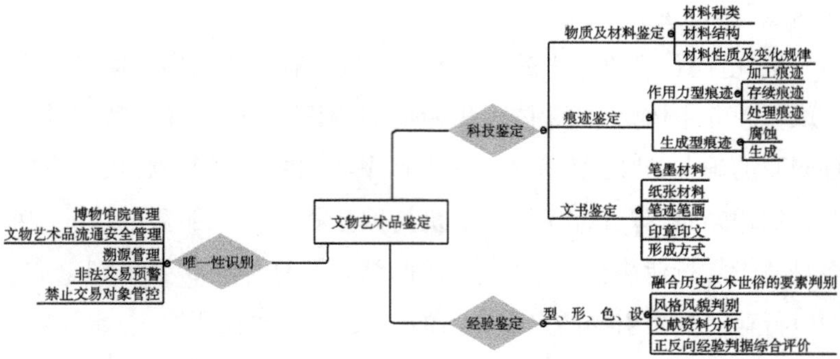

图 3-4　文物艺术品鉴定体系

重点关注文物艺术品鉴定体系化的两个方面：唯一性识别体系和科技与经验相结合的鉴定活动构成。

1. 文物艺术品鉴定独有的唯一性识别体系的构建

对于可移动文物艺术品，鉴定为确真的主要方式和手段，这是毋庸置疑的。但鉴定活动有一个根本的特点，即所作出的任何意见，只能对该次鉴定对象发生效力；多次鉴定存在争议，也必须先行确定所争议的问题是否构筑于同一对象身上。

在司法鉴定领域中，物之鉴定对象一般称为检材，如果检材在发现、提取、取样、流转、检验、记录、分析等过程中出现不能追溯的问题，可能导致各种负面后果。此类教训非常多，典型如发生于1994 年的美国橄榄球明星辛普森案，至今仍常作为“无罪推定”的典例，就是因为警方在关键证据环节上出现失误，使陪审团在近 40个小时的讨论之后，一致作出被告无罪的判决。此案在证据环节存在四个警方无法合理解释的疑点。第一，虽然现场的血迹经过鉴定证明就是辛普森的血迹，但这样的间接证据只能证明辛普森到过犯罪现场，不能凭此就断定他是杀人凶手。辩方律师还对血样提取及保管方法提出了质疑，即在此案中，出现场的警员没有对提取的血迹按规定进行包装,警方也承认了这一失误。这样一来,"血证"就不足为凭了。第二,在法庭出示的死者袜子经专家的检查,袜子两边都有血迹并且血迹呈均匀分布。专家认为这种情况证明袜子没有穿在受害人的脚上。专家还在袜子上发现了一种化学物质,这种化学物质在人身上不可能存在,只有在实验室的试管中才会存在。对此唯一的解释是:袜子两边都有血迹说明不是被害人的血流到袜子上,而是有人在实验室里把血倒在袜子上的。第三,按照律师的推论,警方从辛普森身上提取的血迹按照第一次做实验时最大量计算,实验室中还应该有大量的剩余鲜血存在。但实际上在警方的实验室中已经没有剩余鲜血,警察也无法解释为何如此。辩方律师由此推断,警方有人故意把血迹倒在袜子上,有对辛普森栽赃陷害之嫌。第四,在杀人现场和辛普森家中发现的两只血手套是同一副,而且两只上面都有被害人和被告人的血液。可是两只手套没有任何破裂和刀痕,里面也没有被告人的血迹,说明辛普森手上的伤口与凶杀案可能没有关系。警方证人证明在被告家中发现的血手套还是湿的,而这时距案发已有 7 个小时之久,血迹应该已经干透,不应还是湿的,由此推断,不能排除有人进行栽赃陷害。在法庭审讯时,曾让被告人当场进行试戴手套的试验,结果手套又小又紧,无法戴上。陪审团得出结论是:手套不一定是辛普森作案时使用的。即便洛杉矶警方获取了大量能证明辛普森有罪的证据,但只要其中有一样是非法取得的,所有证据就都不能被法庭采信。

以此审视文物艺术品鉴定,唯一性识别的意义并不亚于司法鉴定活动,更因文物艺术品自身即为价值承载体,而非简单的证据载体,唯一性识别的作用更为甚之,可以表现在以下几个方面。

(1)国家治理的基本手段。

不同于不可移动文物,可移动文物艺术品迄今为止都无法进行有效的统计,博物馆院账物相符情况如何,民间藏品数量究竟有多少,状况如何? 基本上是一本糊涂账。

博物馆院、美术馆、文化馆、图书馆(古籍善本)是国家文物艺术品收藏、展示、保护、利用的主体,有着严格、严密的建设与管理制度,其馆藏器物的管理是工作重心,所采取的措施和手段可以说达到了极致的程度。但即使如此,仍然会不时有馆藏被盗并上拍之类的报道,在这些报道中,我们可以将视线聚焦于一个细小(但关键)的环节,即涉案物品的确认问题。

事例1:广东××拍卖有限公司拟于2020年9月13日上拍名人书札《鱼雁集》,但在前期对拍品进行宣传展示时,却在网络上引来了质疑——西南名儒林思进的信札《鱼雁集》疑似四川省图书馆的馆藏文物。警方介入后,在展开的涉案文物甄别、鉴定时:"我们当时作了一个比对,将拍卖图片和我们馆藏的进行了比对,相似度很高,然后我们就会同公安一块过去,现场经过比对后发现,其应该是我们馆内被盗文物。"注意这里的用词:"相似度很高"(通过图片进行识别),"应该是我们馆内被盗文物"(现场鉴别)。

事例2:2009年,南昌一藏友爆料称,八大山人纪念馆馆藏的一张八大山人名作《孤松图》竟然流入拍卖市场,而且,7月20日在上海以61万余元的拍卖价格成交。"根据拍卖图录显示,该张画作和馆藏的画作无论从笔墨、款识印章等方面都是一模一样。"而八大山人纪念馆负责人对此表示:"可以肯定的是,八大山人纪念馆馆藏的《孤松图》是不可能流失出去的。"两个对象目测"一模一样",其中一件为已成交拍出高价的拍品,显然不应当是参与者都"打了眼",犯了低级错误,那二者之间只有一真,馆藏的就是"李鬼"?

这两个事例代表了抽象化后摆在人们面前的,关于可移动文物艺术品溯源问题的两种典型场景:曾经存在过,当再次出现时,它还是它吗？出现两个，甚至多个“一模一样”的对象，如何在“李逵”与“李鬼”间作出准确的判断？

博物馆院等的管理尽管有制度保障，但制度并不一定疏而不漏，谁也保证不了具体管理人员会不会钻制度的空子，甚至铤而走险，偷梁换柱。随着一届又一届管理人员的调整、变化，珍贵的馆藏即使发现出了问题，也很难确定问题自始就存在还是在其间某一时间才发生。这种溯源管理的根本症结不在于制度，而在于科学技术的应用相对滞后，尤其是溯源技术体系的进步和革新尚需突破。

传统藏品账目管理模式，账与物之间依赖于标识体系，无论是“记标”（直接在藏品上做标识，如在瓷器上用笔等工具书写编号标识；现在有人正在研究尝试的局部形成识别码）还是“贴标”（将标识粘贴于藏品上，包括纸质、射频、二维码等各类标签），本质上都是人定规则并附着于藏品之上以利于管理。规则为人定，就能为人所破；规则一旦被破，自然可附着于此也可附着于彼。既然是外加的附着物，就有可能被损坏、被攻击而失效。这样的标识体系与文物艺术品本体均形不成直接映射关系，附标行为还可能对其原始性存在或多或少的潜在影响，对管理者而言，与上述两事例同性质的追溯困境仍然无法规避，加重了其管理责任负累。更重要的是，这种体系基本不具备数据层面的交换互通能力，这种方式形成的信息管理只能停留在信息孤岛层次，对更高层次的统计、分析、决策的支持力度有限。

只有基于文物艺术品本体特征，利用现代科学技术手段实现唯一性识别的数字化进程，才有希望从根本上解决问题。

文物艺术品本体特征数字化，是完全不同于数字化博物馆以记录、多维展示并实现场景代入式体验等功能的另一技术体系，其旨在基于文物艺术品本体特征构建精准、快速、便捷、永久有效的唯一性识别机制。这种数字化路线的逻辑基础在于：第一，文物艺术品本体特征是其本质构成元素，不可剥离于文物艺术品而独立存在，除非文物艺术品本身已被破坏到完全丧失其文物艺术品基本特征。局部损坏、有所残缺，本体特征仍然存在并可被检测，这种由文物艺术品本体所决定的、不依赖于任何外表的唯一性识别，才是真正的唯一性识别。第二，当采用的技术方案对本体特征的检测达到一定的精度时，将远远超越人为仿制可以掌控的工艺极限，任何仿制行为都将无所遁形。第三，本体特征数字化将带来文物艺术品管理的革命性变化，任何一件器物完成数字化将代表着其拥有了无可替换、无从变造的数字“身份证”，逆向验证都将会将其与任何他物区分开来，真正实现自数字化始的永久溯源。第四，只有建立在本体特征数字化基础之上，才有可能统一规则、消除信息孤岛、实现国家治理的整体化和实时化。第五，本体特征数字化结果，不会因数字处理技术的变化（如技术进步）而失效，因为其本质上是文物艺术品本体的映象，只要本体存续，这一数字化结果都将发挥其作用。这意味着其数据的生命周期是与文物艺术品相同步的，这一点对文物艺术品尤为重要，因为历史属性是其极为重要的价值构成之一，如果我们在溯源体系的构建时不能实现持久有效性，那将是致命的缺陷，可能导致溯源过程的中断。

之所以到目前都还没有形成基于本体特征的唯一性识别数字化体系，并非认识不到其重要性，主要原因在于在技术上存在巨大的困难，例如：特征的选择应当兼顾全面性和整体性，且须是稳定不变的特征；文物艺术品种类繁多，不同的对象表现出的特征及组合有着巨大的差异，导致技术路线的选择和实现困难重重；无论采取何种技术方案，都必须兼顾效率，需要在保证识别准确性的前提下实现快速检测和判断。如果效率太低，一个博物馆少则十万件、多则上百万件藏品,将使内部管理人员的变更所需要的点交活动都不可能实现,更遑论更大范围的管理需求;识别准确性的苛刻要求,限制了技术方案的选择空间;最终成型应用的基于本体特征的文物艺术品唯一性系统必须具有经济性,其不可能不计成本,否则将无法被接受。

(2)民藏管理的必由路径。

相较于有账册记录的博物馆院等主体,散落于民间的藏品,在拍卖行、文交所、文化商店有交易记录的,仅仅是冰山一角,海水之下究竟如何,过去搞不清楚,现在搞不清楚,将来也未必能搞清楚。正因为不清不楚,使古玩艺术品(鸵鸟思维下于市场进入者更愿意采用该称谓)自古以来为寻宝、探险、奇遇、黑道等故事题材所青睐,随着社会的变迁,演化至今,就形成了“十大骗局、十大怪”这样一副怪模样。如果仅仅是自得其乐,于国、于社会无碍,也没有什么关系。但事实上,大量的涉文物艺术品违法和犯罪行为已经影响到社会的稳定和秩序,如“金缕玉衣案”般让法益和各种主体利益受到极大损害的情形不时发生。“自 2020 年 8 月 31 日以来,公安部采取挂牌督办、领导包案等工作机制,直接组织指挥各地公安机关侦破了安徽淮南武王墩古墓葬被盗掘案,福建漳州‘11.23’系列盗捞海底沉船文物案,‘2004.12.13’四川省图书馆文物被盗案,陕西咸阳‘1.16’系列盗掘古塔地宫、古墓葬案等一批公安部挂牌督办的文物大案,累计追缴文物 4.9 万件……侦破各类文物犯罪案件 1774 起,抓获犯罪嫌疑人 3544 名,打掉犯罪团伙 337 个。”[①]另外,文物艺术品是不可再生资源,是属于全人类的财富,无论位于何处、受谁掌控,保护好、利用好、传承下去,是当下社会成员共同的责任,也是国

① 周尧等:《馆藏文物现身拍卖行?四川省图书馆文物被盗案成功告破》,载央广网,http://ent.cnr.cn/zx/20210611/t20210611_525511096.shtml。

家治理职能的组成部分。不管承不承认，民间藏品这一隐藏于水下的冰山，一定存在需要加强保护、合理利用的文物艺术品，如何对待这些对象，确实是一个极为复杂、政策要求极高的问题。对此，采取的方式、出台的政策都应以实现社会文藏的“阳光化”，释放其价值和作用为导向，要以唯物主义和辩证法为指导，实事求是地渐次推进这一进程。首要的环节就在于设立机制摸清“家底”，这也是笔者认为应将唯一性识别体系纳入鉴定环节与经营活动相独立、相隔离的底层逻辑之一：

第一，作为物之存在的文物艺术品，存续才有意义，才有可能发挥其于人类社会所看重的作用。制度设计中，仅在物之层面设置“工具化”的唯一性识别体系，进，可以为文物艺术品“活”起来的基础平台；退，可为国家治理活动提供基础支撑，这种治理活动包括涉文物艺术品犯罪的打击。

第二，可移动文物艺术品只有流转起来才能实现其各种价值，而流转就代表着实际控制的变化。只有真正的收藏家才有可能保持有只收藏、不转让的作风，但多数也只是针对自己的“镇馆之宝”而言。“以藏养藏”是收藏界的惯常做法，流转是必然、静默是例外。交易是流转的主要方式，对于非法渠道获取器物之人而言，通过交易变现是其必然选择，否则其行为目的就无法体现。以唯一性识别体系固定器物，才有可能控制流转，从而监控交易行为，实现保护合法行为、防控和打击非法和犯罪行为的目标。

第三，不掌握基数，就不可能判别增量。文物艺术品都是不可再生的，从宏观上看，全社会拥有文物艺术品的增与减很可能最终都无法得到准确的计量，但只要唯一性识别体系正常运行并通过一定的时间累积，形成一个相对稳定的活跃数还是可能的。活跃数中，传承有序、经鉴定确定的对象中，珍贵文物艺术品是一基数，普通文物艺术品是另一基数,未经鉴定处于真伪不明状态的为再一基数。如此这般摸清“家底”后,增量才具备性质判断的基础。

第四,只有唯一性识别系统才能阻断赝品的泛滥,在没有信息孤岛的数据环境中,凡是在检测中出现相近特征参数的对象都将一览无余,不可能出现特征一致的两个对象;待证器物的证明过程,无论多少次鉴定,都将伴随唯一性识别活动始终指向同一对象,多次鉴定的评价才有共同的基础;经证明为赝品的对象再也没有鱼目混珠的可能和空间,唯一性识别系统的追溯功能将阻断其所有的流转可能(当然,当作工艺品进行流转另当别论)。

(3)其是实现正本清源、综合治理的唯一路径。

唯一性识别所构建的具有起始点的持久追溯体系,本质上可以作为“尽职调查”的支撑平台看待。当世作品自诞生时取得数字身份信息,就可永久得到溯源,不会受到任何仿制的影响,创制者的利益自会得到保护;非当世器物取得数字身份信息,可将证明活动始终锚定于同一对象身上,直到最终被证明。增量自源头受控、存量经证明后受控,综合治理就有了最坚实的基础。

所以,将唯一性识别纳入鉴定环节,不只是其与鉴定一样,具有技术主导性、中立性和独立性的特质,还是鉴定活动的“记录者”和价值体现渠道,更是与鉴定活动一起,共同构成可移动文物艺术品综合治理的基础保障,意义重大且不可或缺。

2. 科技与经验相结合的鉴定活动构成

横向观察现今社会,能够称得上检测、鉴定的活动并不少,偏人文和管理类的有之,如知识产权鉴定、会计鉴定;偏自然科学技术的检验检测更多,如国家质量监督管理管辖下各类检验检测,数不胜数,其中包括贵重金属、珠宝玉器;也有在本书中所剖析的司法鉴定。以借助仪器设备的检验检测的“客观”和更多借助人的经验之

"主观"两极来衡量①,司法鉴定算是形态较为丰富的领域,但也仅仅是局限在每一个鉴定项目所特有的相对固定的"主客观"参与度上,如微量物证鉴定、毒化鉴定主观参与度相对较低,而笔迹鉴定、司法精神病鉴定等项目主观参与度较高。文物艺术品鉴定则不同,多数情况下需要两者并重并相互验证,这无疑是可移动文物艺术品鉴定独有的一大特点。客观上讲,文物艺术品鉴定因其始源于非国计民生必需的小众化的收藏文化领域,从一开始就深深刻划有经验之印痕,尽管我们肯定,经验鉴定本质上蕴含着科学的道理,但并不成体系也不自洽。科技鉴定也并非凭空而生,往往得益于传统经验中的科技元素,受此启发,应文物艺术品鉴定的需求牵引,注入更多的理念和手段。所以,笔者始终认为文物艺术品鉴定体系的形成,应当建立在经验鉴定与科技鉴定相向而行的交互融合基础之上,对两者之间的衔接和互补关系给予合理的规置。

(1)科技之于人文需求的支持。

虽然文物艺术品鉴定也存在支持诉讼和/或纠纷的证据、证明应用场景,但即使在这一场景应用上,发挥作用的仍然在于两个事实的判断:真伪、年代。这两个事实,为整体性的、蕴含人文元素的命题,而非如司法鉴定般的专门性问题。科技鉴定在其中所起的作用,本质上是对人文需求的支持,它可能会一言定鼎,也可能仅仅为经验鉴定的辅助,居于次要地位。社会上有部分人抱着对"科学"一词的盲目崇拜心理,寄希望于一纸鉴定证书解决一切问题的心态,从技术角度上讲,是很难得到支持的。这种心态常被别有用心之人所利用,以特殊的"高科技"手段迎合之。学费交得不少,最终才发

① 需要说明的是,这里的"主观""客观"非结果层面的度量,而是代表主观的人在活动中参与度高低的一种表示,无论"主观"还是"客观",都不能违背活动结果追求客观真实这一根本目标。

现吃亏上当，当予警醒。

科技的号召力在现代社会无疑是强大的（反智者除外），但科学技术本身也是渐次发展并仍然处于发展历程之中的，文物艺术品鉴定的技术发展也逃离不了这样的规律性。科技资源本身也是一种资源，这种资源的形成有赖于人才、资金、综合科技发展水平、产业配套能力、科技政策支持力度等条件。一个行业科技发展水平如何，通常可借助于学科发展水平来评价，处于上升态势且体系较为完善的学科，相应领域或行业通常处于发展期，其科技发展受需求推动必然处于快速增长阶段。如始于20世纪80年代的计算机及信息技术学科，发展到今天，已经形成了一个庞大的学科集群。文物艺术品鉴定，很遗憾，到现在仍然处于学科为空白的状态，可以想象其科技发展应作怎样的评价。“有依空立”，在国家治理和产业政策陆续关注于文物艺术品的大环境下，文物艺术品鉴定学科迟早会萌芽，路虽远行则将至，合理的科技鉴定体系及实践基础的形成，乃支撑这一进程行进中极为重要的一步。

思考科技鉴定体系的构建，不能离开研究对象的特性。文物艺术品作为一类领域性的集合，拥有着一些共同的特性，如不可再生性、个体独特性、整体性等。基于这些特性，科技鉴定需要明确几个基本原则。

其一，无损检验原则。文物艺术品的物质属性承载了其精神属性，可察见的任何变化都有可能使文物艺术品人文价值发生改变，一旦作为标的物也将因完整性的缺失直接影响其流通的市场价格。因此，鉴定活动的开展必须将无损检验作为首要前提，这与古玩界“物不过手”之行规有着相同的底层逻辑。作为基础性、普遍性的文物艺术品人文需求，科技鉴定中需把握的无损检验，“无损”一词应从两个方向进行理解：一是在宏观结构、表面形态上不得影响文物艺术品精神和物质属性的完整和延续；二是不得加速其老化进程，不得采用因此检验而致彼检验失去条件的技术方法等。

遵循无损检验这一基本原则，要求在文物艺术品鉴定的技术研究和实务活动中，对拟采用的技术方法以及由技术方法所构成的检验鉴定技术体系形成有效的评价机制，一般路径如图 3－5 所示：

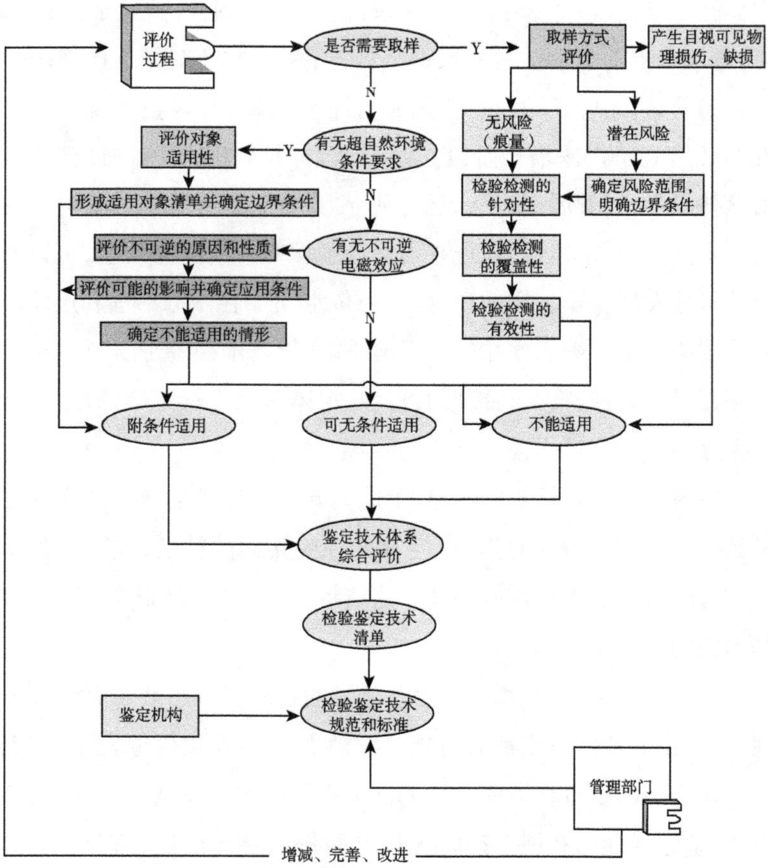

图 3－5　文物艺术品技术鉴定方法评价流程

以这样的评价流程操作,可以形成普遍适用的基本技术方法清单和针对细分对象的附条件及不能适用的技术方法清单。这一清单可以随科技技术(包括仪器设备)的变化进行动态调整,以保证文物艺术品鉴定在确保检验对象安全的前提下能够不断进步。

其二,基于自洽的适当性原则。文物艺术品在一般人眼中是神秘、复杂、无价的,相应的鉴定活动必然也应当是"高大上"的:理论上要与量子力学、人工智能等"高端技术"沾边;设备几百万元一台的还不一定可靠、全进口几千万元上亿元的似乎才让人心中有底;如此等等。事实上,一旦我们将文物艺术品的艺术和经济属性拿掉,纯粹地从物质性上看,无论是所用的材料还是制作工艺,都不具备如芯片一般的高科技特点,材料都是来自于自然界,生产加工(包括中间品)均可以在落后的生产力条件下实现,与当今的科学技术水平相比,根本不在同一维度,并无神秘之处,至少在笔者看来,还够不上动用高科技装备(置)的层次。对此类对象于鉴定角度进行认识,唯"规律性"而已。这种规律性必须是唯物的,材料选择及加工的规律性,创制工艺(乃至工具)的规律性,创制时所处的艺术世俗的规律性,依附于创制者的创作特性的规律性,器物存续、流转、使用的规律性等,都是依附于物且可探测可分析的,关键在于信息获取手段是否有效、信息变异是否可查、信息间存在的矛盾是否可辨。所以,文物艺术品之文化艺术经济等诸多人文属性和价值,是由器物的不同层次的细分基元所决定的整体基本品性所承载,鉴定活动只能通过探察这些基元的"有"、"无"、"对"、"错"以及基元间是否具备自洽性才能达到目的。

逻辑上讲,文物艺术品鉴定的基本诉求——"真伪"与"年代"问题,在物质层面只体现为一个命题:基元间是否自洽。以瓷器生产中"苏麻离青"料为例,据考证,元青花的一部分到明成化,"苏麻离青”为主要使用的青花呈色料,包括明代永乐年间郑和七次下西洋带回商品中就有“苏麻离青”;明万历十九年(1591 年)《事物绀珠》“永乐宣德窑”条有记载:“二窑皆内府烧造,以棕眼甜白为常,以苏麻离青为饰,以鲜红为宝。”明成化以后,渐被回青等代替,至今,“现代仿品不能仿成”几为共识。此料的时序性,对应到基元上,有苏麻离青料本身的呈色靛蓝与特定部位存在的乌黑而浓重的结晶斑以及晕散现象;有元、洪武、永宣等不同时期的瓷土、造型、工艺以及存续特征;有苏麻离青料与其他青料的元素构成差异,等等。所有这些基元都应当处于一个“自洽”的集合中,只要有所缺失或错位,就代表着需要进一步确证并得到合理解释方可作出最后判断。

依此逻辑,文物艺术品科技鉴定应当形成针对不同细分对象的基元检测清单,将来自于基元检测的信息是否具备“自洽”性作为最终判断并出具意见的核心环节,以此实现鉴定的目的。这样的结构下,文物艺术品科技鉴定就基本上形成了基元信息获取和综合分析判断两个主要环节。其中基元信息是目前文物艺术品科技鉴定有别于传统眼学鉴定的核心关键,是科技能否赋能于该行业的晴雨表。

基元信息获取环节相对集中体现为检验检测活动,这种检验检测活动的理想状态是:基于检验规范和/或标准;突出专业性基础条件和实践能力;主要提供基元层面的信息,保持与综合分析判断环节足够远的距离。理由有三:一是检验检测活动需要的仪器设备条件与人员条件,具有开放性特点,既与文物艺术品检验检测细分对象有关,也与科学技术的进步状态有关,依赖于专门化的文物艺术品鉴定机构进行建设、管理、运行,成本和代价太高,难以普遍实现;二是为保证基元信息获取的客观性,既需要检验检测环节条件与人员的总体能力,也需要在机制上保持中立性和独立性,将这种中立性和独立性设置为文物艺术品鉴定机构整体中立性和独立性得以保障的基础手段，以防止其可能的恣意行为；三是以通过资质认定或/和实验室认可的实验室提供基元信息，可以保证信息来源在全国范围（资质认定）甚至国际上（实验室认可）的认可，其科学性、可验证性、客观性于客观审查层面不用质疑（主观层面另议），也符合实验室资源共享的中央精神。

显然，基于以上考虑，除特殊专用手段外（可能会在将来出现），基元信息获取宜充分利用现行成熟的检验检测体系，而从文物艺术品的特点以及鉴定需求综合评价，与司法鉴定体系的链接将顺理成章。司法鉴定领域的同一认定原理，面向不特定对象的物质材料分析，成体系开放性的痕迹学检验，因果分析及结果判断方式，独有的文书类鉴定检验项目等，均高度契合文物艺术品鉴定基元信息获取的需求。业已趋于完善的机构和鉴定人数量、管理机制、运行状况和鉴定人的培养机制等已经形成了能够满足社会需求的行业性结构，只需进行一定的政策性调整，在技术方法体系上更具针对性和适用性，此资源必然能为文物艺术品鉴定基元信息获取提供体系化的有力支撑，实现“1 + 1 > 2”的整合效果。

（2）经验鉴定的科技进路。

再次强调，经验鉴定与科技鉴定并不是对立的关系，而是各有侧重并共同构成文物艺术品鉴定不可或缺的两极，相互间具有共生和互动关系。经验鉴定来源于实践，从古到今始终是支撑文物艺术品研究和鉴赏的主要方式，积淀了无数先辈的真知灼见，是不容抹杀的。当下，经验鉴定之所以陷入困局，一则受制于一系列负面事件（案件）所折射出的客观认知层面的不稳定性、不可验证性等短板和主观行为层面的丑陋人性不受制约的机制缺陷；二则也是最值得检讨的，在于主流理念上将自身禁锢于“人文”圈内，没有深刻意识到当对某一事物的判断因人、因时、因条件的不同而变幻万端时，是很难谈得上客观的，毕竟“真理唯一可靠的标准就是永远自相符合”。文物艺术品鉴定体系中，经验鉴定是不可或缺的支柱，这一支柱是否具有足够的支撑力和稳定性，取决于遮掩其真理光辉之阴霾能否得以驱散。

我们将经验鉴定界定为基于“型形色设”的判断体系，映射出的是经验鉴定脱胎于鉴赏必然具备的两个基本特征：能为人所直接感知；这种外在的“型形色设”是文物艺术品的文化、艺术、历史等属性能给予感知者于艺术世俗语境下之“兴奋”的始源，具有即视性、表象性、个体感知差异性等特点。由此形成的散在的、难以准确传递的、似是而非的知识体系，既可能是科学而缺乏边界认定的，也可能是有科学元素但未能涵摄于科学原理的，更可能是无法言述且因人而异的感觉。所有这些都存在一个共同的表现，即不确定性。这种不确定性的产生，要么源于信息获取的有限性和局部性，要么源于信息解读的片面性和主观性，要么源于故意或过于自信的心理状态，综合起来难免获得社会给予其“不科学”“伪科学”的评价。

科学哲学家卡尔·波普（Karl Popper）将真理与确定性区分开来，认为科学知识“是在寻求真理的过程中构成的，但并不是在寻求确定性……所有人类知识都是易犯错误的，因此是不确定的”。经验鉴定最大的特点是差异化的个体知识经验体系所形成的孤岛效应，人大脑的内闭性决定了如果不能有效识别和破除个体知识经验中的偏离客观的因素和原因，犯错是避免不了的。个体犯同样的错，放在群体层面，没有普遍联系为纽带，对不同观察者间的判断缺乏可预测性，就如斯塔诺维奇所言，科学避免寻找“魔术子弹”，在于它避免了单一原因的谬误。少犯错甚至不犯错，就必须借助于可验证机制。“言之有头足，故人信其说；明事以验证，故人然其文。”①

① 王充：《论衡·奇怪篇》。

可验证,意味着我们不只是问“什么是对的……原因”,而是“什么是最显著的原因的……”在更宏观的科学领域(如心理学、物理宇宙学)中尤其如此。研究通常一次分析很少的因素,但是这些因素总是被添加到一长串最重要的因素中。例如,仅了解一个人的遗传学细节,其历史和成长经历,或当前状况,可能无法解释某种行为,但是对所有这些变量的综合了解可能是可预测的。经验鉴定的现状正是处于这样一种状态:应当逐一梳理并确定一些重要因素,让一次分析的很少的因素都有条件添加到这一长串的重要的因素之中,对所有变量的综合了解,才能提升结果的可预测性;间接地,这样的很少的因素也就有了可验证的环境,终将收敛为一长串重要因素的组成部分,这一过程就是经验鉴定的科技化转化的基本路径。

同样需要从信息获取及分析判断两个环节进行讨论。

在方法论角度,科学深入发展的表现之一,是科学研究中直观性的程度减少,抽象化的程度提高,产生了逻辑思维方法高度发展的必要性。经验鉴定所依赖的以人体感觉器官为主的信息获取方式,始源于人们认识自然不自觉的本能,这本身并不代表能够依此评价经验鉴定之直观性和抽象化状态,因为我们还无法认定基于直观的抽象化是否已经达到普遍联系的程度,也没有足够的证据表明,关于文物艺术品经验鉴定在逻辑思维方法的研讨方面产生了引人注目的成就。但这种信息获取方法和手段,还远未达到足以支持抽象化为方法理论体系的程度,则是不争的事实。科学发展的特点给哲学方法论提出了一系列需要解决的问题,其中就包括观察和实验的关系问题,著名的“薛定谔的猫”虽然是一个用来检验量子理论隐含的不确定之处的思想实验,但其除非进行观测否则一切都不是确定的,无论是微观还是宏观都具有意义的“不确定原理”,深刻揭示了客观规律不以人的意志为转移这一真理。观测的目的在于获取信息，观测的方法和手段决定了所获取的信息之于客观的反映程度，包括信息变异。经验鉴定的“观测”，在笔者看来是确有必要进行梳理和重构的，否则其直观性目标受制于不确定性，将会对经验鉴定的系统性理论化形成困扰。

以人体感觉器官获取信息，不外乎眼看、手摸、耳听、鼻嗅、嘴尝。古玩界历来讲究“上手”，尤其要上手真品、珍品，实际上就是要求玩家须通过直接接触器物以感受并形成“对”与“不对”的具体表现和印象。这一做法无疑是科学的，本质上是一个基于比较的学习、训练、养成的过程，但为何都是通过同样的模式历练出来，哪怕都为同一细分领域的“专家”，鉴定能力仍天差地别呢？除个体差异（诚如“神仙难教榆木疙瘩”，个人的学习天赋、努力程度、学习方法等是内因，是决定性因素，“本是同师教，人人何不同?”是亘古以来长存的现象）、学习环境和条件（无学科支撑的师徒授受，个人摸索，相互交流）外，人的感知的个体差异，在遇上经验知识的模糊性和“只可意会难以言传”的传递性特性之时，“观测”所得，必然充满了不确定性，继而影响到个体经验知识体系的塑造过程和结果。比如人眼，作为重要的感觉器官，不同人之间、同一人不同时期或不同状态下都可能存在非常大的差异；近视、老花、色弱、色盲、色差等因素都会导致实际感受到的光影图像信息的不同；不同的环境光照条件和观察角度，也会对光影信息获取形成影响。在古玩界，瓷器鉴赏中“蛤蜊光”一说就是典型例证，蛤蜊光有没有，为“灵动”的“活”的状态还是觉得像“硬涂的脂粉”一般，不同人的观察结果通常会大相径庭，对观察到的现象的表述以及相应的判断自然也就可能五花八门。与瓷器鉴赏中的“火石红”“包浆”等已经被广泛接受为“判据”的观测内容一样，经验知识中对其描述普遍具有人文化的特点，常用诸如“死”“活”“灵动”“呆滞”类的语言，难以做到准确界定和有效传递。这种方式在富有人文氛围的鉴赏活动中并无不妥，围绕观测的分歧产生争论可能本身就是鉴赏所追求的过程之乐。但鉴定则不同，现象的观测是应当满足普遍一致原则的，对同一对象同一观测点的观测结果基于器物物质本身的一致性，应当获得可评价的一致性，否则就无法满足"可验证性"这一基本的科学要求。

所以，就观测而言，经验鉴定体系的科学进路就在于正视纯粹依赖于人的感官获取信息的局限性，让科学的方法和仪器设备为人所用，实现可重复、可验证的信息获取。要做到这一点，既易也难。容易的方面是指，人们在面临感觉器官的局限时，自然会想到利用工具来克服困难，在理念上不存在什么障碍，能够"看"得更清晰、"查"得更细微，故所愿也。事实上，古玩玩家、鉴赏专家人手一把放大镜的情形早已有之，有一定鉴识能力的人，凭一把放大镜就可识别一幅书画是否为喷绘方式制作；可以发现瓷器上的一些人为处理痕迹；能够查看翡翠种水成色……为观测所需，有心人士进行了大量的探索，也有专门机构长期持续开展研究（如硅酸盐领域的研究院所），部分研究成果已经具有一定的标准意义。如中国科学院上海硅酸盐研究所对瓷器材料的元素检测中积累了大量的数据，对瓷器产地的推断、呈色材料的分析判断均有较大的指导意义。总之，科学在发展，科学技术方法、装备不断涌现，要解决经验鉴定之"观测"问题，总是会找到适当的路径的。问题在于，研究资源中的核心环节——研究对象，深藏于"禁区"之中，让研究活动成为无源之水、无本之木，很难借助其开展活动，这一难题带来的困扰并不只存在于技术层面。

在陶瓷器鉴赏中，有标准器一说。所谓标准器，是指可以确认诸如年代、产地等关键信息的器物，无论其是完整器还是瓷片，无论其品相如何，也无论是官窑还是民窑，都能在一定层面上以其承载的客观事实起到细分基元比较归属的“标准”作用。陶瓷器领域,可定为标准器的大致有以下几种类型。一是窑址所得。首先,窑址标本于窑属标示有不可替代的作用,而且除标本外,制瓷环境、材料、工具、设施等信息对于解读窑属瓷器特性及成因也是极为重要的支撑。其次,窑址标本通常分布于不同地层,如果所处地层的绝对年代可靠,还可以作为一类遗存的年代坐标。二是出自有准确纪年伴出物(如买地券、墓碑等)的墓葬或窖藏。此类出土品要认定为标准器,仍然需要厘清几个关键问题:确认墓葬或窖藏的原始性,如果发掘之前业已有侵入痕迹,则应谨慎而为;是否入藏(葬)当时的器物,否则只能作为同类器物的年代下限参考。一般来说,如果墓葬中出土的属冥器类,当可确认为当时器物,这是由冥器的特定功能所决定的采购定制并即时入葬的世俗丧葬文化世俗习惯反映,不太可能早于入葬时间太过久远。如果系生活用器、玩器、陈设器一类,就要仔细推敲了,因为它们很可能是墓主生前的旧物。事实上后代的墓葬中出现前代器物的情形比较多见,如明墓中发现元瓷,清墓中则有明瓷,这些自然不能当作同类古瓷的年代标准器。三是有明确出处并能与确切窑属和年代之同类器相互印证的纪年款识器物。纪年款识通常直接含有所属年代、窑属、人物等信息,一类是器身本身有的,典型如底款;一类是烧成后刻、写上所属年代,甚至窑属的文字,如“赤乌十四年会稽上虞师袁宜作”“潮州水东中窑……熙宁二年……”等铭文。纪年款识器物虽然直接、了然,但也是易仿且难以识别的对象,认定为标准器须格外谨慎,一般需要有严格的传承追溯、考证。“一部陶瓷史几乎可以说是由一连串标准器组成的。假如离开了那些有准确年代、窑口的标本,世上所有古陶瓷遗存都将变成一团迷雾,它们的历史内涵、文化价值都因此大打折扣,人们就无法分清哪些是宋瓷、哪些是元瓷,哪些是耀州窑、哪些是磁州窑,大家只能凭书本上的抽象记载胡乱猜测。”

能被认定为“标准器”的，已经拥有了超然的“身价”，绝大部分都存续于博物馆院等机构内：普通人只能在展出时隔空远观，绝少有可能存在近距离接触的机会；即使是本机构的研究人员要进行研究，也并非易事，无论是机构还是研究者个人都不可能无视一旦出现意外需要承担的巨大责任，在制度设计上必然选择“无为为上”的策略。2011 年 7 月 4 日，故宫博物院科研人员在无损分析测试时，损坏了一只国家一级文物、宋代哥窑代表作品青釉葵瓣口盘，引致全国强烈关注，无论调查结果如何，科研人员所承担的压力是可想而知的。关于这一点，事实上又与是否承认民藏一样，成为两难问题。保护珍贵文物艺术品的重要性不用赘言，如何强调都不过分。但标准器之为标准器，其存在的价值并非唯一，天然应包含为研究之标本对象这一价值构成，故宫博物院科研人员的研究行为正是其义所在。但凡研究，自然有一定的风险，接触的人多了，风险也就大了，虽然可以通过规范的行为要求将风险降到最低，但作为管理者而言，仍然是难以承受的。因此，出于经验鉴定科技化转化角度，以标准器直接作为研究对象，是几乎不可能实现的现实。虽然从理论上讲，纯技术层面的信息获取，根本目的还是在于针对性的技术方法、技术装备研发，是可以利用社会资源进行的。但社会资源良莠不齐，必然会给研究活动增加不小的“排劣”工作量，无论如何，最终仍要依靠标准器进行验证，否则其最终的实际应用价值将大打折扣。

除此之外，这样的研究活动还存在另一个无法回避的困难，即经费问题。“兵马未动、粮草先行”，任何科技研发活动，研发经费都是绝不可缺的基础保障。文物艺术品种类繁多，每个细分领域特点不同，需要解决的问题不同，对技术路线和技术装备的选择自然有所不同，须有针对性地进行。国家在事关国家竞争力和国计民生的基础研究领域,承担研究经费投入的主责,如大科学装置(备)等。市场主体在自身领域发展中,也可投入大量研发经费以占据制高点,而这些研发也会为其带来丰厚的回报。但文物艺术品经验鉴定科技化的情况较为特殊,第一,其处于“生存之后的精神本质”领域,在众多事关民生亟待解决的关键发展领域中排序并不靠前;第二,就算在文物艺术品综合治理层面,也并不比唯一性识别溯源机制更为优先;第三,管理“婆家”未定,很难列入常态化科技支撑序列;第四,文物艺术品鉴定体系未有效建立,研发活动无依附基础,经费投入的风险大,社会资金在尽调后普遍持谨慎态度。

信息的获取仅仅是实现鉴定目标走出的第一步,对信息进行分析并最终给出判断结果才是核心环节。检验鉴定过程与科学研究的过程有相近之处:提出问题—假说—试验及观察—论证假说的正确与否,如此循环,直到形成新的科学理论体系或工程设计原理。鉴定委托要求本身是包含一定求解目标和应答域的问题,鉴定人通过初步检验建立初始判断并制订检验鉴定方案,进一步检验获取信息后,分析论证初始判断是否正确,如此这般的数回合自我批判自我检讨式的循环,最终形成内心确信,才算是完成检验鉴定的全过程。所以说,信息获取与分析判断并非为截然分开的两个环节,而是相互交融、用与被用的关系,将其分而述之的目的,是在于分析判断乃整个鉴定活动的重心,尤其是传统经验鉴定所关注的“型、形、色、设”方面的特征,并不支持如 DNA 检验般的数值量化判断基础,整体呈现多特征复合统计意义的比较分析判断形态,属于主观认知构成比例较高的类型,分析判断的思维模式、思考路径和技术手段都是经验鉴定科技化转化的重要内容。

在赝品泛滥的大环境下,基于“型、形、色、设”的经验鉴定,合理的思维模式应建立在“证伪”基础之上。很显然,多特征复合的体系中，证伪相对于证真是最为经济高效的做法，特定条件下只要确认其中某一特征为证伪角度的确切无疑的阳性反应就可证成。如古字画笔画检出现代制成材料，古瓷表面检出大面积人为打磨痕迹等。但以宏观形态作为证伪依据的，当谨慎而为，因为我们无法确认在逝去的长河中，是否曾有过同样宏观形态的器物而未进入供比对象（如标准器）之中，我们所看到的一定不是曾经都存在过的。这种宏观形态的偏差宜用作证真环节的异常参数，于综合分析中进行评价。在一定历史时期人类认知能力和相应的科技水平下，穷尽了证伪手段未发现异常，实际上已经达到了证真的目的。在这样的思维模式下，经验鉴定的思考路径自然会转向对比较条件的审视。"型、形、色、设"的形成除与当时社会生产力发展水平有关外，更主要的因素还在于特定的世俗文化氛围，这种审美、习惯等人文元素于器物上的反映是没有道理可讲的。"要让水无法寻找最好的办法是将它放到大海里"，要识别一件器物最好的办法也就是将其放到对应的集合中进行检验，审视判断其与比较对象的共性特征是否一致。因而，比较对象以及建立在比较对象基础上的特征体系，是不可缺少的鉴定条件，这样的条件是否充分、完备，就成为鉴定人在开展鉴定活动时首先需要解决的问题。面对各具个性、纷繁复杂的对象，仅靠个人的涉猎形成支撑判断的特征体系是极为艰难且不可靠的，只有借助于科学技术手段，通过大浪淘沙式的累积将其固化为普遍认可的体系，才能实现经验鉴定可验证、可重复的目标。以书画为例，不同的书画家在谋篇布局、款题方式、设色习惯、工笔写意的选择上各有不同，且通常伴随其人生不同阶段而呈相对稳定的规律性，要吃透这种规律性，需要在统一到"风格"层面的诸多特征的统计分析才能梳理出来。这种风格、风貌甚至习惯性的特征元素，依靠人力的积累难免挂一漏万，既难以传递、交流，也不可能形成具有普遍认可的或具有可比性的鉴定比对条件集合，这就让经验鉴定因比较基准的缺失而难以实现可重复性和可验证性。在笔者看来，这种基础样本库的建设可视为经验鉴定科技化的“新基建”项目，具有特别重大的意义和价值。

这种基础样本库的建设，需要挑战两道难关。第一道难关，科技如何将人文元素转化为可识别的类型化特征，又如何将这些特征进行标识和分类，最终形成信息获取、识别、标识、比对的“专家辅助体系”型的应用工具。第二道难关，基础样本库入库样本必须是已证明、可溯源的“标准器”意义的样本，这种资源的获取是有难度的，考验的不只是研发机构，还包括社会治理权力部门的担当和开拓进取意识。

(3)科技鉴定与经验鉴定的交互与融合。

科技之于人文需求的支持与经验鉴定科技化，事实上是一个相向而行的过程，目的在于铸就各有侧重、结构合理、机制完善的融合状态，真正实现社会对文物艺术品鉴定体系的需求与自身建设相适配的统一。理想的文物艺术品鉴定体系应当呈现以下特点：

第一，有清晰的系统化治理理念和制度支撑。

文物艺术品是在文物与艺术品基础之上，综合了文化、历史、艺术、经济、金融、科技诸多领域价值，拥有特定内涵和外延的概念，并已得到广泛的使用。

中国经济网，2018 年 5 月 3 日，报道“国家文物局划拨 22 件文物艺术品支持中国(海南)南海博物馆开馆”：“国家文物局局长刘玉珠出席仪式并宣布开馆。刘玉珠指出，海南是海上丝绸之路的重要节点，拥有独具特色的人文历史底蕴和无可以拟的海洋资源，在海南建省创办经济特区 30 周年之际，中国(海南)南海博物馆的建成开放，为发掘、展示、研究、保护中国南海灿烂的历史文化和丰富的史料物证，提供了良好的条件和基础保障。海南省委省政府从国家战略出发，坚持历史站位与文化担当，为建设社会主义文化强国作出重要贡献。国家文物局一贯高度重视并积极支持海南省文物博物馆事业，此次特别将2015年习近平总书记访问美国期间，美方根据中美谅解备忘录移交我国的22件非法流失文物艺术品划拨中国（海南）南海博物馆，意义重大。相信其中的珍贵文物会成为该馆馆藏的‘定海神针’，期待中国（海南）南海博物馆能够办出特色，助力‘一带一路’建设，讲好‘南海故事’。

中国（海南）南海博物馆自2016年开工建设，总建筑面积7万余平方米，伴随着它的开馆，‘南海人文历史陈列’‘南海自然生态陈列’等多个展览正式与公众见面。

开馆仪式上，国家文物局正式为国家文物进出境审核海南管理处授牌，支持海南加强国际文物交流与合作。”

央广网，2019年3月25日，报道“在习近平和意大利总理共同见证下　意大利返还796件中国文物艺术品”：“当地时间3月23日，在中国国家主席习近平和意大利总理孔特共同见证下，意大利返还796件中国文物艺术品。这是近20年来最大规模的中国文物艺术品返还。

当天，中意双方代表在意大利罗马签署、交换了中国流失文物艺术品返还证书。这796件文物艺术品主要是源自我国陕西、山西、河南和江苏等地区的出土与传世文物，时代跨度从新石器时代至明清民国时期，具有较高的历史、文化和科学价值。其中，丰富多彩的新石器彩陶为研究新石器时代的社会风貌提供直接的物质材料，反映了数千年前西北地区的陶器制作工艺与生活场景；数量众多的汉代、唐代和明代陶俑是了解当时人民物质精神生活的实物见证，承载着古代中原地区民族交流和思想信仰的重要历史信息。

2007年，意大利文物宪兵在本国文物市场查获大量疑似非法流失的中国文物艺术品。中国国家文物局随即开展追索返还工作。今年年初，意大利法院最终作出向中方返还796件文物艺术品的判决。历经12年的漫长追索，这批文物即将重回祖国怀抱。”

人民网，2019年3月1日，报道“美国返还361件（套）中国流失文物　迄今为止规模最大”：“当地时间2月28日下午，中国流失文物艺术品交接仪式在美国印第安纳波利斯举行。这是今年1月中美再次签署限制进口中国文物政府间谅解备忘录后的首次中国流失文物返还，也是自2009年备忘录签署以来，美方第三次，也是规模最大一次中国流失文物返还。中方官员在仪式上说，中国流失海外文物是中国文化遗产不可分割的重要组成部分，寄托着中国人民质朴深沉的历史情感和文化记忆。这批中国文物艺术品的返还是中美双方长期精诚合作的成果，不仅标志着双方在文物追索返还行动上的相向而行和相互支持，也将进一步增进两国人民之间的理解和信任，为保障全球文化遗产安全提供典范，为中美建交40周年献上一份厚礼。”

这些报道中，均醒目地使用了“文物艺术品”这一称谓。从内容上看，所涉及的器物肯定是文物，这无须讨论，但却以“文物艺术品”而非“文物”称之，显然代表着在这样的语境中，“文物”一词并不足以表达应当传递的足够充分的信息。由此可见，“文物艺术品”在语义层面，已经形成了领域性特征，同一事物在“文物”领域与“文物艺术品”领域中有了不同的理解空间。同样地，同一事物在“艺术品”领域与“文物艺术品”领域的理解也有所不同。因此，文物艺术品的治理应基于这一基础，形成相应的治理理念，不宜像《艺术品经营管理办法》一般生硬地将两者割裂开来。文物艺术品鉴定，也理应如此。

作为文物艺术品功能价值实现的保障体系，文物艺术品鉴定首先应当旗帜鲜明地将"文物艺术品"作为具有领域性特征的研究对象，围绕这一研究对象，深入讨论其内涵、外延、特征、价值、属性，尤其与文物的交融关系和政策法律规制的竞合与冲突，从独立的领域角度思考其应有的理念和制度结构，推动形成利于行业发展的制度空间。在笔者看来，理念—理论—实践—制度的螺旋式递进上升周期律中，基于理念形成理论并付诸实践，以实践检验、修正理论，进一步提升理念，并支持治理制度的形成，系不可违背的制度构建与完善之铁律。这一行进过程，实践乃核心关键一环。只有通过实践，才能促成诸如唯一性识别溯源体系等基础性支持体系的形成；才能蹚出可以充分体现社会公信力的文物艺术品鉴定服务模式之路；才能触动行政管理的机制变化以打开行业主体设立之门；才能形成行业主体自律自治的社会组织形式；才能推动科技鉴定与经验鉴定的融合；才能形成声势浩大的学术研究态势；才能摸索出具有学科性质的人才培养模式。路不在远行则将至，没有实践，就没有一切。

第二，应具有对社会资源的强大吸引力。

资金、管理、人才等社会生产力要素，在市场经济资源配置过程中有着天然的敏锐嗅觉，会向着"热点"富集，未形成富集的，一定存在影响富集的障碍。要么是行业天花板太低，没有吸引力；要么是国家政策限制、不支持；要么是投入高回报低；要么是行业不成熟，无法看清道路。

文物艺术品鉴定尚未形成资源富集的原因，首先一定不在于行业天花板高低问题。单从文物艺术品市场角度，有认为"国内艺术收藏品资产规模大约等于房地产总量，大约300万亿左右"；有参考欧美国家家庭、个人财产对文物艺术品的投资比例为20%计"中国国内的艺术品投资市场规模将达到6万亿元"的。得出这些推测的人基于不同的视角,可能具有较大的主观性,但拍卖数据是可信的,如 2019 年中国文物艺术品拍卖成交额在全球排第三位,在同比下降 10% 的情况下,仍达 117 亿美元。文物艺术品鉴定作为独立价值的支持体系,除文物艺术品交易、金融外,还服务于博物馆院管理、民间收藏乃至纠纷和诉讼,有着巨大的空间。

习近平总书记近年来关于文物的指示,代表了党和国家对文物艺术品的态度和方向:"文物承载灿烂文明,传承历史文化,维系民族精神,是老祖宗留给我们的宝贵遗产,是加强社会主义精神文明建设的深厚滋养。保护文物功在当代、利在千秋……各级党委和政府要增强对历史文物的敬畏之心,树立保护文物也是政绩的科学理念,统筹好文物保护与经济社会发展,全面贯彻'保护为主、抢救第一、合理利用、加强管理'的工作方针,切实加大文物保护力度,推进文物合理适度利用,使文物保护成果更多惠及人民群众。"(2016 年 4 月,习近平总书记对文物工作作出重要指示);"一个博物院就是一所大学校。要把凝结着中华民族传统文化的文物保护好、管理好,同时加强研究和利用,让历史说话,让文物说话。在传承祖先的成就和光荣、增强民族自尊和自信的同时,谨记历史的挫折和教训,以少走弯路、更好前进。"(2015 年 2 月 15 日,习近平总书记在陕西省西安市调研时强调);"历史文化是城市的灵魂,要像爱惜自己的生命一样保护好城市历史文化遗产……搞历史博物展览,为的是见证历史、以史鉴今、启迪后人。要在展览的同时高度重视修史修志,让文物说话、把历史智慧告诉人们,激发我们的民族自豪感和自信心,坚定全体人民振兴中华、实现中国梦的信心和决心。"(2014 年 2 月 25 日,习近平总书记在北京考察时强调);"中国人民在实现中国梦的进程中,将按照时代的新进步,推动中华文明创造性转化和创新性发展,激活其生命力,把跨越时空、超越国度、富有永恒魅力、具有当代价值的文化精神弘扬起来,让收藏在博物馆里的文物、陈列在广阔大地上的遗产、书写在古籍里的文字都活起来,让中华文明同世界各国人民创造的丰富多彩的文明一道,为人类提供正确的精神指引和强大的精神动力。"(2014 年 3 月 27 日,习近平主席在联合国教科文组织总部的演讲)。致力于秩序和"确真"的文物艺术品鉴定,是实现习近平总书记"保护为主、抢救第一、合理利用、加强管理"十六字方针的手段和保障,政策的支持态势是非常明晰的,只是不会"空降"。

非国家行政经费保障的行业领域,理应走市场化道路。虽然如司法鉴定在走向部分市场化模式时同样受到了一些负面评价,但最终的结果是值得肯定的。社会资源投入后,在较短的时间内,业已形成能够担负诉讼活动需要的社会司法鉴定体系,通过严格的管理,可以预期该行业将会走得更稳、更好。对社会资源而言,资金的投入并不是问题,文物艺术品鉴定本身是一个由众多细分领域所组成的系统,也可选择不同的环节,技术实现的资金需求并不高,没有天花板的行业应当不必担心投资回报问题。症结在于人才,尤其是跨界、跨领域高端人才的缺乏,即使有资金,也无用武之地。

所以,真正影响社会资源富集的根本原因,主要还在于行业不够成熟,让人看不清道路和未来。客观地讲,现今文物艺术品鉴定行业整体上还处于"上下而求索"的阶段,政策制度依赖于实践成果的支撑,实践依赖于资源,资源投入又需要政策制度的明晰,彼此间形成了一个死循环,正是考验破局者的魄力和实力的时候。

第三,有广为认可的运行模式。

理想的文物艺术品鉴定体系的根基在于"公信力",而公信力建设取决于运行模式,即社会学中"在正视事物各个部分的存在的前提下,协调各个部分之间关系以更好地发挥作用的具体运行方式"

所指称的机制。我们不妨将文物艺术品鉴定视为独立的节点,从内、外两方面视角审视文物艺术品鉴定应当形成的机制:内指具有支持行业运行的理念、理论、原则、规范、准则等应普遍遵守的行为规范;互认互通平等地位的主体设置;自洽的可验证的技术方法标准体系。外则指独立于服务对象的中立、独立的第三方地位;受管理部门约束、监督的行业整体形象;具备学科性质并拥有人才培养和科学研究的领域性基础。

综上所述,文物艺术品鉴定长什么样、能长到多大,并不取决于外部因素,其由“业内”人士努力浇灌培育出,并因此影响外部因素和资源的关注和投入。(见图 3 -6)

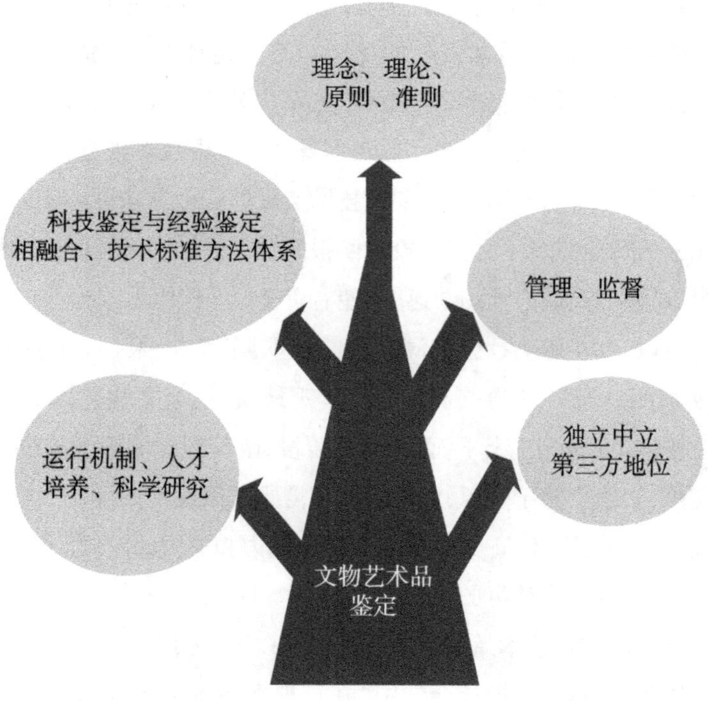

图 3 -6 文物艺术品鉴定结构

三、司法鉴定之于文物艺术品鉴定的支持与嬗变

我们应当非常清晰地认识到，“司法鉴定是指在诉讼活动中鉴定人运用科学技术或者专门知识对诉讼涉及的专门性问题进行鉴别和判断并提供鉴定意见的活动”乃是由立法例所作出的定义，明确规定了活动范围为“诉讼活动中”。前文已对此有过讨论，即使按相对广义的角度进行理解，也应当限于为“诉讼”做准备的证据收集活动、执法活动以及各类纠纷处置活动。同时，为保证司法鉴定活动依法依规进行，还发布了一系列管理性文件和规范、标准，司法鉴定机构和鉴定人必须在这样的空间内开展活动，超出此范围，都存在被司法行政部门予以处罚的风险。通过以上讨论，我们已经知道，司法鉴定所处的专门技术领域与文物艺术品鉴定有着天然的紧密联系，有些项目（如书画类）只有依赖于司法鉴定已有成熟体系才能实现，如果“另起炉灶”，有弊无利。因此，司法鉴定如何支持文物艺术品鉴定与如何提升司法鉴定服务社会功能，为硬币的两面，值得深入思考。

（一）换一角度看司法鉴定

古往今来，人类所追求的愿景之中，有一个永恒的主题，即“真”“善”“美”和谐统一的社会文明形态。真，是善和美的基础和前提，并因此而建立起了不同类型的“求真”“确真”体系，如产品质量、检疫检测等。所有这些体系的实验室，当受法院等司法或执法部门委托而开展检验检测活动并提供鉴定检验意见时，本质上实施的就是司法鉴定活动，区别仅仅在于这些体系不属于“2·28 决定”所规定的由国家实施管理的对象而已（“2·28 决定”第 2 条。故这里的“国家实施管理”一词是指司法行政部门对司法鉴定的管理，不包含

国家市场监督管理总局等其他行政部门管理)。这就意味着,“司法鉴定”在人民法院看来,存在由司法鉴定机构提供的司法鉴定和非司法鉴定机构提供的司法鉴定两种形式,前者由司法行政部门审核设立(事实上,部门司法鉴定机构现仍由其主管机关审核批准设立)并进行行政管理及监督;后者主要由市场主体(可能为附条件的)组成(可参见前文行政许可部分),由国家市场监督管理部门许可设立并实施监督。这两种形式的区别与联系主要反映在以下几个方面:

其一,对诉讼活动提供的服务在本质上是相同的,均为在诉讼活动中,接受法院委托,由具有专业知识的人对专门性问题提供的意见。之所以出现这种“二元”结构,与诉讼活动的本质有直接关系,即诉讼是公共权力介入纠纷解决的一种社会活动形态。何为纠纷?权利义务责任关系出现冲突,则为纠纷。解决纠纷从民间到政府最终到法院,代表着自行探求真相。解决纠纷有不能克服的困难,包括真相探求的实体正义与真相探知的程序正义无法得到救助和实现时,方诉诸法院。除不可诉的特定少数情形外,法院不得拒绝裁判。这就意味着,法院在案件审理过程中,必然面临各种纷繁复杂的事实认定问题,在证据裁判主义的现代法治社会中,探知事实真相始终是诉讼活动的根本目标之一。法官不是神仙,在认定事实时对超出其认知能力的专门性问题,需借助于鉴定的支持和帮助,故此,这些专门性问题不可能只局限于司法鉴定的“四大类”范围。无论委托司法鉴定机构还是非司法鉴定机构,从运行路径、结果意义上看,并无质的差异,都是由法院选择、委托、实施、出具意见(或报告),并用于支持案件事实认定。

其二,两者鉴定权的来源不同。司法鉴定机构及鉴定人的鉴定实施权系由司法行政部门(或机构及鉴定人所在部门的上级领导机关)审核认定并面向社会公告后取得,为典型的“鉴定权主义”的表现形式。非司法鉴定机构是因其专业属性和检验检测能力被认可而取得服务诉讼的“临时”性鉴定实施权,可视为一定程度的“鉴定人主义”的反映形式。司法鉴定机构及鉴定人只要取得资质,除非触及注销条件,始终拥有鉴定资格,甚至可以不必为独立主体资格(如高校等司法鉴定机构,有一部分仅为学校的二级部门,并不具备独立法人资格),但必须依照事权管理机关审核批准的鉴定项目开展鉴定活动,只要被认定超范围鉴定,将承担不利的行政、民事责任,并且其行为规范有着严格要求,包括文书格式、意见表达等都不得逾矩;非司法鉴定的检验检测等机构,在其注册登记的执业领域范围内被法院选择并委托而开展鉴定活动,因而其检验检测活动只有在依附于法院委托行为所隐含的授权并作用于诉讼证明活动时,方具有“司法鉴定”属性。由于其不归属于司法鉴定机构范畴,鉴定活动的开展相对更为简捷,行为空间相对更为灵活,包括意见表达的自由空间也更大。

因为鉴定权来源的不同,两种机构开展鉴定活动的方式和特点迥然相异,各有千秋。

(1)思维模式所决定的行为方式的差异。

鉴定必须是由自然人实施,鉴定人的思维模式对鉴定的实施有着决定性的影响。

鉴定权主义规则下,想要从事鉴定的申请人需经过考查、考试等审核过程取得资格后方可执业,在执业过程中,必须接受培训学习,包括法律法规、执业道德和执业纪律等学习内容,如现今多个省份都已将司法鉴定人岗前培训常态化。由此“养成”的司法鉴定机构的执业鉴定人,普遍拥有较强的程序意识。行业技术规范、标准的渐次完善,能力验证、质量控制等措施的常态化,同行评价成为规范鉴定技术活动的“试金石”,让机构和鉴定人不得不持续提高鉴定业务水平,忧患意识普遍存在。并不理想的执业环境,几乎所有机构都遭受到不当投诉的困扰,尤其是大机构,其承担了更多的疑难杂症往往成为重灾区,机构和相应的鉴定人不厌其烦但又无可奈何,因此保守甚至消极的鉴定态度已成为普遍性的行业现象,并成为2019年最高人民法院《关于民事诉讼证据的若干规定》第39条出台的扰动因素之一。[①] 可以说,在这种"内忧外患"式的多种因素挤压下,司法鉴定行业的风险意识已深入骨髓。

我们虽然将非鉴定机构方式下的司法鉴定活动归属为"鉴定人主义"形式,但事实上,这里所指的"鉴定人"非单指自然人的个人,在我国现行制度下,更多的是指法人的机构。其主要原因在于,法院在面临特殊问题时,只能根据行业进行搜索,对选定的机构的人员往往并不了解,在法院委托程序中也少有直接委托到鉴定人个人的情形发生;即使个人因其影响力被选定,也需要由其机构证明其身份和专业能力。所以,法院的委托行为通常针对机构而为,具体实施鉴定的人由机构选择决定。因为主营业务为非司法鉴定领域,这类机构在管理和人员培训上并不会涉及司法鉴定内容,程序意识相对较弱,同时涉诉讼的鉴定活动量少,对不当投诉所带来的困扰少有感受,因此在鉴定活动中更关注客观环节,自由度较大,程序意识相对较弱。程序意识弱,意味着其对行为边界的把握能力并不都具备,可能会将仅针对专门性问题的鉴定,混淆到案件事实问题的判断上去,还可能无视案件证明需求,僵化理解鉴定委托要求,出具因果关系紊乱的意见,导致灾难性的后果。有一典型例证:在一游

---

① 根据最高人民法院《关于民事诉讼证据的若干规定》第39条第1款规定,鉴定人出庭费用按照证人出庭作证费用的标准计算,由败诉的当事人负担。因鉴定意见不明确或者有瑕疵需要鉴定人出庭的,出庭费用由其自行负担。倾向性鉴定意见为不明确鉴定意见的主要表现,也是消极鉴定的主要方式,意即本可出具确定性意见的,由于存在一些潜在因素无法明确,鉴定人为保护自己所采取的一种策略。

乐场事故致人受伤的案件中，某产品质量鉴定机构，在该游乐场“袋鼠跳”游乐装置的鉴定中，出具的意见指明该装置某一旋臂存在虚焊、座厢存在局部破损，因此认定产品不符合质量要求，使产品生产厂家陷入不利境界。但事实上，存在虚焊的旋臂在事故发生后状态完好，无断裂、无形变，所谓座厢的局部破损也是玻璃钢材质物体在室外使用环境中因时变化的正常现象，真正引发事故的原因在其现场勘验中有所记录，为缓冲装置失效所致，而缓冲装置失效为游乐场管理方所明知，但未妥善处置，从而在功能性部件“气弹簧”（类似于汽车轮胎）破裂时，旋臂远端触地，旋转状态突然变化将人抛出而受伤。该机构为质量鉴定申请后备案为司法鉴定机构，但从该案鉴定来看，整个鉴定活动根本就没有将“人受伤”与导致这一结果的原因联系起来，仍然按照产品质量鉴定思路去查找游乐装备的所谓质量瑕疵。这种无视案件因果关系的鉴定意见，将案件事实判断引入了歧途，使此案责任归属的判断结果南辕北辙。虽说法院在采信意见之时应当审查属实，但事涉技术性问题，法庭质证双方各执一词，法官当如何取舍？委托鉴定本就是因为法院认知能力不足下的“求助”行为，指望其对鉴定意见审查质证进行把握并认定，认知逻辑上的矛盾不言而喻，这也是法院对鉴定意见的质证和审查基本停留在形式和程序审查的根本原因。

（2）形式和程序表现方式不同。

对机构而言，司法鉴定机构通常采取双名册制。司法行政部门审核批准后面向社会公告，机构始拥有司法鉴定审批项目范围内的执业资格，以此方式形成不同地区的司法鉴定机构名册；法院作为最大的委托主体，一般还会在其中进行筛选，形成适用范围不同的指导鉴定机构选择委托的名册。非司法鉴定机构与诉讼关联较为密切的对象，如建筑工程质量、产品质量、知识产权等，则直接由法院依申请确认后形成名册,特殊领域未进入名册的事项,故而一事一议方式产生。虽然在鉴定启动、委托、实施到出具结果报告的整体程序上,这两者对法院而言并无区别,但具体实施环节不同。一是机构受理鉴定委托时,司法鉴定机构无法定理由不得拒绝受理,也不得在受理后随意退案中止鉴定;非司法鉴定机构基本不受此约束。二是在鉴定实施过程中,司法鉴定机构对鉴定人的要求较高,必须在审核批准的执业范围内开展活动,尤其随着重新审核登记的开展,鉴定人执业项目从原二级分类下降到三级分类,同一专门性问题可以涉及数个三级项目,如鉴定人执业证上项目类型不能涵盖,将触及超范围鉴定的风险;非司法鉴定机构没有此顾虑,技术活动空间相对较为灵活。三是结果意见表达方式不同,非司法鉴定机构除不能使用"司法鉴定意见书"外,可以选择的形式较多,如鉴定意见书、检验报告书、检测报告等;司法鉴定机构只能依照司法鉴定文书规范进行。四是机构质量管理模式不同,司法鉴定机构依据CNAS－CL08:2018《司法鉴定/法庭科学机构能力认可准则》进行实验室认可,或《司法鉴定机构资质认定评审准则》进行资质认定;非司法鉴定机构依据行业性质开展认证认可工作,主要依据GB/T 27025－2019《检测和校准实验室能力的通用要求》及各行业对应的资质认定准则分别开展实验室认可和资质认定。五是收费标准不同,司法鉴定机构各地均出台有收费标准,整体体现为政府指导收费模式;非司法鉴定机构有政府指导收费的,也有以协商收费为主的,视行业而异。

(3)管理模式各有特点。

司法鉴定实现的是行政管理为主、行业管理为辅的两结合管理模式,非司法鉴定机构多以行政管理指导下的行业管理为主,行业管理在自律自治自我发展方面发挥的作用相对更大。比如知识产权鉴定,因其与诉讼活动联系较为紧密,所以在前期有不少省、自治区、直辖市通过地方立法,将其纳入司法鉴定范畴进行管理,但随着司法行政管理的深入,因其不属于"四大类",必须从司法鉴定中脱离。脱钩后,为取得主体运行条件,就需要由协会推荐方可工商注册为市场主体,并申请当地法院审核进入名册才能开展鉴定活动。

综上所述,我们可以看到,社会检验检测机构都能以行业专业技术和能力服务于诉讼活动,虽然存在瑕疵和不足,但客观上弥补了司法鉴定在专门性问题上不足以覆盖诉讼需求的空白,体现了行业间的交互和社会资源综合利用,仍是为国家所支持的做法。反之,当社会需要司法鉴定在非诉讼活动中发挥作用时,是否也能如此进行呢?"随着现代信息技术的快速发展与广泛运用,正在使人类进入一个由人—自然系统、信息—物理系统、模型—原型系统、线上—线下系统、虚拟—现实系统日益紧密结合而构成的、一体化的'新社会'。这对人类文明社会以及当代中国依法治国、依法行政和依法办事的一体推进带来了充满复杂性的空前挑战和空前机遇。"①司法鉴定行业在看待何为"司法"一词上长期存在争论,在面临这一挑战时,是否也应当站在更高的位置进行审视,化挑战为机遇,以社会需求为导向,换一个角度审视司法鉴定,以期在服务社会层面发挥更大的作用?

社会对司法鉴定的需求究竟根系于何处?可以肯定地说,并不在于其技术体系,而是人们心目中的"正义"形象,本质上根系于"司法"一词在社会公众中的印象和地位。事实上,支撑这一认知的关键仍然是前文讨论中所提及的几个基本点:独立性、中立性和严格的程序性设置。这样的设置符合社会对公平正义作为人们生存

---

① 霍宪丹:《让科技为正义说话——从建立到健全统一司法鉴定管理体制的改革探索与若干思考》,载《中国司法鉴定》2020 年第 5 期。

理念的理解，满足了人们在社会关系调节时的评价标准，并于现代法治国家上升为法理理念的社会价值评价体系，成为利益关系的衡量尺码。也就是说，司法鉴定以其超然于纠纷、超脱于利益追求、奠基于客观科学的内在价值体系获得了社会的认可，并以“司法”一词承载了这种认可。这种内在价值并不会因服务于社会所需求的非诉讼活动而崩塌，所养成的严谨、客观、科学态度同样会得到体现。司法鉴定活动的科学客观表现在各个方面，其中尤以固有的“判断”属性最为难能可贵。

“判断”一词，系人于思考、分析基础上进行选择或决定的思维形式，《北齐书·许惇传》：“惇清识敏速，达於从政，任司徒主簿，以能判断，见知时人，号为入铁主簿。”司法鉴定的判断活动是在信息获取、分析印证、自我否定、排除怀疑等环节的螺旋式上升中达到证成的目标的，信息获取科学客观、尽量消除信息变异；分析过程遵循科学方法，摒弃主观臆想；自我否定防止过于自信和疏忽大意；排除怀疑让最终结果收敛到最大可能性上，尽可能排除不确定性。从手段、过程到行为模式，全程体现科学态度和科学原则，并加入鉴定人的主观能动性、专门知识、技术水平和分析判断能力。但诸如产品质量等检验检测活动，通常表现为“符合性”判定，即通过检验检测确定检验对象是否符合特定标准，且只能就事论事，不能超出标准范围表达意见。其结果报告形式可以是“检验报告”“检测报告”“检定证书”等，唯独不会是意见书类，因其需要进行判断的也仅是检验所强调的符合性判定，只需要与规定要求进行比较，做出合格与否的判定，检测连判定都不需要，仅需出具结果而已。这也是前文游乐场“袋鼠跳”案件鉴定活动出现严重偏差的根本原因所在。检验检测类机构依据标准进行检验检测是其活动的全部；司法鉴定依据标准进行检验检测仅是支持其作出判断的局部，依据一种标准和/或方法尚不足以作出判断的,可以且应当采用另外的标准和/或方法继续进行,采用多种方法、手段得出判断意见的,被视为更具"鲁棒"性的意见,也是行业所鼓励的做法。同时,鉴定活动还如同医生诊病一样,极为关注因果关系,不但结果明确,而且对导致结果的原因要进行分析判断,甚至有些项目本身就是因果要素的检验鉴定,如法医学中的致伤/死亡原因、医疗行为对患者形成特定状态的参与度;文书、痕迹鉴定中的形成方式等。这也是笔者不看好中国检验检测学会(原中国检验检疫学会)介入文物艺术品鉴定的主要原因,其虽然有着形态丰富、人员众多、资源雄厚的实验室体系,但业已养成的扁平化的思维模式,很难形成系统化、时序化的分析判断能力,难以适应文物艺术品鉴定的需求。

因此,从上述分析我们可以看到,司法鉴定是一个由独特价值体系所构成的具有鲜明特色的行业。目标价值上,追求公正、客观,为维护正义而存在;行为模式上,力求中立、独立,不受任何因素干扰;技术路线上,以包括因果在内的规律性认知为诉求,以融合知识、经验的判断意见为结果。这样的特性,天然具有解决疑难复杂问题的基质,拥有以问题为导向的调适能力,是一个具备强大张力的行业,一旦将文物艺术品鉴定纳入其研究对象,不排除其将成为制度支持下的司法鉴定细分类型,以适应社会呼声,奠定文物艺术品鉴定的强厚基础支撑。这是其他检验检测所不能替代,非司法鉴定莫属的历史必然选择。

(二)司法鉴定之于文物艺术品鉴定的支持路径

文物艺术品鉴定是特殊的,其人文、艺术、历史等诸多偏精神层面的属性构成,在一定的历史时期内,很难成为如"环境损害司法鉴定"一样,由司法部、两高"商"为新的司法鉴定类型;如前文所讨论的,出于文物艺术品行业的发展计,因整体偏事实裁定的现实需求及人文要素的融合需要,实际上也不宜将文物艺术品鉴定作为独立的司法鉴定类型进行安置,将司法鉴定定位于对文物艺术品鉴定的"支持体系"无疑为最优选。要实现这一目标,应当有以下思考。

1. 管理变迁的正向推动力

"守"与"拓"历来是摆在管理者面前的两难选择。社会的期盼想必已让司法行政部门感受到人心的力量,如何对待和安放已取得初步共识的文物艺术品鉴定,压力客观上已基本聚集到以司法行政为主的行政许可部门身上。有人将司法行政部门视为阻碍文物艺术品鉴定发展的障碍,对此笔者并不赞同。因为无论是司法部还是地方司法行政管理部门,就笔者长达十多年的沟通、交流情况来看,认可文物艺术品鉴定的重要性、认可文物艺术品鉴定与司法鉴定的高度关联性、想要推动文物艺术品鉴定发展的人士并不鲜见,甚至也在对立法例精神的深度理解基础上作出了一些开拓性的尝试,他们所付出的努力可能并不为大众所知,但客观存在并终将被历史证明其难能可贵。虽然如此,时移世易之下,现实中的司法鉴定管理在走向"精细化"的过程中,已显露出"内卷"化态势,渐离创新开拓的和谐氛围。造成这一局面的原因固然不少,如市场化带来的逐利效应、人员流动变化造成的学术和科技研发的稀释效应、社会鉴定机构普遍低水平竞争下难以避免的破窗效应、人才培养体系不够完善的短板效应、职业化程度不够高引发的对高端人才的排斥效应等。但客观上,国家管理在宏观控制方面的变化趋势,仍然是决定"守"与"拓"格局形成的关键因素。总体而言,目前国家对司法鉴定的管理呈现以下两个方面的特点。

(1)收缩张力、强化责任。

"2·28 决定"既是司法鉴定机构和司法鉴定人鉴定实施权的

渊源,也是司法行政部门实施管理和监督的具有上位法意义的法律依据,以及依法管理的主要凭依。就管理结构而言,国务院司法行政部门主管全国鉴定人和鉴定机构的登记管理工作。省级人民政府司法行政部门依照“2·28决定”的规定,负责对鉴定人和鉴定机构的登记、名册编制和公告。① 为实现对司法鉴定的管理,司法部设立了司法鉴定管理局,指导全国司法鉴定管理工作(现为公共法律服务管理局下的司法鉴定管理处);各省(直辖市、自治区)承担具体的行政管理工作。申请从事司法鉴定业务的个人、法人或者其他组织,由省级人民政府司法行政部门审核,对符合条件的予以登记,编入鉴定人和鉴定机构名册并公告。省级人民政府司法行政部门应当根据鉴定人或者鉴定机构的增加和撤销登记情况,定期更新所编制的鉴定人和鉴定机构名册并公告。② 自“2·28决定”实施后,各地陆续推进了司法鉴定地方立法,这一时期的地方立法有着鲜明的特点,在司法鉴定的定位、概念、主体等问题上,在“2·28决定”精神框架内各显特色,体现了统一管理之下的制度张力。

立法形式上,有《司法鉴定管理条例》和《司法鉴定条例》两种,均对司法鉴定定义这一首要问题进行了界定,这也是地方立法中引起争议的焦点之一。它涉及司法鉴定法调整的范围,涉及与行业鉴定相关法律法规的关系。定义过于宽泛,则不可避免地会与已有法律有所抵触,容易形成实践中的新矛盾,并因此制约鉴定法律的实行;如果太窄,又可能难以涵盖司法鉴定领域,更难以进行有效规范。虽然这些立法中典型的表述是“司法鉴定机构和司法鉴定人依法对诉讼案件涉及的专门性问题进行鉴别和判定的活动”,但在适用范围的界定中并非完全取齐,河南、四川、河北、湖北、吉林和山西

① 参见“2·28规定”第3条。
② 参见“2·28决定”第6条。

六省将其限定在“诉讼活动中”，即为立案、侦查、起诉、审判、执行服务的鉴定才是司法鉴定，而重庆、黑龙江和江西把诉讼案件立案前调查所做的鉴定纳入司法鉴定范围（部分条例已废止）。与前者相比，后者范围更广，其包括立案前进行专门性调查所涉及的或当事人为获取参与诉讼的必要证据而委托进行的鉴定，后者本质上更符合最高人民法院的相关规定（如2001年最高人民法院《关于民事诉讼证据的若干规定》）。与此相对应，司法鉴定的启动规定也有所不同，黑龙江、重庆、吉林、深圳条例对鉴定启动权的规定，与诉讼法一致，其余六省条例授予了当事人一方一定程度的司法鉴定启动权，如湖北条例规定“负有举证责任的当事人可以直接委托司法鉴定机构鉴定”；四川条例采用比较委婉的表述“司法机关、公民、法人或其他组织委托司法鉴定，应当采取书面形式，并提供全面、真实的鉴定材料”；河北条例规定“当事人或其代理人可以委托司法鉴定机构进行鉴定”；山西条例采用被动式表述“司法鉴定机构可以接受侦查、检察、审判机关等的司法鉴定委托，也可以接受当事人或者其诉讼代理人司法鉴定委托”。从这些地方立法的趋势来看，司法鉴定启动权作为维护当事人权益，增强公民私权的重要标志，正逐渐在诉讼法规定的框架内被突破，这也是与我国庭审方式向对抗式转变相适应的于方向调整上的表现。关于地方立法调整范围的另一个维度——“诉讼案件涉及的专门性问题”，也有两种不同的做法：一是严格限制在“三大类”[①]范围内；二是根据诉讼活动的需要，于“三大类”之外作适当的延伸。如《重庆市司法鉴定条例》通过后，除“三大类”之外，还将建设工程质量、司法会计、知识产权等纳入管理范围，只是管理方式有所不同。大部分这类机构申请从事司法鉴定服

① 其时，环境损害司法鉴定于2015年方由司法部与两高“商”出，并发布司法通〔2015〕117号文。

务需要有前置性审批,即由各自行业主管部门已经审核批准并设立机构后二次申请入围进入司法鉴定管理范畴(仅知识产权鉴定为例外)。

这一时期各省级政府司法鉴定立法各有千秋,尤其在调整范围的思考上,不少地区基于"2·28 决定"的立法精神,关注诉讼活动所需与鉴定服务之布局,构建起联结"需求端"与"供给端"的司法鉴定服务体系,其中对公民权益的关切理念尤其可圈可点。时至今日,这一局面已经不复存在,经长达数年的清理整顿,全国各地"四大类"之外鉴定项目基本已清出司法鉴定管理范围,同时加强了专兼职鉴定人员、仪器设备配置、能力验证结果应用、认证认可推进、执业检查及投诉处理等环节的监督检查力度。紧接着将开展鉴定人能力评估,对达不到一定标准的鉴定人,处予缩减执业领域及项目的处置。在这样的大形势下,各地也渐次收紧司法鉴定活动的边界,强调诉中司法鉴定服务,对诉前司法鉴定活动保持高度的警惕和防范。

司法鉴定活动的特殊证据效力,自"2·28 决定"实施后的确出现了严重的权力滥用现象,并在其"科学""客观"的外在形象掩盖下,为别有用心之人打开了方便之门。如普遍性的交通事故法医鉴定骗保案件,不仅极大损害了司法鉴定的形象,还引发了全行业的整顿整改运动。这也是目前全行业收缩张力、强化责任这一治理格局得以形成的主因。

(2)管理精细化过程中的技术判据决定化趋势。

司法鉴定管理的层次结构中,行政管理虽仅审核管理和监督管理两项主要职责,但其强制力却居于顶端,直接决定行业协会的行业管理和机构的运行管理路径和方向。"2·28 决定"发布实施以来,司法鉴定行政管理不断发生着变化,回顾十多年来的历程,渐入精细化的管理活动与技术性判据的关联程度越来越紧密，已有技术判据决定化的趋势。

无论法律、法规、规章，都不可能直接从技术层面界定一种对象，为实施计，通常会通过技术规范类文件的制定以明确调整范围，最为典型的事例即枪支管理。我国是世界主要大国中对枪支管控最为严厉的国家之一，为惩治涉枪犯罪，《刑法》规定的涉枪犯罪往往都被科以重刑，其中一半的罪名还规定了死刑。《枪支管理法》[①]第46条规定，"本法所称枪支，是指以火药或者压缩气体等为动力，利用管状器具发射金属弹丸或者其他物质，足以致人伤亡或者丧失知觉的各种枪支"，这一界定中，其发射物具有"足以致人伤亡或者丧失知觉"之特征，仅从字面意义上理解，是无从把握的。制式枪支以及能够发射制式子弹的枪形物认定为枪支是毫无问题的，但非制式枪支要认定为刑法意义的枪支，则需要明确的界定标准。对此，公安部门对不能够发射制式枪支子弹的非制式枪支，先期采用对干燥松木板进行射击的实验方法来判断枪支的威力。这一实验方法的具体操作是将涉案枪形物的枪口放置于距离射击目标1m远处的位置完成射击实验，该射击目标即为事先准备的25.4mm厚的干燥松木板，若发射出的子弹能够击穿松木板，则可认为该枪形物能够致人死亡；若所发射的弹头或者弹片无法击穿松木板，但可以卡在该木板上，则可以认为该枪形物能够致人受伤。涉案枪形物满足上述两种情形中的一种即可被认定是枪支。有学者通过实验将"松木板法"换算成了具体的比动能数值为16J/cm^2（焦耳/平方厘米），

① 1996年7月5日第八届全国人民代表大会常务委员会第二十次会议通过，1996年7月5日中华人民共和国主席令第七十二号公布，自1996年10月1日起施行。根据2015年4月24日第十二届全国人民代表大会常务委员会第十四次会议《关于修改〈中华人民共和国港口法〉等七部法律的决定》修正。

这个比动能数值也是弹丸能够穿透人体皮肤的最低值。到2007年,公安部出台的《枪支致伤力的法庭科学鉴定判据》,这一数据变成了1.8J/cm^2(焦耳/平方厘米),由此导致诸如"赵春华案""刘大蔚案"等极大偏离社会公众认知的涉枪案大量增加,并引发2018年最高人民检察院和最高人民法院联合发布《关于涉以压缩气体为动力的枪支、气枪铅弹刑事案件定罪量刑问题的批复》,要求对枪口比动能值较低的气动枪支案件的处理要综合考量致伤力大小、枪支数量、用途、行为人动机目的、主观认知、一贯表现等主客观因素考虑定罪量刑。2020年年末网络上引起最大争议的辽宁鞍山市"枪形钥匙扣"案即在这样的背景下于2021年判决。其虽仍然被判有罪,主要理由在于其私自制作了可供发射的以火药为动力的子弹这一行为,但量刑明显趋于合理,3名主犯被判处有期徒刑3年至4年不等,其余12人免于刑事处罚。

司法鉴定管理也经历了类似的过程。

例如司法鉴定机构和司法鉴定人执业范围。依"2·28决定"出台时"三大类"之法医类、物证类、声像资料类而言,由于无细化规定,各地审批时五花八门,难以统一。2008年推动认证认可时,以认证认可项目方式,在类之下确定了二级、三级项目。以物证类为例,二级项目三个,分别为文书鉴定、痕迹鉴定、微量物证鉴定,其下再细分为三级项目。其时,各地审批渐次将范围确定在二级项目上,以文书鉴定、痕迹鉴定、微量物证鉴定进行授权,并持续多年。2020年6月23日司法部印发的《物证类司法鉴定执业分类规定》(司规〔2020〕5号),将分类降维到三级分类(分领域及项目)上,文书鉴定有十一个项目,痕迹鉴定有十五个项目,微量物证鉴定有十五个项目,并要求审核登记时须按三级分类核准。

再如能力验证。能力验证活动本是认证认可过程中对机构及鉴定人技术能力的一种评价方式,用以支持现场评审活动。这种类似于考试、盲测的活动,虽对能力的评价有较高的客观参考价值,但一次性的考试、盲测活动众所周知是可能存在发挥问题的,在认证认可活动中相应地设置了消除这种偏差带来影响的程序和措施,如通过测量审核再次确认并在该程序关闭。但部分司法行政管理部门却将其用于评价机构或鉴定人的执业活动,凡是能力验证结果为不满意的,即处暂停相关项目执业的措施。

类似的情况在司法鉴定管理渐趋精细化的过程中呈增长之势。

在这样的管理变化大趋势下,要实现司法鉴定对文物艺术品鉴定的支持愿景,需要思考的问题已不再局限于单纯的技术实现层面。作为诉讼保障制度的司法鉴定,事关社会稳定和国家治理的关键环节,司法行政部门以严格管理的主导理念、依法行政的守土意识开展管理活动,本就为管理者责无旁贷的职责。精细化是管理深入的表现,但也与管理对象行为失范不无关系,"一管就紧、一放就乱"是任何管理活动都无法避免的规律。收缩张力、限制范围、调整能力评价机制[①]等一系列具有"紧缩"效果的措施下,司法鉴定行业将会出现明显的"挤出"效应,不满足条件或条件不佳的鉴定机构和鉴定人将会逐步被淘汰或受限,学术水平高、研究和实务能力强的会获取更大的空间,回归司法鉴定应有的"专家话语权"格局。只有到这个时候,新领域、新项目的"挤入"才具备坚实的基础,管理部门也才有解放思想、勇于担当的基础保障。

2. 技术先发、以点到面

管理的变化趋势貌似渐离创新开拓的和谐氛围,但理性分析上看反而可视为利好,沿此方向走下去,那些符合法律法规要求、契合

---

① 参见司法部印发《法医类 物证类 声像资料司法鉴定机构登记评审细则》(司规〔2021〕2 号)。

司法鉴定服务职能、能够获得行业认可的创新活动将会得到更大的支持和扶持。一改过去“秘方式”技术方法泛滥且难以匡正所导致的“劣币驱除良币”现象，自始的严格准入方才有持久的生命力。

将司法鉴定定位于文物艺术品鉴定的支持体系，基本逻辑始点正是建立在对两者合规性考量基础之上。无论司法鉴定管理呈现什么样的态势和格局，任何鉴定行为都不能逾越法律、法规所规制的空间和边界，司法鉴定的整体结构与文物艺术品鉴定应担负的使命之间并不具备包含关系，有的只是存在于细分项目层面的交集。我们需要做的是化解影响交集形成及形成大小的障碍，这些障碍既体现于制度上，更为关键的在于技术上，因为只有技术上的成熟才是促进制度变化的前提和要件。“2·28 决定”实施前以权力部门为主体的鉴定格局，经“2·28 决定”的政策性整理所形成的二元结构中，面向社会服务的司法鉴定已经结束野蛮生长的初始状态，诉讼保障制度所应有的保障功能在以《法医类　物证类　声像资料司法鉴定机构登记评审细则》为标志的优胜劣汰、提档升级式的整顿后，必会转向行业发展的新阶段，以科技和管理创新提升服务能力将会成为未来长期不变的主基调，鼓励专攻专精式的特色司法鉴定服务是可预判的未来政策支持重点。

从文物艺术品鉴定的整体结构来看，偏事实判断的受理入口与以专门性问题为支撑、融合经验鉴定双向判定的检验鉴定过程，使受理鉴定的机构因委托行为而得授权进行鉴定，也因这种授权负有在自身能力未能涵盖的专门性问题方面委托其他机构进行检验鉴定的职责。由此形成的最终结果报告将会是由受理机构出具、并以其他机构检验鉴定意见为支撑的综合报告。这种格局固然是由文物艺术品鉴定应有的各种价值构成的特殊性所决定，但同时可以在现行制度框架下合理解决司法鉴定的接入问题，将司法鉴定的支持简化为符合司法鉴定管理要求的、归集到物证类的技术研发和鉴定服务上。物证类三个领域，文书鉴定、痕迹鉴定和微量物证鉴定，都具有适用文物艺术品鉴定的潜力，整体上看前两者系司法鉴定所独立并为文物艺术品鉴定所必需，而微量物证鉴定不具专属性，众多质监部门检验检测机构以及研究院所、高校实验室都可提供，只是单一的微量物证鉴定（物质材料检测）在多数情况下必要程度不高且也不足以支持最终意见的判断，故此“技术先发”的重心在于“文书鉴定”和“痕迹鉴定”两类。

虽然我们在前文将文书鉴定分为笔迹学鉴定与文书检验两部分，将痕迹鉴定分为发现与显现、同一认定类和属性与情况类三部分，但这只是学理分类，具体到实践中，属不属于司法鉴定服务的项目，须依从相应的技术性规范，主要有《司法鉴定/法庭科学机构认可领域分类》和《物证类司法鉴定执业分类规定》（司规〔2020〕5号）两个规范性文件。《司法鉴定/法庭科学机构认可领域分类》是对司法鉴定机构进行认证认可的指导性文件，依据“2·28决定”的相关要求[①]，从事司法鉴定活动需要通过资质认定或实验室认可，自2008年试点以来，此项活动已经基本成为司法鉴定机构能否在相应领域执业的前置性条件，没有通过认证认可的将不能取得执业资质。《物证类司法鉴定执业分类规定》则直接规定了申请执业的范围，不在该范围内的，将无法申请执业资质（资格）。

为方便把握现行制度下，司法鉴定文书鉴定领域的整体情况，将上述两个文件的项目整理如表3-3所示：

---

① “2·28决定”：“五、法人或者其他组织申请从事司法鉴定业务的，应当具备下列条件：……（三）有在业务范围内进行司法鉴定所必需的依法通过计量认证或者实验室认可的检测实验室……”

表 3-3 《物证类司法鉴定执业分类规定》与《司法鉴定/法庭科学机构认可领域分类》项目对比

《物证类司法鉴定执业分类规定》		《司法鉴定/法庭科学机构认可领域分类》	
笔迹	依据笔迹同一性鉴定标准，必要时结合笔迹形成方式的检验鉴定结果，判断检材之间或检材与样本之间的笔迹是否同一人书写或者是否出自于同一人	笔迹	笔迹形成方式及笔迹同一性鉴定
印章印文	依据印章印文同一性鉴定标准，必要时结合印文形成方式的检验鉴定结果，判断检材之间或检材与样本之间的印文是否同一枚印章盖印或者是否出自于同一枚印章	印章印文	印文形成方式及印文同一性鉴定
印刷文件	包括依据印刷方式鉴定标准判断检材是何种印刷方式印制形成，如制版印刷中的凹、凸、平、孔版印刷等，现代办公机具印刷中的复印、打印、传真等；依据印刷机具种类鉴定标准判断检材是何种机具印制形成；依据印刷机具或印版同一性鉴定标准判断检材之间或检材与样本之间是否同一机具或同一印版印制形成等	印刷文件	办公机制文件及其他印刷文件的形成方式及制作工具的种类和同机/同源性鉴定
篡改（污损）文件	依据变造文件鉴定标准判断检材是否存在添改、刮擦、拼凑、掩盖、换页、密封、消退、伪老化等变造现象；依据污损文件鉴定标准对破损、烧毁、浸损等污损检材进行清洁整理、整复固定、显现和辨识原始内容等；依据模糊记载鉴定标准对检材褪色记载、无色记载等模糊记载内容进行显现和辨识；依据压痕鉴定标准对检材压痕内容进行显现和辨识等	篡改（污损）文件	添加、涂改、擦刮、换页、消退等变造文件和各类污染、损坏文件鉴定
		模糊记载	褪色、压痕字迹等不可见或不清晰文件内容的显现及辨认等
特种文件	依据特种文件鉴定标准判断检材货币、证照、票据、商标、银行卡及其他安全标记等的真伪	特种文件	货币、证照、票据、商标及各类安全标记鉴定

续表

《物证类司法鉴定执业分类规定》		《司法鉴定/法庭科学机构认可领域分类》	
朱墨时序	依据朱墨时序鉴定标准判断检材上文字、印文、指印等之间的形成先后顺序	朱墨时序	印文与文字、文字与文字交叉部位形成的先后顺序鉴定
文件形成方式	依据笔迹形成方式鉴定标准判断检材笔迹是书写形成还是复制形成;依据印章印文形成方式鉴定标准判断检材印文是盖印形成还是复制形成;依据指印形成方式鉴定标准判断文件上有色检材指印是否复制形成等		
文件材料鉴定	依据文件材料鉴定标准对需检纸张、墨水墨迹、油墨墨迹、墨粉墨迹、粘合剂等文件材料的特性进行检验检测及比较检验等		
基于痕迹特征的文件形成时间鉴定	依据印章印文盖印时间鉴定标准判断检材印文的盖印时间;依据打印文件印制时间鉴定标准判断检材打印文件的打印时间;依据静电复印文件印制时间鉴定标准判断检材静电复印文件的复印时间;依据检材某要素的发明、生产时间或时间标记信息判断其文件要素的形成时间等		
基于材料特性的文件形成时间鉴定	综合运用光谱、色谱、质谱等仪器检测分析技术,根据墨水墨迹、油墨墨迹、粉墨墨迹、印文色料、纸张等文件材料的某种(些)理化特性随时间的变化规律,依据相应的判定方法,分析判断检材的形成时间		
文本内容鉴定	通过书面言语分析,判断检材文本作者的地域、年龄、文化程度、职业等属性;通过文本格式、内容、书面言语特征等的比较检验,分析判断检材之间或检材与样本之间文本的相互关系等		

从表3－3可以看出,两份文件所确立的项目既存在相同的内容,也有不同之处。之所以如此,一则是因为文件出台有先后之分;二则是因为认证认可活动是否能够正常进行,需要有一系列的条件支撑,包括技术领域的成熟程度、能力验证的组织与实现、技术标准方法的覆盖性、现场试验的可操作性等。执业分类虽应当有类似的考虑,但相对侧重于司法鉴定服务职能的体现以及已经形成的检验鉴定基础(包括执业机构的数量)。

(1)文物艺术品鉴定与文书鉴定的契合与分疏。

书画,尤其是中国书画,在我国文物艺术品中如星辉一般的存在,绽放出灿烂的光芒照映着中国特色文化艺术的星空,璀璨夺目。中国书画是集"书、画、印、诗"为一体的独有的艺术体系,书画鉴定的根本诉求乃集中在这一体系基本品性以及承载体的客观评价方面,其中具象到技术检验层面的专门性问题,绝大部分与司法鉴定之文书鉴定具有天然的联系。将其细化到基元,出现的是如图3－7所示的格局:

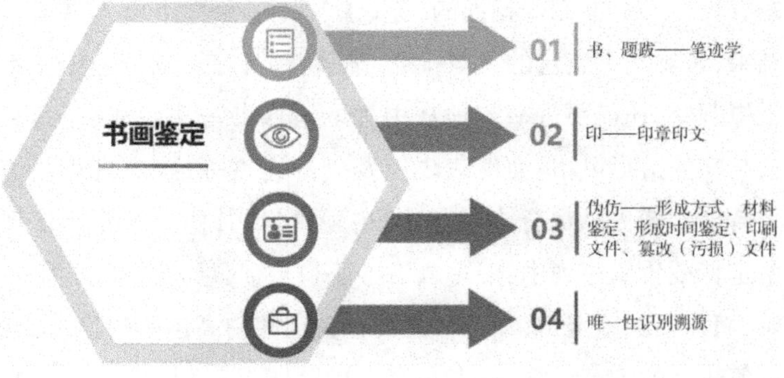

图3－7　书画鉴定的格局

除唯一性识别溯源外,书画鉴定几乎所有基元都可在文书鉴定的项目中得到支撑,正向的创作人、印章印文的认定,反向的伪仿要素的排除,莫不如此。单从项目的覆盖性来看,文书鉴定与文物艺术品鉴定的基元判断(专门性问题)极为契合,似乎所有具备文书鉴定的机构和鉴定人应当都能承接并开展。但事实上并不尽然,虽然同为书、印,文物艺术品中的书、印与普通的单以记录为目的的书、印并不能完全等同,鉴定时作出判断的思考路径大相径庭,具体而言,有以下几个方面的分疏:

a."写"与"书"在行为目标指向上完全不同。日常书写行为体现的是思想的表达,书写内容为书写人在书写时考虑的重心,书写动作本身是由训练形成的书写动力习惯所支配,为一种下意识行为,除非仿写或伪装书写是不需要刻意进行控制的。书画中的"书"追求的是文字本身的艺术表达,是一种源发于作者对艺术的理解并受其书写功底和技巧决定的创作行为,线条的安排、字的造形、力的表现、气的连贯无一不是"书"之艺术性所刻意追求的。因此,写与书于行为目标指向的追求,决定了对书写行为本身是否加以控制的基本状态,也使鉴定所需的信息来源——笔迹特征,呈现出完全不同的表现。形式上完全相同的"笔、墨、纸张"条件下由人书写形成的结果,常规文书鉴定的一般特征、细节特征,在书画字迹中并不足以支撑判断,还需要进一步地从中提取诸如书写功底和技巧、文字线条与字的造形风格、力度表现以及气的连贯等信息,将这些信息放入待证作者作品集合中进行比较,甄别异同,作出判断。常规文书鉴定特征价值序列中,书写风格特征和文字布局特征常位于较低位阶,而在书画鉴定中,却是可能具有决定性的高位阶价值;常规鉴定价值较高的细节特征,在书画鉴定中可能仅起到"排非"的作用。(见图3-8)

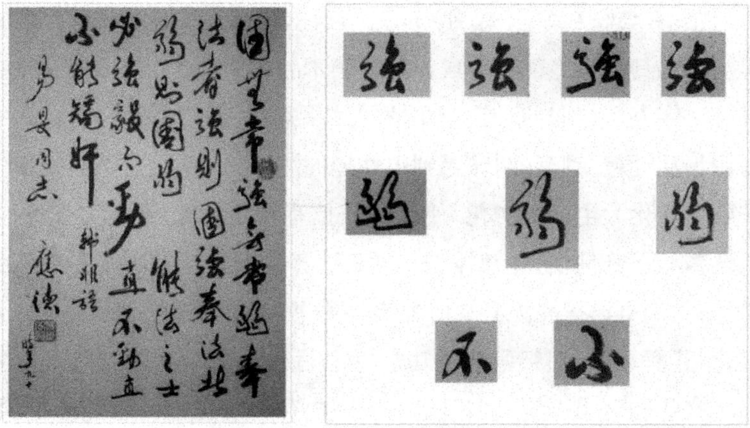

图3－8　书画字迹比较图片

需要特别关注的还有书画创作作为艺术创作活动，无论是社会（艺术世俗）还是作者本人，都将创作技艺的提升、美学风格的突破作为评价艺术家艺术成就的标尺；同一作者，深谙篆、隶、草、楷、行中数种书体极为常见，习字学书过程中必需的模仿临摹过程，又让其或多或少"沾染"上其向往风格的前辈的艺术色彩。这些于"字"上的刻意追求，远非常规文书书写人所能比拟的，对此类进行笔迹学层面的鉴定，对鉴定人的综合能力水平的要求必然更高，"专精""特色"之路正是为他们所设，高门槛高水平的格局形成将顺理成章。

b. 工具和材料各具特点，泾渭分明。之所以公认中国书法乃艺术领域的一种独特艺术形式，是因其两项先天的先决条件所决定的：其一，中国文字始于象形，在图画的基础上提升而成为一种抽象的艺术造型。其二，书写工具——毛笔，笔毛轻软，濡墨着纸时，线条的粗、细、曲、直、浓、淡，均可随意自如，变化多端，表现出美妙的笔法。蔡邕说"惟笔软则奇怪生焉"，正是这个道理。因为中国书画,其工具与材料"笔、墨、纸、砚",乃至镇纸、笔山、笔洗、笔筒、书案等辅助工具和设施都发展成为文物艺术品的组成类型。与此相比,日常文字书写走向的是完全相悖的另一条路:高效、简便、低廉。书写用笔从毛笔、钢笔、圆珠笔到中性笔的演变,代表了完全的人工生产到工业化大生产的变化,使用的便捷程度也从繁到简,曾经需要笔盒精心保管到现在随时随地取用;计算机信息技术和印刷机具的进步,人们早已摆脱无必要时的字字手书,现今中国全面推进的"无纸化"进程,让笔墨纸张式的功能性书写行为渐次地转向电子化方向。这些变化无不使文书鉴定的研究内容和研究方向随之改变,如笔迹学鉴定,已基本上围绕着签名字迹为核心并有延伸到电子化签名方向的趋势;印刷文书和朱墨时序鉴定占比越来越高,形成方式和形成时间鉴定呈井喷态势。

同属于文书鉴定范畴的印章印文鉴定,两者也各具特点。严格来讲,印章盖印形成印文,这一过程实质上是一种痕迹的形成方式,因其作为签署手段并代表主体身份的作用,基本上存在于文书形成场景,为文书鉴定的主要对象之一。在我国,印本身就是权力的象征,历来有"印把子"一说,喻指官职或权力,如《官场现形记》第四十回:"你虽然候补了多年,如今却是第一回拿印把子。"立法例中,签字、盖印这两种意指法律关系产生、变更、消亡的方法和手段在不同的成文法中反复出现,在诉讼法及相关司法解释中,也是程序性事件得以确认的方式。如《民事诉讼法》第 87 条第 1 款规定,"送达诉讼文书必须有送达回证,由受送达人在送达回证上记明收到日期,签名或者盖章",而书画中的印文,虽然同样具有身份识别的作用,但其价值和意义截然不同。印文之于中国书画,在创制时,是必不可少的美学元素,没有用印的书画作品只能是半成品;在存续过程中,也是证明收藏者收藏行为的证据、收藏者的身份,如帝皇、大家等,对书画的价值还具有加成作用。但无论起什么样的作用,都不会有如日常印文一般的签署和发布功能,除非其视为私章印文加盖于记载有权利义务关系类的文书之上。因此,这两种形态于印文材料的选择上,各自走向最符合其应用场景的方向:日常应用场景下,印章材质的低成本和方便性已达到相当极致的程度;印章印面内容的刻制早已实现精准和自动化,如激光刻制、光敏烧结刻制等;印泥基本被淘汰,所用印油愈趋低成本、流动性和快干性。这些都是现代社会追求效率并反映科技发展的结果,尤其在国家倡导环保、减排的政策环境中,电子印章已逐渐展开了应用,并有以其特有的优势取代传统印章印文的趋势。

在书画艺术场景中,日常印章印文的趋势性与其所追求的功能和价值毫不契合,甚至背道而驰。就印章材料而言,其本身就是艺术世俗中所认定的艺术品的一种类型,文人治印从宋元以前多采用质地较为坚硬的金、银、铜、玉或水晶、犀角、象牙、竹、木等为材料,到以石材作为刻印的主要材料,其演变路径始终以篆刻艺术的追求为追求,对受刀性、观赏性、收藏性等价值极为看重,压根就不会考虑低廉性、方便性等因素。如青田石、寿山石和昌化石等名贵的石章,不但有其本身的价值,而且具有很高的艺术审美价值,所以名贵印石的收藏也代不乏人。(如图 3－9)

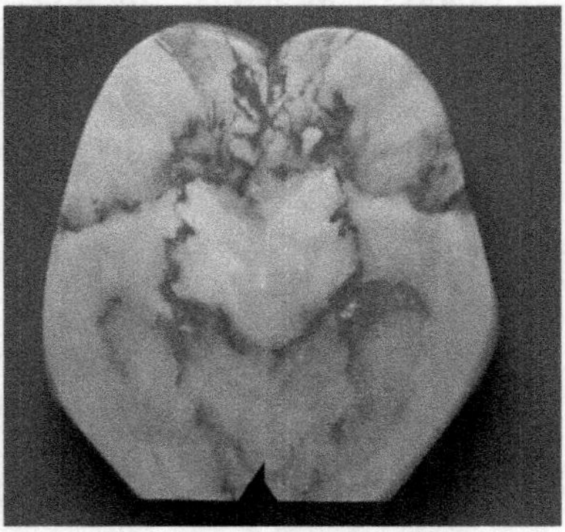

图 3－9　鸡血石印石

自明清以降,印章作为书画的重要组成部分,已成为定式。不少画家本身就是集书法、画法、篆刻为一身,拥有娴熟的金石技法,如张大千、傅抱石、齐白石等。人工设计、手工雕刻制成篆刻印章是文人治印的唯一途径,同时也是展示其金石艺术造诣的方式。这种方式所制成的印章,不仅整体为艺术品,而且具有独特的个性,绝不可能与它物同一。文人印用显色材料,多为矿物质材料,主要为朱砂制成。朱砂颜色稳定,一幅古画印章的颜色,虽然可能是鲜艳的,但饱经岁月、历尽沧桑后,颜色会变得浑厚而沉着,这种色泽的变化也有其独具的特点。(如图 3-10)

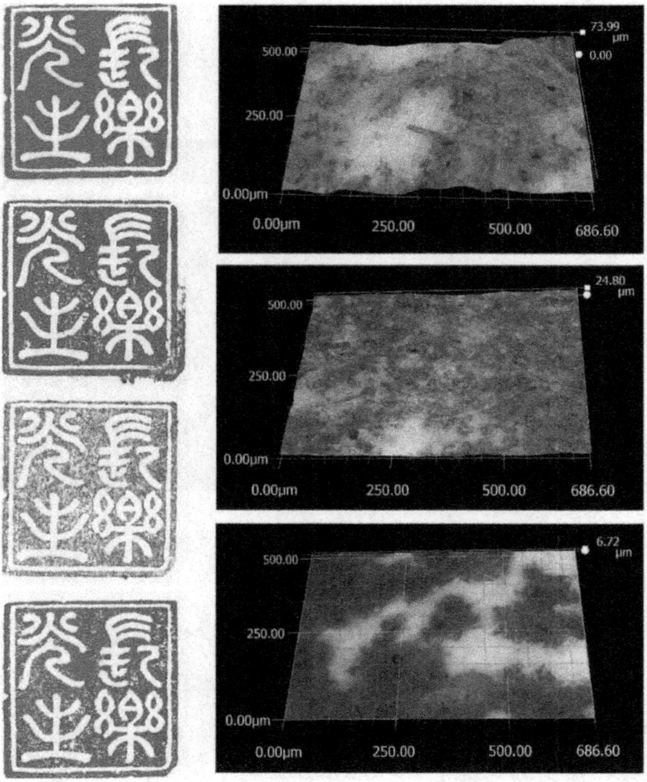

图 3-10　印油、普通印泥、书画印泥显微三维图

除此之外，中国书画艺术的用纸（绢）、色料（墨）、装帧（裱）等，无不大异于日常文书，比如设色绢本书画作品，在一般的司法鉴定机构可能根本就没有接触的机会。

由此看来，艺术创作与日常公文两种行为的不同价值取向，在结果意义上为鉴定活动针对书写工具和书写材料设置了不同的研究重点和研究方向，这是需要专精才有为的格局。

c. 检验鉴定对象的特殊性，规制了检验鉴定技术手段的可适性。针对文物艺术品的所有检验鉴定活动，无损是第一前提，否则绝不能适用。比如书写形成时间鉴定，在现行公认技术手段中，化学分析类手段通常需要取样检验，取样就意味着损坏，再小的损坏也是损坏，仅此就限制了其作用于书画对象，必须另辟蹊径，研发适用的无损检验方法，且目前也已有所进展。

综上我们可以发现，即使在多数人认知中与司法鉴定最为贴近的书画鉴定，仅"书"之一字所代表的对象，就与常规文书鉴定存在距离，而画之特殊性就更不用说了。故此，司法鉴定之于文物艺术品鉴定的支持，哪怕已安置于专门性问题层面，仍然不可能通过简单的转化就能实现，理论与技术研究之路还有待持续行进。

（2）文物艺术品鉴定与痕迹鉴定的交缠与并进。

痕迹鉴定可能是人们最易接受和理解的技术手段，几乎所有文物艺术品类型都有涉及，尤其是瓷器鉴定方面，无论是经验鉴定还是科技鉴定，均离不开本质上为痕迹的检验内容。在司法鉴定中，痕迹鉴定是物证类的一个领域，其分领域有着特定的界定，同样以《物证类司法鉴定执业分类规定》（司规〔2020〕5 号）和《司法鉴定/法庭科学机构认可领域分类》两个文件为基础，作出如表 3－4 的梳理。

表 3－4 《物证类司法鉴定执业分类规定》与《司法鉴定/法庭科学机构认可领域分类》关于痕迹鉴定的规定

《物证类司法鉴定执业分类规定》		《司法鉴定/法庭科学机构认可领域分类》
手印鉴定	包括通过比较检验判断检材之间或检材与样本之间的指印是否同一;通过比较检验判断检材之间或检材与样本之间的掌印是否同一;通过对检材指掌印的检验判断其形成过程	手印鉴定(指十指印、手掌印同一性鉴定)
潜在手印显现	使用物理学、化学或专用设备等方法显色增强潜在手印	潜在手印显现
足迹鉴定	通过比较检验判断检材之间或检材与样本之间的赤足印是否同一;通过比较检验判断检材之间或检材与样本之间的鞋、袜印是否同一	足迹鉴定(指赤脚印、袜印及鞋印同一性鉴定)
工具痕迹鉴定	通过勘查和检验判断检材线形痕迹、凹陷痕迹、断裂变形痕迹等的形成原因;通过比较检验判断检材线形痕迹、凹陷痕迹、断裂变形痕迹等是否为某一造痕体形成	工具痕迹鉴定
枪弹痕迹鉴定	包括枪械射击弹头/弹壳痕迹检验、枪弹识别检验、枪支性能检验、利用射击弹头/弹壳痕迹认定发射枪支检验、利用射击弹头/弹壳痕迹认定发射枪种检验、枪击弹孔检验、枪支号码显现,以及通过对枪击现场的勘查和检验分析,必要时结合所涉射击残留物的理化特性检验检测结果,综合判断枪击事件中痕迹的形成过程及与事件之间的因果关系等	枪弹痕迹鉴定

续表

《物证类司法鉴定执业分类规定》		《司法鉴定/法庭科学机构认可领域分类》
整体分离痕迹鉴定	通过检验判断分离物体之间是否存在整体分离关系	整体分离痕迹鉴定
爆炸痕迹鉴定	包括炸药爆炸力及炸药量检验、雷管及导火(爆)索检验、爆炸装置检验,以及通过对爆炸现场的勘查和检验分析,必要时结合所涉爆炸物的理化特性检验检测结果,综合判断爆炸事件中痕迹的形成过程及与事件之间的因果关系等	现场爆炸痕迹鉴定
火灾痕迹鉴定	包括通过火灾现场、监控信息等,对现场烟熏痕迹、倒塌痕迹、炭化痕迹、变形变色痕迹、熔化痕迹以及其他燃烧残留物进行勘查和检验分析,必要时结合火灾微量物证鉴定结果,综合判断火灾事故中痕迹形成过程及与事故之间的因果关系等	炸药爆炸力及炸药量检验
人体特殊痕迹鉴定	包括除手印、脚印外的其他人体部位形成的痕迹鉴定,如牙齿痕迹鉴定、唇纹痕迹鉴定、耳廓痕迹鉴定等	雷管、导火(爆)索及爆炸装置检验

续表

《物证类司法鉴定执业分类规定》		《司法鉴定/法庭科学机构认可领域分类》
日用物品损坏痕迹鉴定	包括运用痕迹检验学的原理和技术方法，必要时结合所涉日用物品材料的理化特性检验检测结果，对日常生活中使用的玻璃物品、纺织物品、陶瓷物品、塑料物品、金属物品等的损坏痕迹的形态进行勘查和检验分析，综合判断其损坏原因	物体破裂痕迹鉴定（指玻璃、容器及包装包裹物的破裂痕迹检验）
交通事故痕迹物证鉴定	包括车辆安全技术状况鉴定；交通设施安全技术状况鉴定；交通事故痕迹鉴定；车辆速度鉴定；交通事故痕迹物证综合鉴定等。非交通事故的相关鉴定可参照本条款	车体痕迹
		轮胎痕迹
		整体分离痕迹（特指道路交通事故所涉物证的整体分离痕迹鉴定）
		车速
		金属号码（图文）显现
		钥匙及锁具痕迹鉴定

痕迹鉴定是一类对象多、种类复杂的鉴定领域，甚至文书鉴定的部分内容，如印章印文鉴定都可视为痕迹的类型，所以两文件对痕迹鉴定的分类大体相近，但也有所不同。为准确把握痕迹鉴定的共性，可参照《物证类司法鉴定执业分类规定》（司规〔2020〕5 号）第 16 条第 1 款规定，“痕迹鉴定是指鉴定人运用痕迹检验学的理论、方法和专门知识，对痕迹物证进行勘验提取，并对其性质、状况及其形成痕迹的同一性、形成原因、形成过程、相互关系等进行检验检测、分析鉴别和判断并提供鉴定意见的活动”，以及其后的列举：“痕迹鉴定包括手印鉴定、潜在手印显现、足迹鉴定、工具痕迹鉴定、整体分离痕迹鉴定、枪弹痕迹鉴定、爆炸痕迹鉴定、火灾痕迹鉴定、人体特殊痕迹鉴定、日用物品损坏痕迹鉴定、交通事故痕迹物证鉴定等。”基本沿袭传统“‘手、足、工、枪’为主线＋其他痕迹”的分类方式，体现了痕迹鉴定主要源自于侦查、执法活动手段的特点。与文书鉴定相比，痕迹鉴定与文物艺术品鉴定在分领域层面连形式上的对应关系都难以彰显，当然也就无法在基元层面找寻到可资适用的项目。

这一局面的出现，很显然与文物艺术品鉴定未被司法鉴定所关注有关。就其具有总纲性质的第 16 条来看，无论是痕迹的勘验提取，还是对痕迹的性质、状况及其形成痕迹的同一性、形成原因、形成过程、相互关系等所进行的检验检测、分析鉴别和判断，都是适用于文物艺术品鉴定的指导思想和根本路径。司法实践中，涉文物艺术品犯罪和诉讼活动也并非少有发生，需求是始终存在的。这些都未在最新文件中得到体现，只能表明其存在不足以被纳入的原因，其中必然包括技术研发滞后这一主要因素。

传统痕迹学理论中，将造痕体、作用力、承痕体视为痕迹形成的三要素，手、足、工、枪类痕迹，为三要素对应关系极为明确的类型；

整体分离痕迹可视为造痕体和承痕体合一的特殊类型;爆炸、火灾痕迹则是作用力为主因的复杂因果关系类型。该文件中的其他分类都是这三种类型的不同变化形态。文物艺术品中的痕迹,虽然也有因损坏而致的痕迹,但文物艺术品鉴定目的所关注的只能是稳定为主、变化为次的准静态痕迹,是能够反映创制过程和工艺的原生痕迹,能够承载其存续期间产生的使用和保存类次生痕迹,以及能够证明伪仿制的人为处理类次生痕迹。这些痕迹只有一个要素是确定的,即承痕体,造痕体及作用力必须,也只能通过承痕体痕迹存在的性质和状况去分析和判断,并回答诸如痕迹形成原因、形成过程、相互关系等专门性问题。同一性判断反而在文物艺术品的痕迹鉴定中并不处于主导位阶,尤其流传下来的古代文物艺术品,执着于造痕体的找寻也只能达到种属认定的目的,个体的同一性认定既无价值也不可能实现。(见图 3 - 11)

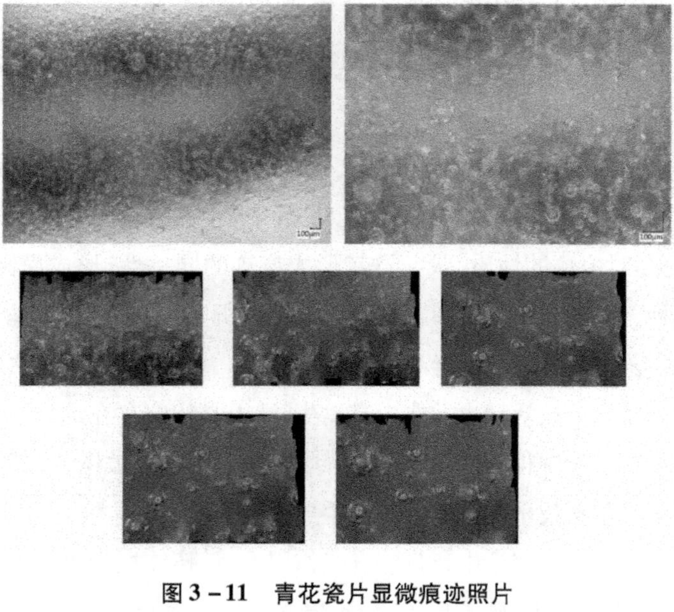

图 3 - 11 青花瓷片显微痕迹照片

(自上而下,放大位数递增,下五图为 3D 图)

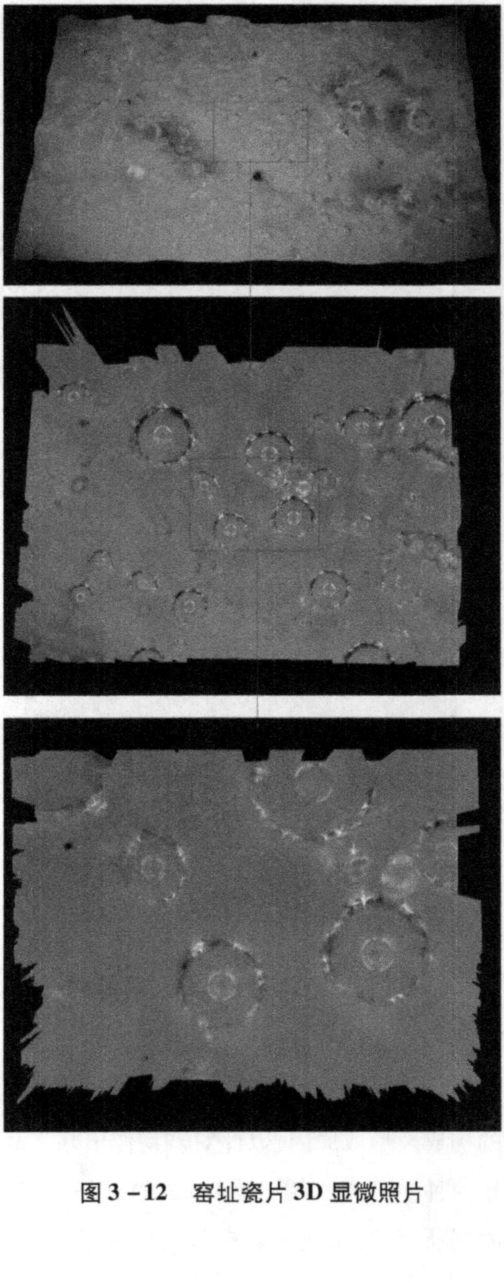

图 3 –12　窑址瓷片 3D 显微照片

图 3－13　窑址瓷片显微痕迹照片

因此，文物艺术品痕迹鉴定因其特定的鉴定诉求，表现为以痕迹的发现为始点，痕迹性质和状况分析为中继，分析判断原生痕迹和次生痕迹的构成及形成原因，以此对器物作出基本品性判断的认知活动。这是一种“一”对“多”（集合）式的、以种属特性和类型化规律为依据的判断活动，缺乏准确有效的痕迹发现手段和先设、预知的规律体系,鉴定活动是无法开展的,否则一样会陷入与经验鉴定同样的可验证性、可重复性陷阱之中。

司法鉴定对文物艺术品鉴定的支持需要解决和关注的方面远不止这些,我们谈技术先发、以点到面,正是基于两者有着"有无相生""前后相随"的内在发展逻辑和推动力。具体的技术解决思路和方案有赖于社会各方面资源的投入共同推进,这已超出本书拟传递的思考范围,在此不作更为深入的讨论。

结 束 语

文物艺术品鉴定牵涉的方面极多，既是因文物艺术品多种属性所承载的特殊价值以及价值实现折射出的社会人心的复杂性，更是因人文、科技、法律、政策、经济、金融大跨度交融而使然。传统意义上的鉴赏活动所形成的“规则”深度影响着人们的思维和行为模式乃至政策走向，本应具有超然地位的文物艺术品鉴定和评估活动，无法确立其独立价值，以自由鉴定人为主体模式的文物艺术品鉴定格局，缺乏社会公信力基础，严重滞碍文物艺术品功能价值的发挥，出现了中华民族瑰宝却需借助于国外鉴定才能确真的痛心局面。为此，不少人寄希望并呼吁司法鉴定能够解救文物艺术品鉴定于困局之中，但实际上，却很难见到深层次解析文物艺术品鉴定与司法鉴定两者之间，上至国家法律法规和政策规制，下至管理及技术体系结构的著述，尤其其中还掺杂有文物艺术品特有的社会心理认知和防范、戒备心理，也平添剖析的难度。本书文字力图从文物艺术品的类型化属性角度勾画出一个具有独立价值的对象，其内涵和外延既不同于文物，也有别于艺术品，是两者于特定价值构成基础之上的集合体，为文物艺术品鉴定的研究对象。

鉴定于不同的活动域中作用和功能不同，不同类型的鉴定活动也拥有不同的特点和规律，当不同影响因素相逢于文物艺术品鉴定这一特定领域时，传统鉴定理念与方式之弊端显露无遗，如何构建适应社会发展需求的文物艺术品鉴定体系成为当下人们迫切希望破解的命题。所谓“他山之石,可以攻玉”,文物艺术品鉴定的形态与功能,虽与司法鉴定具有同质性,但因其人文元素和特定的鉴定诉求与应用场景,并不能被司法鉴定所吸纳,两者之间只能形成借鉴与被借鉴、支持与被支持的关系,于是乎文物艺术品鉴定在这样的审视与对比中,清晰明白地展现出其应有的独立体系价值。以此为始点,二元化的文物艺术品鉴定体系就成为实现这样的价值回归的必由之路,所有的政策、规则都应当针对这样的结构而设计,司法鉴定也应视这样的结构而改变,以支撑其科技化进路。

正视文物艺术品鉴定的独立价值,将其从文物艺术品经营活动中分离出来,打消指望司法鉴定进阶式取代经验鉴定实现文物艺术品鉴定的脱离现实的心理预期,才能真正看清楚文物艺术品鉴定的发展路径,全面审视文物艺术品鉴定的体系结构、技术发展、制度建设、人才培养。由于可供参考的文献较少,书中所表达的观点可能不够深入、不够全面,敬请批评指正。无论如何,希望本书在供大家批评指正之时,能够带来一些有益的思考和行为的参考,共同推动文物艺术品鉴定的进步与发展。

后　　记

关注文物艺术品鉴定,始于 2008 年。

这一年,奥运会在北京举办;西南政法大学迎来本科教学评估的大考,并取得了优秀的评价;影响全国司法鉴定行业的司法鉴定机构认证认可工作试点,重庆为六省市落地试点之一,西南政法大学司法鉴定中心有幸成为试点通知下发后第一家递交 CNAS 和 CMA 三合一现场评审申请并获通过的司法鉴定机构,并为其后取得国家级司法鉴定机构资质创造了条件。也正是这一年,笔者作为国家级评审员,通过评审首次接触并关注到文物艺术品鉴定。

十多年来,笔者以一个司法鉴定鉴定人、司法鉴定机构管理者、国家司法鉴定管理进程的见证者、物证技术/法庭科学领域高校教师的身份,从对文物艺术品几乎一无所知的“菜鸟”开始,于工作层面的调研、鉴定活动、学科建设、人才培养的思考与践行,到与文化世俗友人们的广泛交流,逐步地走近、走入文物艺术品鉴定的气氛之中,深刻感受到社会对文物艺术品、文物艺术品鉴定的复杂情感和深深的期待,也经历了由简单到复杂、由彷徨到清晰的心路历程。

一路走来,笔者越来越深刻地感受到中华民族光芒万丈、博大精深的历史文化与艺术底蕴,越来越深刻地感受到艺术世俗乃至艺术品投资、金融受制于种种因素之步履维艰状况。日常交流中,人们总是提出以司法鉴定对文物艺术品进行确真的要求,即使于 2020

年年初新冠疫情期间也不曾中断。新冠疫情的“禁足”,使笔者短暂脱离了日常事务性工作的繁忙状态,进而产生了将自己对文物艺术品鉴定的思考形成文字的想法,并付诸实践,于是有了这篇文字。

在笔者看来,技术鉴定本身虽然重要,但让技术鉴定能够生根的土壤和生长的环境更为重要。政策制度、思维模式、结构框架等于文物艺术品“活起来”的基本要素,相互交织错综复杂,应当进行仔细深入的梳理,是为“论要”;文中的思想,为笔者最为熟悉的司法鉴定所在的证据思维之观照与借鉴,是为“范本”。

文物艺术品鉴定是一个老而弥新的话题,很多时候人们会习惯性地将其与文物艺术品收藏、投资等活动相提并论,很少有人关注并认识到其独立价值所在。通过对文物艺术品及文物艺术品鉴定主要问题的梳理,我们可以发现真正制约其发展并直接影响文物艺术品领域正常秩序建立的关键问题,正是因为将其视为文物艺术品其他活动的附属,未能赋予其独立的保障制度的地位,因此也就无法实现其应有的功能价值和服务职能。承认文物艺术品鉴定的独立价值,是因为其具有不能为其他体系所替代的固有特性,有着区别于包括司法鉴定在内的其他检验鉴定的本质规律性构成,这是根本性的方向问题,必须予以高度关注。

到本书定稿之时,一些新的管理精神陆续出台:国务院办公厅发布了《“十四五”文物保护和科技创新规划》,提出“建立多层次文物鉴定服务体系。加强涉案文物鉴定评估机构建设,做好刑事、民事、行政等领域相关鉴定工作。支持文博单位、社会力量探索成立文物鉴定机构,提供公益性咨询和经营性活动相结合的鉴定服务。实施文物鉴定职业技能等级认定。加强文物鉴定基础研究、科技支撑和人才培养,加快科技辅助鉴定联合研究与应用推广。健全罚没文物接收和指定收藏机制”。文化和旅游部副部长、国家文物局局长李群在国务院《关于文物工作和文物保护法实施情况的报告》中提出，“公益、市场、司法三种文物鉴定途径，拟按程序研究设立文物鉴定经营机构资质许可并加强监管。进一步规范和优化文物进出境审核管理工作”。这些都表明，文物艺术品鉴定已成为国家治理活动中被高度关注的领域，建设与发展的窗口已打开。

十多年来，笔者通过理论研究和鉴定实践形成了基于司法鉴定理念的文物艺术品鉴定的整体构架体系；深度思考了可移动文物艺术品唯一性识别技术与装备，并进行了验证，正着力实现落地应用；也为二元化鉴定机制的实现进行了尝试。

感谢所有在行进过程中给予笔者指点、帮助、支持的领导、同事和朋友，同样感谢提出批评质疑的人，希望在今后的文物艺术品鉴定研究与实践中，一如既往地得到你们的支持。

参考文献

1. 一言编著:《中国文化遗产知识2500题》,科学出版社2021年版。
2. 邓斌:《中国书画的司法鉴定》,荣宝斋出版社2020年版。
3. 赵青云、赵文斌:《钧窑瓷鉴定与鉴赏》,江西美术出版社2007年版。
4. 李学军:《物证论——从物证技术学层面及诉讼法学的视角》,中国人民大学出版社2010年版。
5. 尹毅、欧阳启名主编:《艺术品鉴定新探》,国家图书馆出版社2010年版。
6. 中国古陶瓷学会编:《中国古陶瓷研究》(第16辑),紫禁城出版社2010年版。
7. 闫晓君:《出土文献与古代司法检验史研究》,文物出版社2005年版。